이야기는 어떻게
인생의 무기가 되는가

The Stories of Your Life
: The Eight Masterplots That Explain Human Behaviour

Copyright ⓒ Ben Ambridge 2024
All rights reserved.

Korean translation copyright ⓒ 2025 by RH Korea Co., Ltd.
Korean translation rights arranged with Felicity Bryan Associates Ltd.
through EYA Co.,Ltd

이 책의 한국어판 저작권은 EYA Co.,Ltd를 통한
Felicity Bryan Associates Ltd와의 독점계약으로 ㈜알에이치코리아가 소유합니다.
저작권법에 의하여 한국 내에서 보호를 받는 저작물이므로 무단전재 및 복제를 금합니다.

막막한 인생의 돌파구

이야기는 어떻게 인생의 무기가 되는가

벤 앰브리지 지음
이지민 옮김

THE STORIES OF YOUR LIFE

차례

1장 이 이야기가
당신의 인생이 된다 ... 7

2장 지루하고 막막한 인생을 뒤바꾸고 싶다면
퀘스트 마스터플롯 ... 21

3장 삶의 만족도를 높이고 싶다면
언탱글드 마스터플롯 ... 59

4장 자기 비난에서 벗어나고 싶다면
이카로스 마스터플롯 ... 95

5장 해로운 물질, 사람, 사상에서 벗어나고 싶다면
괴물 마스터플롯 ... 149

6장 반드시 이기고 싶은 대상이 있다면
불화 마스터플롯 ... 191

7장
모두의 응원과 사랑을 받고 싶다면
약자 마스터플롯　　　　　　　　　　241

8장
삶과 죽음에 의미를 찾고 싶다면
희생 마스터플롯　　　　　　　　　　285

9장
밑바닥에서 탈출하고 싶다면
구멍 마스터플롯　　　　　　　　　　331

10장
**당신 인생의
이야기**　　　　　　　　　　　　　　　375

감사의 말 392

주 395

일러두기

- 책, 음반은 《 》, 영화, 연극, 단편소설, 노래, 논문은 〈 〉로 표기하였다.
- 각주는 원서에 표기된 것이며, 독자의 이해를 돕기 위한 옮긴이 주는 괄호에 '-옮긴이'로 표기하였다.
- 외국어 표기는 국립국어원 외래어 표기법을 따랐다. 국내 출간된 번역서, 개봉된 영화는 해당 제목으로, 미출간작, 미개봉작이라도 국내에서 통용되는 제명이 있는 경우는 반영해 표기하였다. 미출간 작품은 한국어 번안을 원칙으로 했으나, 원제를 그대로 읽는 것이 적합한 경우에는 그대로 독음하였다.
- 원서에서 진하게 강조한 부분은 고딕으로, 기울임체로 강조한 부분은 기울임체로 표기했다.

1장

이 이야기가 당신의 인생이 된다

몇 년 전, 나는 드디어 맨체스터대학교 교수라는 꿈에 그리던 직업을 갖게 되었다. 하지만 처음부터 모든 일이 술술 풀린 건 아니었다. 학계에서는 학술지 기고와 연구 자금이 될 보조금 따내기가 중요한데, 나는 둘 다 실패했었다. 내 논문을 출간하려는 학술지도, 내 연구에 재정적인 지원을 해주려는 단체도 없었다.

심지어 나는 이유도 몰랐다. 내가 진행하던 연구는 꽤 괜찮았다. 동료들도 학술지에 기고되거나 보조금을 받을 만하다고 말했다. 연구 방법도 자세히 기술했고 통계 분석도 합리적이었다. 하지만 아무도 내 연구에 통 관심을 보이지 않았다.

한동안 갈팡질팡하고 있는데 어느 날 부교수 한 분이 내 논문을 좀

보자고 했다. 그는 곧바로 문제를 짚어냈다. "자네한테 필요한 건 이야기야."

처음 듣는 말이었다. 나는 연구의 내용만 중요하다는 암묵적인 가정하에 연구를 진행해왔다. 아이러니하지만 나는 심리학자임에도 우리 뇌가 정보를 저장하고 처리하는 방식에 관해 지난 수십 년 동안 심리학에서 다뤄온 내용을 간과했다. 즉 사회적 동물인 인간이 사실과 수치가 아니라 이야기와 가십을 토대로 생각하도록 진화해왔다는 걸, 과학과 통계가 아니라 누가 무엇을 누구에게 했는지가 중요하다는 걸 말이다.

"이야기를 찾게." 교수님은 이렇게 말했다. "자네 연구의 중심이 될 만한 서사를 고르라고." 나는 교수님의 조언을 따랐고 그 방법은 제대로 먹혔다. 연구 자체는 변한 게 없었지만 이야기라는 프레임을 씌우자 학술지와 지원 단체의 평가자들이 내가 무엇을, 왜 연구하는지에 관심을 보이기 시작했다.

그렇다면 내가 사용한 이야기, 서사는 무엇이었을까? 흔히 작가들이 쓰는 마스터플롯Master plots이 몇 가지 있다. 이 마스터플롯 중에 나는 각 연구 프로젝트에 가장 적합한 플롯을 선택할 수 있었다. 퀘스트 마스터플롯(2장)이 적합한 연구가 있다. 용감무쌍한 영웅(바로 나다!)이 가치 있는 지식을 어렵게 얻어내 우리가 알고 있다고 생각한 모든 것을 재평가하게 만드는 플롯이다. 괴물 마스터플롯(5장)이 들어맞는 연구도 있다. 새로운 무기와 장치 혹은 기술로 무장해 적대적인 학술지 평가자 같은 치명적인 위협을 극복해야 하는 플롯이다. 또 다른 경우는 불화 마스터플롯(6장)으로 적수끼리(경쟁이론) 죽을 때까지 맞붙는 플롯이다.

마스터플롯이 인류의 생존에 미치는 영향을 파악하는 데 나는 무려 20년이 걸렸다. 처음에는 이 마스터플롯들을 학술 논문을 쓰기 위한 도구 혹은 영화광이나 문학 애호가와 대화를 나눌 때 꺼낼 만한 소재로밖에 보지 않았다. 하지만 그게 다가 아니었다. 그리하여 내가 깨닫게 된 사실이자 앞으로 이 책에서 여러분들과 나눌 내용은 다음과 같다.

> 인식하고 있든 그렇지 않든, 인간은 살면서 겪는 거의 모든 경험에 마스터플롯을 입힌다. 우리는 이 마스터플롯이 우리의 결정에 영향을 미치도록 허락할 뿐만 아니라 때로는 우리의 목표를 달성하기 위해 플롯을 조작하기도 한다.

그렇다면 마스터플롯이 정확히 무엇일까? 유통기한이 끝나가는 비유를 들먹여서 미안하지만 마스터플롯을 이해하는 최고의 방법은 일종의 이야기를 만드는 레시피로 보는 것이다. 이 플롯들은 오랫동안 모든 종류의 소설에서 사용되었다. 예를 들어 스펀지케이크의 레시피는 온갖 재료와 그걸 특정한 순서대로 섞는 방법을 설명한다. 레시피를 정확히 따를 필요는 없다. 다른 종류의 설탕을 사용하거나 밀가루를 체에 거르는 과정을 생략하더라도 우리가 만든 스펀지케이크는 그럭저럭 먹을 만할 것이다. 어떤 재료(바닐라 에센스, 레몬주스, 체로 친 가루 설탕)들은 선택 사항이며, 전문가는 일부러 레시피를 살짝 수정하기도 한다. 하지만 핵심 재료를 하나라도 빠뜨리거나 완전히 다른 순서로 재료들을 섞는다면 우리의 케이크는 먹을 수 없는 상태가 된다.

이야기도 마찬가지다. 예를 들어 약자 스토리(7장)는 온갖 재료(초라한 시작으로 남에게 이용당하지만 결국 자신의 운명을 깨닫는 영웅)와 이를 특정한 순서로 결합하는 방법(초라하게 시작하지만 결국 뜻밖의 운명이 실현되면서 승리를 거둠)으로 이루어진다.• 다시 한번 말하지만 어떤 재료는 선택 사항이다. 능숙한 이야기꾼이라면 원하는 결과를 위해 일부러 레시피를 살짝 비틀 것이다. 하지만 핵심 재료를 빼먹거나 혹은 그 재료들을 완전히 다른 순서로 결합한다면 먹을 수 없는 엉망진창인 상태가 되고 만다. 이 이야기 레시피—핵심 재료들을 특정한 순서대로 결합하는 방법—를 나는 마스터플롯이라 부른다.

그렇다면 마스터플롯은 몇 개나 될까? 나는 여덟 가지로 본다. 퀘스트, 언탱글드, 이카로스, 괴물, 불화, 약자, 희생, 구멍이다. 이야기에

• 문학 평론가들은 시간의 흐름에 따라 사건을 서술하는 일을 파불라 *fabula*라고 부르며 이들을 결합하는 순서를 슈제트 *syuzhet*라 부른다. 하지만 이 용어들을 외울 필요는 없다. 1920년대 친구들 앞에서 문학 이론에 관한 지식(구체적으로 말하면 러시아 형식주의로 알려진 분야)을 떠벌리고 싶은 사람이 아니라면 말이다.

단 하나의 마스터플롯만 담겨있는 건 아니다. 자세히 들여다보면 각 이야기에는 정말 많은 플롯이 담겨있다. 그중에 동일한 이야기는 없다. 똑같은 이야기가 반복된다 하더라도 다시 서술하는 과정에서 다른 이야기가 되기 때문이다. 반대로 이야기들을 최대한 멀리서 바라보면, 즉 저 높은 곳에서 내려다보면 이 세상 모든 이야기를 하나로 통합하는 거대한 하나의 마스터플롯이 보인다. 주인공이 집에서 자기 할 일을 하고 있는데 일상을 뒤엎는 사건이 일어나고, 결국 좋건 나쁘건 이 불안정한 상황이 해결되는 구조다. 준비, 대립, 해결이라는 3막 구조[1]는 늘 순서대로 등장하며 모든 마스터플롯이 따르는 일반적인 레시피다.

지난 몇 년간 수많은 마스터플롯이 제시되었다. 기자이자 작가인 크리스토퍼 부커Christopher Booker는 일곱 가지, 공상 과학 작가 커트 보니것Kurt Vonnegut, 수학자 앤드루 리건Andrew Regan, 컴퓨터 공학자 마르코 델 베키오Marco Del Vecchio는 여섯 가지, 시나리오 작가 블레이크 스나이더Blake Snyder는 열 가지, 심지어 영화학 교수 로널드 토비아스Ronald Tobias는 스무 가지의 마스터플롯을 제안했다. 전부 케이크를 자르는 완벽한 방법이지만 나는 여덟 가지 분류가 가장 적당하다고 생각한다. 서로 다른 마스터플롯들을 한데 묶어버리지도, 비슷비슷한 마스터플롯들을 너무 미세하게 분류하지도 않기 때문이다. 또한 부커나 보니것을 비롯한 다른 이들이 소설 작품에 주력했다면 나에게는 훨씬 더 야심 찬 목표가 있다. 내가 정한 여덟 가지 마스터플롯—

퀘스트, 언탱글드, 이카로스, 괴물, 불화, 약자, 희생, 구멍—은 작품뿐만 아니라 현실 세계도 다룬다.

이 여덟 가지 마스터플롯을 습득한다면 우리 자신을 비롯한 인간 행동의 다양한 측면을 이해하는 데 큰 도움이 될 것이다. 그 사람은 왜 그런 말을 했지? 그 여자는 도대체 뭘 증명하려는 거지? 그 남자는 왜 그렇게 단호하게 그 여자를 적으로 취급하지? 그 사람들은 왜 거기로 이사 갔고 왜 그때 간 거지? 나는 왜 그 사람들을 그렇게 형편없이 대했지? 내가 나쁜 사람인가? 생물학자들은 "생물학에서는 모든 것이 진화의 관점에서 설명된다"라고 말한다. 심리학자로서 난 이렇게 말하고 싶다.

"심리학에서는 모든 것이 마스터플롯으로 설명된다."

대담한 발언일 테니 몇 가지 부연 설명을 하겠다. 마스터플롯의 중요성을 이해하기 위해서는 우선 이 레시피가 어디에서 생겨났는지부터 알아야 한다. 요리 레시피가 그렇듯, 마스터플롯은 신이 우리에게 준 것도, 외로운 천재가 만든 것도 아니다. 그보다는 이야기꾼으로서, 혹은 오늘날 '콘텐츠 크리에이터'로서 인류의 집단의식 속에서 점진적으로 생겨났다. 이 마스터플롯들은 직관적으로—물론 운도 따라줘서—청중, 다시 말해 '소비자'가 만족하고 재미있어하는 것을 알아냈다. 내가 제시하는 여덟 가지 마스터플롯이 가장 적정한 이유는 최초의 청중으로부터 이미 익숙한 인간적인 경험을 포착해, 그것의 정수를 담았기 때문이다. 이 초기 청중들은 오늘날의 청중들처럼 (아마도 그들보다도 더 많이) 불화, 희생, 약자 스토리를 둘러싼 생생한 경험을 전달했을 것이다. 따라서 여덟 가지 마스터플롯 레시피에 따라 직조된 이야기는 우리에게 여전히 큰 공명을 일으킨다. (깊고 개인적인 차원에서) 이미 아는, 익숙한 이야기이기 때문이다.

그런데 이것이 왜 중요할까? 우리는 익숙한 것을 싫어하지 않던가? 우리는 왜 새롭고 환상적인 이야기보다 개인적으로 친숙하게 느껴지고 예측 가능한 이야기에 더 끌릴까? 두 가지 이유가 있는데 둘 다 궁극적으로는 다윈의 자연 선택을 통한 진화, '적자생존'으로 귀결된다. 첫째, (가십이라는 형태의) 이야기는 우리가 타인의 행동을 정확히 예측할 수 있게 해준다. 예를 들어 저 사람은 약속을 잘 지키지 않는다고 예측하는 것처럼, 이야기들을 기억하고 내재화한 이들, 그걸 바탕으로 타인의 행동을 올바르게 예측하는 사람들은 자연 선택에 있어 확실히 유리하다.

둘째, 신경과학 분야의 최근 연구 결과는[2] 독일 물리학자 헤르만 폰 헬름홀츠Hermann von Helmholtz가 1860년대에 한 주장, 뇌는 본질적으로 예측 기계라는 주장을 강력하게 뒷받침한다.[3] 우리가 무얼 하든—공원을 산책하든, 대화를 나누든, 이야기나 음악을 듣든[4]—우리의 뇌는 앞으로 정확히 무슨 일이 일어날지 끊임없이, 0.001초 단위로 예측하려 한다(예를 들어 "저 개는 상냥해 보여. 나한테 와서 인사할 것 같은데"). 예측이 맞을 경우 뇌는 기쁨이라는 보상을 받는다.[5] 섹스나 음식, 내기에서 이기기 같은 온갖 즐거운 활동을 통해 얻는 기쁨과 비슷하다.• 다시 한번 말하지만 이것들은 전부 자연 선택의 과정이다. 끊임없이 부정확한 예측을 하는 뇌("저 호랑이는 상냥해 보이는걸") 혹은 아무런 예측도 하지 못하는 뇌는 오래 살아남지 못한다.

마스터플롯은 뇌의 협력자다. 이야기가 펼쳐지는 것을 인지하는 순간, 우리의 뇌는 화학적 자극을 좇아 다음에는 무슨 일이 일어나며 결국 어떻게 끝날지 적극적으로 예측하기 시작한다. 캘리포니아대학교 샌디에이고UCSD에서 2011년에 진행한 연구 결과에 따르면 "스토리 스포일러는 스토리를 망치지spoil 않는다".[6] 맞는 말이다. 연구 결과에 따르면 미스터리, 역설적인 모순이 담긴 이야기, '문학적' 이야기 모두 독자들이 미리 요약된 내용을 접해 '스포일러 당할' 때 이야기를 더 즐긴다고 한다. 요즘 사람들은 '스포일러 경고'에 집착하지만 100년도 전에 안톤 체호프Anton Chekhov는 유명한 조언을 건넨 바 있다. "1막에서 벽에 권총을 걸어 두었으면, 2막에서는 그 총을 발사해야 한다. 그렇지 않을 거면 애초에 권총을 걸지 말길."

그렇다. 우리의 뇌는 예측을 무진장 좋아한다. 하지만 여기에는 반전이 있으니 *지나치게* 예측 가능하다면 즐거움은 줄어든다.[7] 이 역시

• 수많은 책에서 신경전달물질인 도파민이 '기쁨의 화학물질'이며 위 예시를 비롯해 쾌감을 안겨주는 시나리오에서 분비된다고 말한다. 그러나 현실은 훨씬 더 복잡하다. 논쟁의 여지가 있지만 도파민은 본질적으로 동기나 갈망과 더 관련 있으며, '기쁨'은 그 자체로 내생적 아편 유사제(헤로인 같은 인공적인 아편과 달리 우리 몸에서 생성되는 아편)에 가깝다.

진화의 관점에서 보면 합리적이다. 언제나 정확한 예측을 하는 뇌는 아무것도 배우지 못하기 때문이다. 우리의 뇌는 실수할 때(7 곱하기 6은 40이에요)나 교사에게 교정받을 때(아니지, 42지) 무언가를 배운다. 뇌의 입장에서 교사는 세상에서 일어나는 사건이다. 우리가 이야기에서 바라는 건 '익숙한 놀라움', '예측 가능한 예측 불가능성'이다. 우리는 무슨 일이 일어날지 알고 있다. 퀘스트 마스터플롯(2장)에서 영웅은 집으로 돌아갈 것이다. 하지만 *어떻게* 돌아갈지는 모른다. 물론 여정은 놀랍고 예측 불가능한 사건으로 가득할 것이다. 만약 사건들이 지나치게 예측 가능한 경우(영웅이 집으로 향하는 직항 비행기에 탄다) 혹은 지나치게 예측 불가능할 경우(영웅이 개구리로 변해 지구 밖으로 뛰어내린다) 만족할 만한 이야기라 할 수 없다. 소금, 밀가루, 물 혹은 완전히 무작위로 선택한 재료로 완성한 케이크는 먹을 수 없는 것처럼.

마스터플롯은 청중에게 익숙한 이야기로 신경화학적 보상을 제공하고, 작가에게는 예측 가능한 예측 불가능성이 완벽하게 균형을 이루는 이야기를 만드는 데 중요한 역할을 한다. 하지만 마스터플롯 레시피가 소설가에게만 도움이 되는 건 아니다. 우리는 현실에서 일어나는 사건들 또한 여덟 가지 마스터플롯이라는 렌즈로 바라본다. 마스터플롯이 우리를 조종하도록 허락하는 한편, 마스터플롯을 이용해 타인을 조종하기도 한다.

왜 그럴까? 허구든 현실이든 플롯은 끊임없이 서로를 강화하기 때문이다. 애초에 여덟 가지 마스터플롯이 생겨난 이유는 우리가 실제로 경험한 익숙한 이야기를 타인에게 다시 들려주기 위함이다. 어릴 때는 서사를 이해하는 데에도, 직접 만들어내는 데에도 미숙하다. 그렇지만 네 살짜리 아이에게 《숲속 괴물 그루팔로》를 수백 번 읽어준 사람이라면 아이들이 이야기를 굉장히 좋아하고, *계속 반복해서 듣고 싶어 한다*는 걸 알 수 있다.[8] 그렇게 성인이 될 무렵, 우리는 수천 가지 이야기를 내재화하게 되며 여덟 가지 마스터플롯을 몸소 체험하게 된다. 따라서 마스터플롯은 우리에게 익숙한 방식이고 사실적이기 때문에 현실에서 벌어지는 사건들을 이 렌즈를 통해 해석하기에 용이하다.

물론 오늘날 '서사 통제Controlling the Narrative'라 불리는 것의 중요성을 이미 오래전부터 간파한 선전원宣傳員에게는 이 모든 게 새롭지 않을 것이다. 마스터플롯이 *나 자신의* 행동을 좌우한다는 걸 깨달으면 *타인의* 행동 또한 통제할 수 있다는 걸 금방 깨우치기 마련이다. 어떠한 것을 괴물로 보고 스스로 괴물을 무찌르는 영웅으로 홍보하는 정치인을 주의하자. 실은 그 자신이 괴물일 수 있다. 우리에게 약자라고 포장하는 브랜드도 경계하길 바란다. 그들이 판매하는 제품은 부자 경영진으로 이루어진 위원회에서 탄생한 것일지도 모른다. 현재 가장 극적인 사례를 꼽자면 기후 변화를 둘러싼 끝없는 싸움이 있다(8장에서 구체적으로 살펴보겠다). 이 싸움은—과장 하나 안 보태고—인류의 미래를 결정할 것이다.

첫 번째 퀘스트 마스터플롯을 소개하기 앞서 이 책의 구성을 소개한다. 먼저 각 마스터플롯의 레시피를 그대로 따르는 작품을 살펴볼 것이다. 소설, 연극, 영화, TV시리즈, 심지어 시도 등장한다. 그다음에는 **마스터플롯 레시피**를 통해 핵심 재료는 물론, 언제 어디에 어떤 재료가 들어가야 하는지 알아볼 것이다. 다음으로 **픽션보다 기이한**에서는 레시피가 현실에서 어떻게 적용되는지 실제 사례를 찾아보았다. 음악가, 정치가, CEO, 브랜드, 스포츠팀, 평범한 할머니의 이야기도 있다. 픽션과 논픽션 사례를 모두 살펴본 뒤에는 **이야기 뒤에 숨은 과학**을 캐내 관련 마스터플롯의 심리적 지주를 분석할 것이다. 가장 중요한 부분으로 마스터플롯이 인간의 행동에 미치는 **영향 아래**를 살펴볼 것이다. 관련 마스터플롯 레시피가 인간의 행동을 설명할 뿐만 아니라 적극적으로 형성하는 현실적인 사례도 들여다본다. 그다음 **왜곡된 플롯**에서 관련 마스터플롯이 비도덕적인 목적을 위해 남용되거나 오용되거나 왜곡된 사례를 알아본다. 이 사례에 대해 걱정은 말기를. 각 마스터플롯에 대한 논의는 긍정적인 분위기로 마무리되기 때문이다. **해피 엔딩**이다. 그렇다, 마스터플롯은 인간의 행동을 조작하는 도구이며, 모든 도구가 그렇듯 악의적으로 사용될 수 있다. 하지만 보다 광범위하고 긍정적인 차원에서 생각한다면 마스터플롯은 인류의 진보를 위한 촉매제가 될 수 있다.

　마스터플롯은 인간 행동의 진수를 뽑아내 초집중된 형태에 담아내기 때문에 무슨 일이든 할 수 있다. 우리를 속이고 농간을 부리고 호도할 수 있지만 영감을 주기도 한다. 마스터플롯은 인류가 달에 가고(퀘스트) 기아에 맞서 싸우며(희생), 중독을 이겨내고(괴물), 혈수血讐를 종식시키고(불화), 슬퍼하는 부모에게 위안을 주고(이카로스), 부부를 갈라서게 만들고(언탱글드), 스포츠팀이 5천 대 1의 확률을 뚫고 승리를 거두는 데 도움을 준다(약자). 마스터플롯의 가능성은 무궁무진하다. 우리가 마스터플롯의 유일무이한 힘을 완벽하게 익히면, 우리가 과학적 발견의 한계를 극복하고 공정한 사회를 위해 힘쓰며 목숨을 살리고 (아마도) 코앞으로 다가온 인류의 멸종을 막는 데 도움을 줄 수 있다.

물론 지금까지 여러분은 이 같은 여정에 발을 들이지 않았다. 그냥 집에 앉아 책을 읽고 할 일을 하고 있는데 영웅처럼 매력적인 초대를 받은 셈이다. 자, 이제 열쇠와 핸드폰을 집어 들고 코트를 챙겨 입자. 여정을 떠날 차례다.

2장

지루하고 막막한 인생을 뒤바꾸고 싶다면 퀘스트 마스터플롯

지구 역사상 가장 위대한 이야기는 무엇일까?

　BBC에서 108명의 문학 평론가, 인문학자, 언론인을 대상으로 설문조사를 실시한 결과 1위를 차지한 이야기가 있다. 바로《오디세이아》다.[1] 아마 호메로스의 이 서사시를 읽어보진 않았어도 오디세이라는 장대한 여정이 대충 어떤 건지는 알 것이다. 닌텐도 스위치 게임인 〈슈퍼 마리오 오디세이〉에서부터 고전 영화 〈2001 스페이스 오디세이〉에 이르기까지 수많은 이야기가 바로《오디세이아》의 서사를 따른다.

　그렇다면 오디세이는 왜 그렇게 위대할까? 글솜씨 때문은 아닐 것이다. 현대 독자들이 접하는 건 고대 그리스인이 쓴 원시의 번역본인데,

이 번역본들은 구식이며 고루하다는 평을 받거나 반대로 전통적이지도 않고 격식도 없다는 비난을 받는다. 그럼에도 《오디세이아》가 3천 년 동안 비평가들의 관심을 받는 이유는 바로 *이야기 자체* 때문이다.

《오디세이아》의 이야기는 독자에게 주로 회상 기법(쿠엔틴 타란티노Quentin Tarantino 감독의 〈원스 어폰 어 타임... 인 할리우드〉나 마틴 스코세이지Martin Scorsese 감독의 〈아이리시맨〉처럼 지금까지도 여전히 사용되는 기법)으로 전달된다. 호메로스의 또 다른 서사시 《일리아스》(이 서사시에서 오디세우스는 단역으로 등장한다. 《오디세이아》는 일종의 파생작, 다시 말해 《일리아스》의 속편인 셈이다)에서 알 수 있듯, 우리의 영웅 오디세우스Odysseus는 트로이 전쟁에서 돌아왔다. 하지만 10년이 지났음에도 아들 텔레마코스Telemachus와 지조 있는 아내 페넬로페Penelope가 기다리고 있는 고향 이타카에 돌아가지 못했고, 그 사이 아내는 구애자들을 끊임없이 물리쳐야만 했다. 시간이 흘러 오디세우스는 여신 칼립소Calypso가 다스리는 오귀기아Ogygia라는 외딴섬에 죄수로 살게 된다. 칼립소는 오디세우스에게 자신과 결혼하면 불멸을 주겠다고 제안하지만 고향을 그리워하는 오디세우스는 이를 거절한다(하지만 이 둘은 잠자리를 가진 걸로 보인다). 결국 신들이 나선다. 아테네는 오디세우스의 처지를 봐달라고 제우스에게 간청하고 제우스는 헤르메스를 보내 칼립소에게 우리의 영웅을 놓아주라고 한다. 그리하여 칼립소는 오디세우스를 풀어주고 오디세우스는 파에아키아Phaeacia섬에 도착한다. 오디세우스가 자신의 위업을 회상하는 장면에서 청중이 되는 건 바로 이 파에

아카이 주민들이다.

트로이 전쟁이 끝나고 오디세우스와 그의 선원들은 귀향을 시작한다. 먼저 로터스(먹으면 황홀경을 느끼게 된다는 상상의 열매-옮긴이)가 가득한 섬으로 향한다. 이 신비로운 과일이 너무 맛있는 나머지 몇몇 선원이 최면 상태에 빠지는 바람에 오디세우스는 그들을 억지로 배로 끌고 가야 했다. 그다음으로 그들은 외눈박이 거인 키클롭스Cyclops의 동굴로 들어간다. 거인에게 잡아먹힐 뻔했지만 오디세우스는 '아무도Nobody'라는 이름으로 자신을 소개해 거인을 속인 뒤, 키클롭스를 술에 취하게 만든 다음 나무 말뚝으로 공격한다. 이웃들이 도대체 무슨 일인가 싶어 구경하러 오자 키클롭스는 "아무도 날 공격하지 않아Nobody is attacking me!"라고 외치고 사람들은 다시 잠자리로 돌아간다. 오디세우스의 다음 싸움 대상은 키르케Circe였다. 키르케는 오디세우스의 부하들을 돼지로 만든 마녀 여신으로 오디세우스는 그녀와도 동침한 것으로 보인다. 그것도 1년 동안이나. 자신의 약점을 잘 아는 오디세우스는 마법을 거는 노래로 선원들을 유혹해 죽음에 이르게 하는 사이렌의 섬을 지나갈 때 자신을 돛대에 묶어달라고 한다. 바다를 건너던 중 그들은 거대한 소용돌이인 카리브디스Charybdis와 머리가 여섯 개 달린 괴물 스킬라Scylla 사이에 갇히는데 결국 괴물 쪽으로 너무 가까이 배를 몰아서 스킬라의 머릿수만큼 선원을 잃고 만다. 굶주린 선원들은 트리나시아Thrinacia섬에 도착하지만 태양의 신, 헬리오스Helios가 소유한 가축을 사냥하는 바람에 전부 익사하고 오디세우스만 살아남아 칼립소가 살고 있는 오귀기아섬에 떠내려간 것이다.

그의 이 같은 업적에 감동한 파에아키아 주민들은 오디세우스를 이타카에 데려다준다. 거지로 분장한 오디세우스는 페넬로페와 결혼하기 위한 활쏘기 대회에 참가하고, 그만이 구사할 수 있는 기술, 열두 개의 도끼 구멍을 연이어 관통하는 활 솜씨로 승리를 거둔다. 그 후 정체를 밝힌 그는 경쟁자들을 무찌르고 마침내 가족과 재회한다. 휴!

마스터플롯 레시피

《오디세이아》는 퀘스트 레시피를 따르는 데 그치지 않는다.[2] 《일리아스》와 더불어 퀘스트 레시피를 구축하는 데 중요한 역할을 한다. 《천로역정》에서부터 영화 〈슈퍼 마리오 브라더스〉에 이르기까지, 《신곡》에서부터 《워터십 다운의 열한 마리 토끼》에 이르기까지, 〈반지의 제왕〉에서부터 〈바비〉에 이르기까지 《오디세이아》 이후 등장한 거의 모든 퀘스트 스토리가 이 레시피를 따른다.

    퀘스트 레시피를 따르는 이야기들은 시작과 끝이 각기 다르지만 풍미의 대부분은 퀘스트 혹은 항해 자체라는 이야기의 핵심에 (어떠한 순서로든) 더해진 재료에서 나온다. 여기에서 특히 중요한 재료는 영웅과 **괴물**(비유일 때도 있지만 대부분 진짜 괴물을 말한다)의 만남이다. 《오디세이아》에서는 키클롭스가 바로 그 괴물이다. 〈슈퍼 마리오 브라더스〉에서는 쿠파, 〈반지의 제왕〉에서는 사우론, 감시자, 발로그, 펠 비스트다. 우리의 영웅은 대게 **엄청난 유혹**을 극복해야만 한다. 〈반지의 제왕〉에서는 반지가 당연히 의인화된(반지화된인가?) 유혹이다. 〈바비〉에서는 장난감 제조업체인 마텔의 경영진들이 제안하는 상자에 도로 들어감으로써 (어설픈 비유 주의) 셀룰라이트를 제거하는 것이다. 오디세우스의 경우, 살아 있는 모든 여자가 유혹이다(꼭 인간이어야 할 필요도 없다). 어느 시점이든 우리의 영웅은 **진퇴양난**에 빠진다. 둘 다 별로인 선택지 중에 하나를 골라야만 하는 것이다. 오디세우스는 거대한 소용돌이(카리브디스)와 머리가 여섯 개 달린 괴물(스킬라) 사이에서 길을 찾으려 하지만 실패한다. 《천로역정》의 순례자 크리스천은 배수로와 늪지 사이에서 길을 찾아야 한다. 이 시점에서 백이면 백 **초자연적인 존재**가 나타난다. 마리오에게는 슈퍼스타가, 바비에게는 이상한 바비가 있다. 《천로역정》, 〈반지의 제왕〉, 《오디세이아》에는 너무 많아 일일이 언급하기도 힘들다. 조력자 역시 이 레시피에서 빼놓을 수 없는 핵심 재료다. 우리의 영웅이 도움을 받지 않는 퀘스트 스토리가 단 하나라도 있을까. 오디세우스에게는 여정에 함께하는 **길동무**(프로도의 샘이나 마리오의 루이지 등), 파에아키아 주민들 같은 **현지 도우미**(프로도의 스트라이더나 마리오의 두꺼비 등) 둘 다 있다.

이야기 중반에 등장하는 마지막 핵심 재료—음식에 식감을 부여하는 재료다—는 바로 **탈속성**이다. 다시 말해 우리의 영웅이 향하는 곳은 *기이하다*. 말 그대로 다른 세상―〈슈퍼 마리오 브라더스〉의 버섯 왕국, 〈바비〉의 진짜 세상, 〈반지의 제왕〉의 중간계, 《이상한 나라의 앨리스》의 이상한 나라, 《오즈의 마법사》의 오즈―이거나 외딴섬―《오디세이아》의 오귀기아, 《걸리버 여행기》의 소인국, 《로빈슨 크루소》의 무인도―이다. 핵심은 집에서 아주 먼 어딘가라는 데 있다. 대게는 기본적인 물리법칙조차 적용되지 않는 곳이다. 영화의 예고편이나 포스터에 등장하는 곳이 바로 그 장소다. '그곳에 가면 어떨까?'라고 상상하게 만드는 지점.

지금까지 살펴본 재료는 퀘스트 마스터플롯의 핵심적인 부분(퀘스트 자체)을 이루지만 이 레시피에는 정확한 곳에 추가되어야만 하는 세 가지 재료가 더 있다. 첫째, (회상 장면이기는 하지만) 우리의 영웅은 **행동개시**를 하도록 호출되어야 한다. 평소처럼 하던 일을 하고 있는데 갑자기 쾅 하고 제우스가 등장한다든지, 바비의 발이 평평해진다든지(이걸 이해하려면 영화를 봐야 한다), 마리오와 루이지가 휘어진 파이프에 빨려들어 간다든지(이 장면 역시 마찬가지다) 하는 것이다. 망설임이나 미적거림 따윈 없다. 영웅은 그냥 *가야 한다*. 지금 당장.

둘째, 괴물과 유혹, 초자연적인 존재 등이 연루된 온갖 사건은 **마지막 시련**에서 절정에 달해야 한다. 오디세우스의 활쏘기 대회, 마리오와 쿠파의 싸움, 프로도와 사우론의 싸움(누군가는 반지 자체라고 할지도 모르지만)처럼 말이다.

셋째, 이야기는 마지막 시련에서 끝나지 않고 **인생을 갱신하는 목표**

로 끝난다. 호메로스는 오디세우스가 기막히게 멋진 천상 낙원에서 여행을 마치도록 끝맺을 수도 있었다. 하지만 그렇게 하지 않았다. 대신 오디세우스는 집으로 돌아가 가족과 재회했다.《이상한 나라의 앨리스》,《오즈의 마법사》,《로빈슨 크루소》,《워터십 다운의 열한 마리 토끼》 전부 마찬가지다. 예외 사례조차 이 법칙을 입증한다. 브루클린 집으로 의기양양하게 돌아간 마리오와 루이지는 마법의 왕국으로 향하지만 그곳에서 배관공으로 일한다. 프로도는 훗날 죽지 않는 땅으로 향하지만 그를 비롯한 다른 호빗들은 처음에 샘이 결혼했던 샤이어로 돌아간다. 바비는 바비랜드로 돌아가지 않고 현실 세계에 머물지만 "제 담당 산부인과 의사를 만나러 왔는데요"라는 대사로 유추해 볼 때 플라스틱이라는 근본에서 벗어나지 못한다.

이 영웅들 중에 시작점으로 돌아가는 사람은 아무도 없다는 사실이 중요하다. 물론 오디세우스는 제자리로 돌아온다. 하지만 그는 멀리 떠났기 때문에 돌아올 수 있었다. 모든 것을 새롭게 시작하게 해줄 무언가를 갖고 돌아온 것이다. 그가 정말로 찾던 것, 즉 아내와 아들의 사랑은 늘 그곳에 있었다는 사실을 입증해줄 무언가를 말이다. 그건 '제자리'가 아니라 '새로운 일상'이다. 단순히 고치는 게 아니라 더 낫게 만드는 것이다.

픽션보다 기이한

칼 부시비Karl Bushby는 문학과 거리가 먼 인물이었다. 난독증이 있어 그는 열여섯 살의 나이에 학교를 그만두고 입대했으며 그로부터 11년 후, 스물 일곱에 제대했다.

군대에 있는 동안 칼은 아버지에게 생일 축하 카드를 받았는데, 전직 군인이었던 아버지는 지나가는 말로 특수부대 대원 몇 명이 런던에서 뉴욕까지 베링 해협Baring Strait을 따라 행군할 거라는 소식을 전했다. 베링 해협은 시베리아와 알래스카를 나누는 좁은 해협으로, 가장 좁은 구간의 폭은 약 85킬로미터다. 겨울에는 일부 구간이 얼기 때문에 이론상으로는 걷거나 뛰거나 수영해서 횡단할 수 있다. 베링 해협이야말로 거부할 수 없는 **행동개시**이자 칼의 표현을 빌리자면

'아메리카와 아시아를 연결하는 빠진 퍼즐 조각'이었다. 칼은 전 세계를 도보로 여행하겠다는 어렴풋한 야망을 오래전부터 품어왔는데 이제 이 야망이 이론적으로 가능해진 것이었다.

1998년 11월, 칼은 칠레의 최남단 도시인 푼타아레나스Punta Arenas에서 영국 북부 도시인 헐Hull, 다시 말해 자신의 집을 향해 출발했다. 오디세우스처럼, 모든 퀘스트 스토리의 영웅처럼 칼의 목표는—이 책을 쓰고 있는 지금도—집으로 돌아가는 것이다.

그 세대 아이들이 그렇듯, 칼은 어린 시절 중간계가 등장하는 J.R.R.톨킨John Ronald Reuel의 책을 읽었으며 《호빗》을 특히 좋아했다. 칼은 이런 책으로부터 '늘 품어왔던 여정을 향한 갈망'에 불을 지폈다. 사실 우리 대부분은 어딘가로 떠나고 싶은 열망을 항상 품고 있을지도 모른다. 톨킨의 이야기를 읽은 아이들 가운데 반지원정대 같은 여정을 꿈꾸지 않을 아이가 있을까? 칼이 그들과 달랐던 점이라면 꿈을 실행에 옮겼다는 거다.

여행을 떠났다 돌아오는 소설 속 이야기가 칼을 고취시켰을지 몰라도 그는 지난 20년 동안 이러한 열망을 품고 살았다. 칼의 이야기에서 두드러진 부분, 사실 섬뜩하기까지 한 부분은 마스터플롯 레시피에 들어 있는 거의 모든 재료가 녹아 있다는 것이다. **현지 도우미**는 (칼의 추정에 따르면) 99퍼센트 여정 중에 만난 사람들로 그를 처음 봤지만 기꺼이 자금과 숙식을 제공해주었다.

길동무는 여행 초기였던 남미, 중앙, 북미 아메리카를 걷는 동안에는 큰 역할을 하지 않았지만 칼이 마침내 베링 해협에 도착해 숙련된 탐험가 디미트리 키퍼Dimitri Keiffer와 팀을 이루면서 결정적인 역할을 했다. 2006년 3월, 둘은 성공적으로 베링 해협을 걸어서 건넜다. **유혹**은? 물론 칼은 (커트 코베인Kurt Cobain과 놀라울 정도로 닮은 외모 덕분에) 오디세우스보다도 더 많은 로맨틱한 만남을 가졌을 것이다. 오디세우스가 그랬듯, 이러한 만남으로 여정이 몇 주나 몇 달 지체되기는 했지만 귀향 자체를 막지는 않았다. **초자연적인 존재**도 나타났다. 칼은 칠레 사막에서 두 지점 사이를 왔다 갔다 하며 미묘하게 형태를 바꾸는 밝은 빛을 보았다. UFO였을까? 아니었다. 흰색 비닐봉지가 두 언덕 사이의 열기류에 갇혀 있던 것일 뿐이었다. 그렇기는 하지만 오디세우스처럼 칼은 컬럼비아에서 지하 세계를 경험했으니, 그곳에서 그는 무덤들이 즐비한 묘지에서 잠을 청하기도 했다.

 괴물이라면 다리엔 갭Darien Gap에서 수없이 만났다. 다리엔 갭은 컬럼비아와 파나마에 걸쳐 있는 100킬로미터에 달하는 정글로 야생동물, 밀렵꾼, 마약 밀수범과 악명 높은 FARC(컬럼비아 무장혁명군)이 들끓는 곳이었다. 컬럼비아 무장혁명군은 컬럼비아 정부와 계속해서 전쟁 중인 공산 게릴라로 마약 산업을 주도하는 이들이다(넷플릭스 시리즈 〈나르코스〉에 잘 드러나 있다). 칼은 이들을 피하기 위해 도로를 이용하는 대신 악어가 득실대는 강을 헤엄치고 울창한 정글을 헤치며 나아갔다(헐에서 자란 사람에게는 확실히 엄청난 **탈속성**이었으리라). 그것만으로 충분하지 않았는지, 칼은 여러 번 뱀과 북극곰을 피해야 했다.

하지만 그의 이야기에서 진짜 괴물은 정부와 정부 기관이었으니, 특히 러시아 연방 보안국Russian Federal Security Service, FSB이었다. 칼과 디미트리는 베링 해협을 통해 러시아에 도착했지만 그들을 맞이한 건 구금, 5년간 입국 금지였다. 둘은 존 프레스콧(John Prescott, 당시 영국 부총리이자 칼의 고향 헐의 하원 의원)과 로만 아브라모비치(Roman Abramovich, 추코트카의 당시 주지사) 사이에 거래가 체결되고 나서야 석방될 수 있었다. 그러고 나서도 칼의 러시아 입국 금지는 그가 비행기를 타고 미국 서해안으로 돌아온 뒤 다시 미국 반대편까지 걸어가 워싱턴 D.C.에 위치한 러시아 대사관에서 자신의 입장을 변론한 후에야 풀렸다.

코로나 팬데믹 기간에 내가 칼과 처음으로 줌 미팅을 했을 때 그는 **진퇴양난**에 빠진 상태였다(오디세우스의 경우, 카리브디스와 스킬라 사이). 베링 해협을 건너고 서쪽을 향해 러시아, 몽골, 중국, 카자흐스탄, 우즈베키스탄, 투르크메니스탄 대부분을 횡단했지만 이란에 입국할 수 없었다. 코로나로 인한 제한과 서방의 제재 때문이었다. 이란이 칼의 카리브디스였다면 그의 스킬라는 우즈베키스탄, 카자흐스탄, 러시아를 따라 이동하는 대안이었다. 러시아는 그에게 끝도 없는 비자 문제를 안겨줬을 뿐만 아니라 이웃 국가인 키르기스스탄도 설득한 듯했다. 어쨌든 러시아를 따라 이동하는 가능성은 푸틴이 2022년 우크라이나를 침공하면서 완전히 날아가 버렸다.

이 같은 상황에도 단념하지 않은 (단념은 했겠지만 포기는 하지 않은)

칼은 이란과 러시아를 피해 우즈베키스탄으로 돌아간 뒤 (투르크메니스탄은 포기했다) 카자흐스탄으로 향했다. 이 글을 쓰고 있는 지금 칼의 계획은 카스피해를 따라 288킬로미터를 수영해 아제르바이잔으로 가는 거다.³ 칼은 나에게 이렇게 말했다. "처음 계획과는 다르지만 뭐 어때요?" 이 계획이 성공하면 고향까지의 거리는 고작 5천킬로미터밖에 남지 않는다. 아제르바이잔에서는 거의 대부분 유럽으로 쉽게 진입할 수 있다. **마지막 시련**은? 지켜봐야 한다. 칼의 계획은 영불 해협 터널Channel Tunnel을 통해 프랑스에서 영국까지 걸어가는 것이다. 브렉시트를 단행한 영국은 협조적으로 나올까, 아니면 도개교를 올려 버릴까? 해협을 헤엄쳐서 건너야 한다면 칼은 분명 그렇게 할 것이다.

하지만 앞서 봤다시피, 퀘스트 레시피의 마지막 재료는 마지막 시련이 아니다. 영웅은 과거의 삶으로 돌아오되 새로운 삶을 시작하게 해주는 무언가를 갖고 보다 단단해진 상태로 돌아온다. 칼의 **인생을 갱신하는 목표**는 그가 현재 과학적 소양 증진에 기여하기 위해 설립 중인 비영리 단체에서 정규직으로 근무하는 것이다. 칼의 새로운 도전에 시동을 걸어줄 무기는 무엇일까? 두 가지다. 첫째, 그가 당면한 임무의 크기를 인식하는 것이다. "세계를 여행하다 보면 과학적 소양을 곳곳에서 목격하게 됩니다." 그는 코로나 바이러스 팬데믹이 '전형적인 사례'라고 말한다. 예를 들면, 미국 국민의 40퍼센트가 코로나 바이러스를 믿지 않을 경우, 이 정도 규모의 바이러스에 맞서 싸운다는 건 불가능하다. 둘째, '인류를 향한 신뢰의 재발견'이다. "길에서 수

많은 이들의 친절을 받았습니다……. 이 여행은 인류를 향한 저의 사랑을 재차 확인시켜주었습니다. 인류는 정말 굉장한 종이며 어마어마한 잠재력을 품고 있습니다. 제대로만 발현된다면 그야말로 엄청난 일을 할 수 있죠."

이야기 뒤에 숨은 과학

칼의 이야기는 중요한 질문을 던진다. 우리는 왜 떠났다 돌아와야만 성배를 찾을 수 있는 걸까? 칼은 왜 지구의 4분의 3을 행군하고 나서야 과학 커뮤니케이터를 향한 열정을 발견할 수 있었을까? 퀘스트 마스터플롯의 특징 가운데 하나는 장소의 중요성이다. 우리는 어딘가 *다른 곳으로 가야* 하는 것이다. 도대체 왜 그럴까?

1997년 여름, 프랑스어와 러시아어를 전공한 나는 1학년을 마친 뒤 야로슬라블Yaroslavl'과 상트페테르부르크St Petersburg로 한 달 동안 여행을 떠났다. 이제 막 러시아어를 배우는 학생들을 격려하는 차원에서 대학에서 주최한 여행이었다. 정말 끝내주는 시간을 보내긴 했다. 러시아 10대들과 공원에서 보드카를 마시고, 5인제 축구(다섯 명씩 팀을 이뤄 하는 실내 축구-옮긴이) 경기에서 화려한 트랙수트를 입은 마피아 단원들에게 걷어차이고, (같은 마피아 단원들이 지키는) 세상에서 가장 지저분한 나이트클럽에서 신나게 춤을 추고, 현지 축구팀(타이어 메이커라는 별명을 지닌 FC 시니크 야로슬라브 축구팀)을 응원하고, 글자가 적힌 신비한 고기를 먹었다. 하지만 영국으로 돌아오자마자 나는 프랑스어와 러시아어에서 심리학으로 전공을 바꾸었다. 여행은 끝내주게 즐거웠지만 그 여행을 통해 내가 정말 좋아하는 건 러시아어나 러시아(혹은 프랑스어나 프랑스)가 아니라는 걸 깨달았다. 내가 정말 관심 있는 건 이 언어들을 구사하게 만드는 심리학적 원리나 구조였다(사실 나의 고등학교 프랑스 선생님은 나더러 늘 언어학을 공부해보라고 하셨다). 심리학을 공부하기 시작하면서 언어를 연구하는—우리가 어린 시절 어떻게 언어를 배우고 성인이 되어서도 표현하는지—심리학 분야에 빠르게 빠져들었고 아직까지도 이 분야에 몸담고 있다. 이건 단지 나의 이야기일 뿐이지만 생각해보면 여러분에게도 자신의 인생 이야기를 어떤 식으로든 바꾼 비슷한 퀘스트나 '발견의 여정'이 있었을 것이다.

그렇다면 나는 러시아로 여행을 떠나지 않고도 이러한 깨달음을 얻을 수 있었을까? 논리적으로는 그렇다. 나는 충분히 그러한 깨달음을 얻을 수 있었을 것이다. 그러한 결정을 내리는 데 도움이 되는 정보를 충분히 갖고 있었다. 하지만 나는 그러한 깨달음을 얻지 못했을 것이다. 우리는 도대체 왜 떠났다가 돌아와야만 그러한 결정을 내릴 수 있는 걸까? 우리가 진짜 나를 발견하는 특정한 장소는, 단지 무대의 배경이 아니라 더 큰 의미를 지니기 때문이다. 장소는 이야기의 핵심이다. 1975년 스코틀랜드 스털링대학교에서 진행한 유명한 연구는 이 사실을 확실히 뒷받침한다. 클라이드뱅크Clydebank, 이스트킬브라이드East Kilbride, 스털링Sterling 지역의 다이빙 클럽 중 실력이 뛰어난 회원들이 장비를 착용하고 수정 같이 맑고 차가운 클라이드강에 뛰어들었다. 물 아래 완전히 잠긴 채로 그들은 육지에서 외웠던 단어들을 떠올리거나 반대로 나중에 물 밖으로 나왔을 때 떠올릴 단어를 물속에서 암기했다. 물론 이 실험이 매끄럽게 진행되지는 않았다. '어떤 사람'은 "물 아래 있는 동안 수륙양용차량DUKW에 치였다고" 단어를 은근슬쩍 언급하기도 했다. 그럼에도 불구하고 실험 결과는 확실했다. 지상에서 학습한 단어는 수중에서보다 지상에서 더 기억해내기 쉬웠으며 반대의 경우도 마찬가지였다. 사실 장소를 바꿀 경우, 기억하는 단어의 수는 약 3분의 1이나 줄었다.•

왜 그럴까? 학습된 연상이 핵심이다. 파블로프의 개가 종이 울리면 음식이 도착할 거라고 연상했듯 다이버들은 수중 환경을 한 세트의 단어와, 강둑을 다른 세트의 단어와 연상 지었다. 1장에서 살펴봤듯,

---

• 소파와 욕조에서 직접 실험해보고 싶은 사람을 위해 논문에서 사용된 것과 비슷한 단어 목록은 다음과 같다. 인정하다, 각도, 배너, 체리, 경멸하다, 에러, 농부, 장례식, 무거운, 이상적인, 보석, 여정, 새끼 고양이, 지식, 숙녀, 언어, 부인, 정상적인, 개요, 너머, 경찰, 주머니, 비율, 질문, 조용한, 철도, 기록, 분리된, 하찮은, 못생긴, 항해, 복지, 목격하다, 글쓰기, 노란색, 젊은.

뇌는 예측 기계다. 예를 들어 *인정하다*라는 단어를 수중에서 보게 된 다이버들은 무의식적으로 주위의 신호(물, 추위, 진흙)가 그 단어의 모습을 예측한다고 생각했다. 파블로프의 종소리가 음식의 도착을 예측했듯 말이다. 수중에서 회상 테스트를 했을 때 다이버는 물, 추위, 진흙이라는 신호를 이용해 *인정하다*라는 단어를 예측했다(다시 말해 떠올렸다). 개가 종소리를 사용해 음식을 떠올렸듯 말이다. 하지만 육지에서 회상 테스트를 했을 때 그들은 이러한 신호를 사용할 수 없었다.

마찬가지로 우리가 홈그라운드에 있을 때는 깊이 뿌리박힌 연상에서 벗어날 수 없다. 알람이 울리면 우리는 핸드폰을 집어 들어 알람을 끈 뒤 (연령에 따라) 틱톡이나 인스타그램, 페이스북, X(트위터) 등으로 시간을 때운다. 부엌 바닥의 냉기가 맨발에 스며들면 우리는 이를 신호 삼아 주전자를 채운다. 물이 채워지는 소리가 들리면 이를 신호로 오늘 하루를 어떻게 보낼지 생각한다. 물론 루틴을 바꾸기가 아예 불가능한 건 아니지만 굉장히 어려우며 의식적인 노력이 필요하다. 이제 어디론가로 떠날 때를 생각해보자. 휴가라서 알람을 꺼놓았다. 우리는 소셜 미디어를 확인하는 대신 뉴스를 볼지도 모른다. 주전자를 채우는 대신 핸드폰으로 현지 카페를 찾아볼지도 모른다. 현지 카페에서 누군가를 만나 그날 가볼 만한 곳의 정보를 얻을지도 모른다. 노력도 하지 않았는데 갑자기 루틴이 전부 바뀐 것이다.

게다가 보너스도 있다. 오랫동안 떠나있을 경우 우리가 학습한 새로운 연상은 옛 연상을 조금씩 갉아먹는다. 오랜 여행 후에 집으로 돌아오면 같은 집인데도 살짝 다르게 느껴지기 마련이다. 여러분은 그때 드는 느낌을 마음속으로 되살릴 수 있는가? 모든 것이 익숙하지만 동시에 새롭게 느껴진다. 예측 오류(학습으로 이어지는 부정확한 예측)의 느낌이 바로 그거다. 휴가에서 돌아와 정문을 열 때 우리의 뇌는 놀러 갔던 곳의 복도를 예측한다. 그런데 이게 뭐지? 완전히 뜻밖의—물론 완전히 친숙하지만—복도가 보인다. 이제 아침에 눈을 뜨면 소셜 미디어 확인 말고 다른 걸 예측할지도 모른다. 부엌 바닥의 냉기를 느끼며 주전자를 채우는 일 말고 다른 걸 예측할지도 모른다. 우리는 예전에 있던 곳으로 돌아왔지만 무언가가 바뀌었다. 여러분 자신도 마찬가지다. 떠나야만 돌아올 수 있는 것이다.

얼토당토않은 이야기라고 생각할지도 모른다. 우리는 당연히 익숙한 습관으로 돌아가기 쉽다. 하지만 약간의 정신력으로 그 습관들을 바꿀 수 있지 않을까? 돌아왔을 때 조금의 변화를 느끼기 위해 완전히 다른 곳으로 굳이 가야 하는 건 아니지 않을까?

1982년, 캐나다 심리학자 셰퍼드 시겔Shepard Siegel은 쥐를 대상으로 한 획기적인 실험 결과를 발표했다.[4] 15일 동안 격일로, 각 쥐에게 헤로인을 투여한 뒤(쥐들은 완전히 즐겼다고 한다) 마지막에는 다량의 헤로인을 투여했다. 쥐들이 이제껏 받은 가장 많은 양보다 거의 2배에 달하는 양이었다. 그런데 쥐들의 절반은 늘 투여받던 곳과 같은 곳에서, 나머지 절반의 쥐들은 다른 방에 놓인 다른 우리에서 투여받았다. '늘 약을 받던' 익숙한 환경에서 헤로인을 투여 받은 쥐들은 이러한 변화를 비교적 잘 감당했으며 3분의 2가 살아남았다. 하지만 다른 환경에서 다량의 헤로인을 투여 받은 쥐들은 그렇지 않았다. 3분의 2에 달하는 쥐가 과다 복용으로 사망했다. 늘 약을 받던 익숙한 우리에서는 뇌가 그 특정한 환경의 신호를 이용해 헤로인이 들어오는 것을 예측하며 필요한 조정을 하기 시작한다. 반면 새로운 우리에서는 헤로인을 투여 받을 거라 예측하지 못한다. 얼마나 강한 자극을 받을지 알지 못한 채 비극적인 결말을 맞이하고 마는 것이다. 비단 쥐만 그런 건 아니다. 시겔의 연구는 인간 헤로인 복용자를 상대로 한 보고서에서 영감을 받았는데, 그들 역시 익숙한 환경에서는 과다 복용에 잘 적응했지만 익숙하지 않은 환경에서는 그렇지 않았다.

학습된 인지, 학습된 예측이 치명적인 헤로인 복용으로부터 우리를 보호해줄 만큼 강력하다면, 당연히 루틴을 바꾸기 위한 최선의 노력으로부터 우리를 '보호하려는' 힘도 강력할 것이다. 예측인자를 바꿔야만, 다시 말해 환경을 바꿔야만 우리의 뇌는 새로운 연상을 학습할 수 있다. 마약 중독, 흡연, 섭식 장애의 경우 물론 쉽지 않다. 마약, 담배, 도넛에는 온갖 다양한 '신호'나 '예측인자'가 수반되며, 상황, 정신 상태, 가족 등 상당수가 피하기 어렵거나 불가능하기 때문이다. 하지만 이러한 신호나 예측인자를 더 많이 피할수록 연결고리나 예측을 깨고 서사를 바꾸기 쉬워진다.

영향 아래

 퀘스트 마스터플롯의 가장 중요한 특징은 우리가 굳이 하지 않았을 일을 퀘스트 스토리의 영웅이 되겠다는 욕망 하나 때문에 하게 만든다는 점이다.

 전 세계를 행군하는 건 피곤한 일이다. 위험하고 돈이 많이 드는 일이기도 하다. 게다가 혼이 나갈 정도로 지루한 일이다. 외부인의 눈에는 신나고 멋진 일처럼 보이겠지만 칼은 나에게 이렇게 말했다. "실제로 걷는 사람 입장에서는 말도 못하게 단조로운 일입니다. 직장인이나 다름없죠. 카자흐스탄 도로를 30킬로미터 걷는 건 전혀 흥미로운 라이프스타일이 아닙니다." 도대체 무엇 때문에 그렇게 한단 말인가? 비행기를 타면 눈 깜짝할 사이에, 그것도 훨씬 더 저렴한 비용으로 집에 갈 수 있는데 말이다. 정말이지 의미 없는 짓이다.

물론 아무런 의미가 없는 건 아니다. 그러나 그 의미는 칼의 여정이 우연히 퀘스트 마스터플롯 레시피를 *따르게* 되었다거나 칼이 퀘스트 마스터플롯을 *이용해* 스스로를 동기부여했다는 데 있지 않다. 그보다 더 큰 의미가 있으니 바로 칼의 행군 *자체가* 퀘스트 서사라는 점이다. 그러한 서사가 없다면 그의 여정은 아무것도 아니다.

우리 주위에서 이러한 여정의 축약된 버전을 쉽게 찾아볼 수 있다. 거의 모든 나라의 뉴스에서 자선을 목표로 등반을 하거나 국토횡단을 하는 현대판 오디세우스에 관한 기사를 보도한다. 예를 들어 폴 테일러Paul Taylor는 영국에서 가장 무례하고 우스꽝스러운 지명의 장소들을 답사한 걸로 유명하다. 요크셔Yorkshir의 쉬테르톤Shitterton에서 출발한 폴은 오크니Orkney의 트왓Twatt, 레스터셔Leicestershire의 버트홀 레인Butthole Lane, 뉴포레스트New Forest의 샌디 볼스 홀리데이 파크Sandy Balls Holiday Park를 마음껏 돌아다녔다. 사후 논란은 제쳐두더라도[5] 영국 코로나 록다운 기간에 자신의 정원을 100번을 걸은 톰 무어Tom Moore 선장의 퀘스트도 있다. 종교가 있는 한, 순례는 늘 있었다. 거부할 수 없는 행동촉구, 초자연적인 존재, 동료애, 낯선 이와 현지 조력자의 친절, 의기양양한 도착, 마지막으로 귀향 후 살게 된 더 나은 삶 등 퀘스트 마스터플롯 재료의 대부분이 들어간 말 그대로의 퀘스트다.

나는 이렇게까지 주장하고 싶다. 우리가 특정한 업적에는 감탄하지만 똑같이 도전적인 다른 업적에는 관심을 주지 않는 이유는 대체로 퀘스트 서사의 내재화 때문이라고. 국토대장정을 하는 친구나 친척에게 돈을 기부하며 후원을 한다고 했을 때 이에 대해 불만을 표할 사람은 거의 없다. 특히 이국적인 장소나 먼 곳에서 이러한 활동이 이루어지거나, 대표적인 변종 활동으로, 돈 없이 최대한 멀리 여행을 떠나는 경우에는 더욱 그러하다. 하지만 중국어 학습이나 대수학 공부처럼 비슷하게 어려운 임무—사실 더 가치 있다고 할 수 있는 임무—를 완수하도록 후원하는 사람은 없다. 다시 말해, 눈에 띄는 퀘스트 마스터플롯의 재료가 없을 경우 사람들의 외면을 받기 마련이다.

대규모 업적 역시 마찬가지다. 에베레스트에 왜 오르고 싶었느냐는 질문에 영국 산악인 조지 말로리George Mallory는 다음과 같은 말을 남긴 것으로 유명하다. "산이 거기 있으니까." 하지만 무수히 많은 다른 도전 과제들도 '거기' 있다. 왜 굳이 산인 걸까? 1962년, 존 F 케네디 대통령은 인류를 달에 보내겠다고 선언한 뒤 "우리는 쉽기 때문이 아니라 어렵기 때문에 이 일을 하기로 선택한 겁니다"라고 말했다. 하지만 급진적인 차별이나 아동 빈곤, 세계 기아를 종식하는 것 역시 어려운 일이다. 왜 그런 일들은 선택받지 못한 걸까? 케네디 대통령은 퀘스트 서사의 재료를 많이 집어넣을수록 해당 과제가 대중의 상상력을 포착하는 데 유리하다는 사실을 간파했던 것이다.

차별이나 아동 빈곤, 세계 기아를 근절하는 일이 그림의 떡(불가능한 일)이라고 생각한다면 달 착륙을 우리가 그동안 달성한 다른 성과들과 비교해보아라. '세계 최초 시험관 아기의 탄생'(1978년 루이스 브라운), 천연두 박멸(1979년), 월드와이드웹 출시(1993년), 양 복제(1996년 돌리), 인간의 게놈 정보 파악 완료(2003년), 인간처럼 말할 수 있는 챗봇 개발(2022년 챗GPT). 이러한 성과는 달 착륙보다 우리의 일상에서 훨씬 큰 의미를 지니며, 기술적인 부분에서 훨씬 더 큰 난제를 수반한다. 한 추정치에 의하면[6] 챗GPT 한 개를 훈련시키기 위해 2만 개의 처리 유닛에 각 유닛마다 80기가바이트의 메모리가 필요하다고 한다. 아폴로11 미션에 사용된 가이던스 컴퓨터(4킬로바이트)보다 4천 억배나 많은 양이다. 하지만 차후에 달성한 이 같은 성과 가운데 달 착륙보다 대중의 상상력을 더 크게 사로잡은 경우는 없었다. 그 어떠한 사례도 신문의 1면을 장식하지 못했다. 기술적으로 이에 못지않게 대단한 다른 성과들[7] — 힉스 입자 발견(2012년), 블랙홀에서 중력파 감지(2015년), 에볼라 백신(2016년) — 도 과학 지면에만 살짝 언급되었을 뿐이다.

미래에 달성하겠다는 목표 역시 마찬가지다. 일론 머스크Elon Musk를 비롯한 무리들이 대중의 주목을 받고 싶을 때 어떻게 하던가? "기후 변화를 늦추는 기술에 막대한 투자를 할 겁니다."라고 말하던가? 지루하기 짝이 없다. "우리는 화성을 식민지로 만들 것입니다." 바로 그거다. 다른 성과들에는 부족하지만 달 착륙에는 풍부한 것은 퀘스트 마스터플롯의 핵심 재료들로, 가장 명백한 재료는 **탈속성**이다. 지구와는 전혀 다른 곳, 일반적인 규칙 — 중력조차 — 적용되지 않는 곳으로 여행을 떠나는 것이다.

　몇 년 전, 나는 리버풀 풋볼 클럽의 CEO였던 피터 무어Peter Moore를 만난 적이 있다. 이 책을 쓰기 전이었지만 마스터플롯에 대한 생각은 늘 하고 있었기에 그에게 마스터플롯의 개념을 설명한 뒤, 이러한 개념의 영향을 받은 적이 있는지 물었다. 그의 대답은 마스터플롯이 지닌 힘을 오롯이 보여주는 사례였고, 나는 책에 그 내용을 언급하게 될 거라 직감했다. 리버풀 출신인 무어는 성인이 되자마자 미국으로 건너가 프로 축구 선수나 코치가 되려고 했다. 하지만 어찌어찌하다 결국 그는 비디오 게임 업계에 발을 들였다. 세가의 드림캐스트Dreamcast와 마이크로소프트의 엑스박스Xbox의 론칭을 이끌었으며 나중에는 피파 게임의 제조사인 일렉트로닉 아츠EA의 최고 운영 책임자COO가 되었다. 그런데 2017년, 리버풀 FC에서 그에게 제의가 왔다. 끝내주는 기회였다. 하지만 무어는 캘리포니아에 정착한 상태였다. 그곳에서 태어난 아이들은 캘리포니아를 좋아했고 그도 마찬가지였다. 캘리포니아를 떠나는 것이 올바른 판단이라고 어떻게 아이들을, 자신을 설득할 수 있었을까? 무어가 나에게 말하길 그는 의식적인 결정을 내렸다고 한다. 리버풀로 거처를 옮기는 일을 귀향으로 보기로 한 것이다. 처음에는 그렇게 느껴지지 않았다. 우중충한 리버풀이 아니라 화창한 캘리포니아가 그의 집이었다. 하지만 그는 새로운 결정을 자신과 가족에게 그의 퀘스트를 완수하기 위한 귀환 서사로 납득시켜야만 성공하리라는 걸 알았다. 그는 그렇게 했고 그의 지휘하에 리버풀 풋

볼 클럽은 프리미엄 리그, 챔피언 리그, 피파 클럽 월드컵 우승을 거머쥐는 등 1980년대 이후 최고의 성과를 달성했다. 퀘스트 마스터 플롯의 힘이 이토록 강한 것이다.

왜곡된 플롯

퀘스트 마스터 플롯은 당연히 왜곡되기 딱 좋다. 왜곡된 퀘스트 마스터플롯은 퀘스트 마스트플롯 자체만큼이나 오래된 비유다. 1600년대에 출간된 미겔 데 세르반테스Miguel de Cervantes의 《돈키호테》는 이러한 장르의 첫 번째 사례이자 최초의 현대 소설이다. 이 소설은 '상상의 적 공격하기(tilting at wind-mills, 돈키호테가 풍차를 거인이라 생각해 무모하게 돌진한 데서 나온 표현 – 옮긴이)'라는 관용 표현과 '돈키호테 같은quixotic'이라는 형용사를 탄생시켰다.

나이든 신사 알론소 키아노Alonso Quixano는 고대 기사도에 관한 책을 너무 많이 읽는 바람에 현실 감각을 잃고 스스로 돈키호테 데 라만차Don Quijote de la Mancha라는 기사로 변신한다(**행동개시**). 그는 동네 주막을 성(**탈속성**)으로 삼고 시골 처녀와 지주를 데려와 각각 레이디 키호테와 성주로 삼는다. 이웃들을 기사의 종자(**길동무**)로 채용한 뒤에는 풍차를 거인(**괴물**)으로 보고 공격한다. 그는 두 명의 수도승을, 여자를 인질로 데려간 마법사로 생각해 그들도 공격한다(**진퇴양난**). 또 다른 성(주막)에서 싸움을 벌이다 심각한 부상을 입은 돈키호테는 직접 만든 혼합물로 상처를 치유하려 하지만 당연히 상황은 악화된다. 그 후 돈키호테는 기니 공주를 사칭하는 여자에게 속고 자신의 왕국을 빼앗은 거인(사실은 또 다른 주막에서 만난 술고래)에 맞서 싸운다(**마지막 시련**). 이 소설은 돈키호테가 주문에 걸렸다고 믿으며(**초자연적인 존재**) 친구들에게 집으로 끌려가면서 끝난다. (최초의 팬픽션으로 보이는) 비공식적인 속편에 등장하는 가짜 돈키호테와 싸우는 이야기 역시 엇비슷하다.

 1600년대의 가상 캐릭터가 아니라 오늘날 태어났다면 돈키호테는 짐작건대 미국 심리학회의 정신질환 진단 및 통계Diagnostic and Statistical Manual of Mental Disorders에서 '정신분열스펙트럼 및 기타 정신증적 장애'라 부른 질환을 진단받았을 것이다. 이 질환의 두 가지 대표적인 증상이 바로 망상과 환영이다.[8] 돈키호테는 얼토당토않은 캐릭터처럼 보이지만 퀘스트 마스터플롯의 힘이 너무나도 강력한 나머지 서사가 생긴다. 그래서 정신병을 앓는 사람의 뇌는 이따금 무의미하고 무관한 일련의 결과에 이 서사를 씌운다. 현재 뉴욕대학교에서 심리학자로 근무하는 톰 하틀리Tom Hartley는 30년 전 학생이었을 당시 경험한 정신병 발병을 주제로 흥미로운 기사를 발간했다(정신병 발병을 경험한 이들의 절반만이 조현병 같은 장기적인 정신병으로 발전된다. 다행히 하틀리는 한 번으로 그쳤다).[9]

흥미롭게도, 내가 이 책의 내용을 설명하며 하틀리에게 여덟 가지 마스터플롯 레시피 중 가장 좋아하는 레시피를 고르라고 했을 때 그는 〈약자와 더불어〉 퀘스트 마스터플롯을 골랐다. 관련 없는 일련의 사건들을 어떻게든 하나의 서사로 엮고자 할 때 우리는 가장 좋아하는 서사를, 가장 편안하고, 가장 익숙하며, 가장 흥미롭게 느껴지는 서사를 선택한다고 봐도 무방할까?

하틀리의 행동개시는 그 어떤 소설 속 퀘스트 스토리만큼이나 손에 땀을 쥐게 한다.

> 어느 날 오후, 친구들과 술집에 있는데 낯선 사람이 뒤에서 내 이름을 불렀다. 진짜든 아니든, 그때부터 모든 게 시작되었다. 처음에는 그저 불편한 감정이었던 게 어느덧 편집증으로 바뀌었다. 나는 술집에 있는 다른 이들이 내 이야기를 한다고 확신했다. 그들이 나를 죽이려 하는 것 같았고 연장(끌과 날카로운 드라이버)을 가져왔다는 걸 알았다.
> 평소처럼 행동하려고 했지만 너무 불편했다. 계속해서 옴짝달싹 못하다가 결국 친구들을 설득해 다른 술집으로 갔다. 하지만 점점 더 두려워졌고 멀리 떠나야 할 것만 같았다.

하틀리가 느꼈던 익숙하지만 낯설게 변한 세상은 탈속성이라는 퀘스트 마스터플롯의 재료가 분명하다.

주위 세상이 훨씬 더 빠르게 돌아갔고 지나치게 화려했다. 가는 곳마다 음악소리가 쿵쿵 들렸다. 눈부신 도시 불빛이 펄떡였다.

그 자체로는 초자연적인 존재가 아니지만―하틀리는 종교가 없다고 말했다―훨씬 큰 무언가 혹은 어떠한 도시 전체의 참여를 요하는 계략의 중요한 일부가 된 것 같은 종교적인 느낌도 들었다고 하틀리 말했다.

내가 실제로 무언가를 보거나 들은 건 아니었다. 그저 주변의 모든 것이 특별한 중요성을 지닌 듯했고 그건 전부 나와 관련 있었다! 신호등, 깜박이는 가로등이 전부 나에게 신호를 보내고 있었다.

하틀리는 비밀 미션을 받은 스파이 시나리오의 주인공인 양 자신의 감정을 기술하고 있다. 그가 보고 듣는 모든 것은 암호화된 메시지였다. 그는 샹그릴라스의 노래 〈Leader of the Pack〉의 특정한 가사, "사탕 가게에서 그를 만났다"를 듣고는 그걸 '의미로 점철된 놀라운 우연'으로 받아들인다. 그 가게의 플레이리스트가 전부 사탕을 언급한 곡들로만 이루어져 있다는 건 나중에야 깨닫는다. 하틀리는 실제로 법정에 몰래 들어가 법률 문서를 샅샅이 뒤진다. 그곳에 핵심 미션이 암호화된 형태로 담겨 있다고 확신했기 때문이었다.

하지만 그건 사실이 아니었다. 하틀리의 퀘스트 스토리는 점차 흐지부지된다. 그 사건이 벌어진 지 30년이 지난 뒤 나와의 줌 미팅에서 그는 깨달았다. 퀘스트 스토리가 될 뻔한 그의 이야기가 해결되지 못한 것에 그가 (당시에) 얼마나 실망했는지. 그는 이렇게 말했다. "저는 퀘스트나 미션을 받기를 말 그대로 기대했죠. 법정 문서들을 보며 미션을 찾았어요. 그러다가 찾지 못하자 실망했죠. 방향성이 사라지며 이야기의 진행이 뚝 끊긴 상태 같았어요. 쉬는 날의 제임스 본드 같았죠. 그런 일은 일어나지 않았어요." 초반 재료-행동개시, 괴물(술집의 낯선 이들)은 있었지만 마지막 시련은 절대로 오지 않았다.

젊은 시절의 하틀리가 퀘스트의 중단을 안도가 아니라 좌절로 경험했다는 사실이 흥미롭다(이는 중요한 점이기도 하다). 그는 이렇게 말했다. "이 퀘스트가 진행되지 않을 거라는 느낌이 있었어요. 반지는 어디 있지? 화산은 어디 있지? 플롯으로 융합되지 않을 거라는 생각에 고통스럽고 실망스러웠죠. 그건 가장 지루한 미해결 플롯이었습니다." 그의 사례는 마스터플롯을 향한 우리의 욕망을 입증해주는 듯하다. 정신병을 겪을 때조차, 만족스러운 서사—특정한 마스터플롯 레시피를 따르는 이야기—를 향한 욕망은 늘 존재하는 것이다. 하틀리에게 이 사실을 언급하자 그는 동의했을 뿐만 아니라 나보다 훨씬 더 잘 설명했다.

우리 모두가 서사를 만들어냅니다. 합리적인 플롯을 지어내려고 하죠. 모두가 자신의 삶이 늘 마스터플롯에 순응하도록 애씁니다. 정신병에 걸리면 새로운 플롯을 만들어내려고 하죠. 서사를 향한 욕망이 있다는 게 더욱 확실해지는 지점입니다.

그의 진술이 너무 명료하고 통찰력 있어 질투가 날 정도였다. 그는 드라마 전개에서 혹은 우리가 겪은 일들이 전부 꿈이나 만들어낸 것이라는 이야기를 들을 때 왜 그토록 화가 나는 건지 진심으로 궁금해 했다. 나는 그의 말에 동의하며 거의 동일한 결론에 이르는 《파이 이야기》를 언급했다. 우리는 왜 이런 식으로 반응할까? 우리는 이 이야기들이 어쨌든 실제 이야기가 아니라는 걸 알고 있었는데 말이다. 우리는 상상의 작품을 보고 있을 뿐이었다. 이 허구적 사건들이 "실제로 일어나지 않았다"는 이야기를 듣는 것이 왜 문제가 될까? 그건 무슨 의미일까?

하틀리는 영화를 볼 때 우리는 감독과 암묵적인 동의를 하기 때문이라고 말했다. 불신을 제쳐두고 서사를 전적으로 믿을 거라는 동의 말이다. 결국 진짜가 아니었단 걸 알게 되면 우리는 속은 느낌이 든다. 자신이 경험했던 중단된 퀘스트 역시 마찬가지라고 그는 설명했다. 퀘스트를 맞이할 준비를 한 하틀리의 뇌는—그동안 온갖 퀘스트 스토리를 흡수한 결과—직접 스토리를 제공하지 못하게 되자 속은 기분을 느꼈다. 불신을 저만치 밀어두고, 딱 맞지는 않은 사건들을 어떻게든 잘 엮어 마지막 시련까지 가보려 했지만 온 우주가 고집스럽게 들어주지 않았다.

이는 역설적으로 들리지만 인간의 행동을 이해하는 데 있어 마스터플롯이 지닌 근본적인 중요성을 입증하는 가장 강력한 증거가 된다. 이를 통해 뇌가 어떻게든 여러 사건을 뒤섞어 결속력 있는 서사를 만들어낸다는 사실이 아니다. 그렇지 않기 때문이다. 그보다는 결속력 있는 서사를 만들지 못할 때 뇌는 실망이라는 감정, 뇌의 주인을 실망시켰다는 감정을 만들어낸다는 사실이다.

마스터플롯은 부수적인 요소가 아니다. 이야기의 중추다.

해피 엔딩

이번 장에서, 우리는 퀘스트 마스터플롯을 살펴봤다. 핵심 재료인 행동개시, 마지막 시련, 인생을 갱신하는 목표에서부터 퀘스트 자체까지 살펴봤다. 영웅은 별세계 어딘가에서 괴물과 초자연적인 존재, 엄청난 유혹에 시달리며 진퇴양난의 상황에 처하다가 결국 길동무와 현지 조력자의 도움으로 집으로 돌아온다. 우리는 이 마스터플롯이 《오디세이아》, 《천로역정》, 〈슈퍼 마리오 오디세이〉, 〈바비〉 같은 허구적인 작품에 어떻게 반영되어 있는지도 살펴보았다.

퀘스트 마스터플롯이 현실적인 이야기에 어떠한 영향을 미치는지도 살펴봤다. 이론적으로 피터 무어는 캘리포니아로 향하는 퀘스트 없이도 CEO의 자질을 배울 수 있었을 것이고, 칼 부시비는 전 세계를 행군하지 않고도 과학 커뮤니케이터가 될 수 있었을 것이다. 나 역시 러시아로 여행가지 않았더라도 진로를 잘 선택할 수 있었을 것이다. 하지만 우리는 그러지 않았을 것이다. 오래된 연상과 예측을 새로운 것(탈속성)으로 교체해야만 모든 게 바뀐다. 원래 시작했던 곳으로 돌아온다 할지라도 말이다.

퀘스트 마스터플롯은 호메로스의 시절이나 지금이나 다르지 않다. 우리가 본능적으로 품고 있는 지식이 농축된 형식으로 주입되기 때문이다. 장소가 중요하다는 이 지식은 과학적인 증거를 통해 진실로 밝혀진 바 있다. 다른 장소로의 이동은 우리를 어떤 식으로든 바꾸며, 이로서 우리는 틀에 박힌 생활에서 벗어나 집에서는 찾을 수 없었던 성배를 찾게 된다. (모든 퀘스트 스토리에서 그렇듯) 물론 그 성배는 늘 그곳에 존재했다.

퀘스트 마스터플롯은 그러한 이유에서 —물론 강력한 경쟁자를 일부 만나겠지만 이 책에서 소개하는 그 어떤 마스터플롯들보다도— 우리로 하여금 더 나은 행동을 하게 만드는 힘이 있다. 물론 퀘스트 서사는 이따금 (돈키호테와 톰 하틀리의 경우처럼) 무작위한 사건과 오해를 일관성 있어 보이는 이야기로 엮어냄으로써 우리를 속일 수 있다. 정신병의 핵심 증상인 망상을 야기하는 것이다. 하지만 퀘스트 서사는 고무적이기도 하다. 피터 무어가 (축구) 세상을 정복하겠다는 —인생을 갱신하는— 목표를 품은 채 미국에서 고향으로 귀향한 사례나 케네디 대통령이 인류를 달에 보내겠다고 약속한 것처럼 말이다. 과학자와 기술자들의 주장이 옳다면, 우리 인류는 새로운 세상을 결국 식민지로 만들 것이고, 우리를 그곳으로 보내는 건 퀘스트 마스터플롯일 것이다.

3장

삶의 만족도를 높이고 싶다면 언탱글드 마스터플롯

욕망을 좇던 왕은 추방되었다.

왕국은 왕의 방탕을 가만히 지켜보지만은 않았다.

하지만 원통함에 사로잡힌 레베카 왕비는

이 나라를 분열시키겠다고 마음먹었다.

자신의 왕국을 파괴하려고

왕비는 무능한 바보를 골랐다.

왕국의 치세에 어두운 에드워드를.

관습에 밝지 못하고 별 볼일 없는, 농담이나 일삼는 바보였다.

하지만 마음씨 좋은 에드워드는

사방에 기쁨과 낙천주의를 퍼뜨렸다.

그는 가장 미천한 하인 네이선을 총애했다.

에드워드의 따뜻한 마음에 시민들은 마음을 열기 시작했다.

에드워드의 고결한 품위와

오만하지 않고 힘든 일을 마다하지 않는

네이선의 겸손한 모습에 감동 받아

싸우기로 결심했다.

왕국을 위해, 노력하기로 했다.

그리하여 에드워드와 용감한 네이슨이 앞장섰다,

전장으로, 무시무시한 적을 향하여.

승리는 엄청난 속도로 멀어졌지만

그들의 용기는 빛났고 그들의 정신은 환히 타올랐다.

이에 감동한 레베카 왕비는 깊이 뉘우치며

극악무도한 계획을 내려놓았다.

그러고는 진심으로 약속했다.

앞으로는 에드워드를 적극 지지하겠다고.

〈테드 래소의 시〉

〈테드 래소〉는 코로나 팬데믹 기간에 뜻밖의 히트를 친 애플 TV 시리즈로 미국 미식축구 코치가 영국 축구 클럽을 이끄는 이야기다 (위 시는 저자가 셰익스피어식 희극을 흉내 내어 〈테드 래소〉의 줄거리를 요약한 자작시다-옮긴이). 이 드라마는 언뜻 보면 살해당한 말 조련사를 둘러싼 셜록 홈즈의 유명한 미스터리, 〈실버 블레이즈〉와는 공통점이 거의 없어 보인다. 하지만 조금 더 깊이 들어가면 두 이야기가 동일한 플롯을 따르고 있음을 알 수 있다.

〈실버 블레이즈〉에서 셜록 홈즈는 실버 블레이즈라는 경주마의 마구간으로 소환된다. 그러나 실버 블레이즈는 사라진 상태고 이 경주마의 조련사, 존 스트레이커John Straker는 머리가 '무자비한 강타에 산산조각 난' 상태로 황무지에 누워 있다. 주머니에는 외과용 칼―무기로 사용하기에는 너무 작고 섬세하다―과 의상실의 청구서가 들어 있다. 청구서에 적힌 옷의 가격은 22기니(오늘날 가치로 환산하면 약 2천 파운드, 한화로 치면 약 355만 원)로 경주마 조련사의 변변찮은 월급치고는 지나치게 비싸다. 실제로 이 청구서는 윌리엄 더비셔William Derbyshire라는 다른 누군가에게 청구된 것이었다. 경찰은 마권업자를 체포했다. 마권업자는 주위를 기웃거리며 하녀를 비롯해 마구간에서 일하는 사내아이와 잡담을 주고받고 있었다. 하지만 그를 범인으로 보기에는 무리가 있다. 마권업자가 경주 결과를 조작하기 위해 실버 블레이즈를 헤쳤을 수는 있다. 동기는 충분하다. 하지만 말을 죽이려고 했다면 그냥 마구간에서 죽이면 되지 왜 굳이 다른 곳으로 데리고 갔을까? 게다가 정말로 말을 죽일 마음이 있었다면 왜 하녀나 사내아이의 눈에 띄었을까? 한편 이 사내아이는 매콤한 양고기 카레에 섞인 아편에 취해 있었는데 동일한 음식을 먹은 다른 이들은 멀쩡했다. 마지막 단서는 같은 마구간에서 발견된 절름발이 양 세 마리였다.

더 설명하기 전에 (여러분이 이 이야기를 모른다면) 탐정이 될 기회를 주겠다. 이 사건을 해결하기 위해 필요한 단서는 이것뿐이다. 누가 범인일까?

모르겠는가? 좌절할 필요는 없다. 셜록 홈즈조차 단서가 하나 더 필요했기 때문이다. 이 단서는 문학 역사상 가장 유명한 단서 중 하나이자 훗날 베스트셀러가 된 소설(《한밤중에 개에게 일어난 의문의 사건》)의 제목이 되었다.

그레고리 경위	제가 주목했으면 하는 부분이 있나요?
홈즈	한밤중에 개에게 일어난 의문의 사건이요.
그레고리 경위	개는 밤중에 아무것도 하지 않았습니다.
홈즈	그거 참 흥미로운 사건이군요.

개는 짖지 않았다. 실버 블레이즈를 마구간 밖으로 데리고 나간 사람을 알았기 때문이다. 그건 바로 조련사 존 스트레이커였다. 그렇다, '윌리엄 더비셔'는 없었다. 그건 스트레이커가 정부(그에게 경주마 조련사의 수입으로는 감당하기 힘든 값비싼 옷을 사달라고 한 사람)와 바람을 피울 때 사용한 가명이었다. 외과용 칼이 스트레이커의 주머니에서 발견된 건 그가 실버 블레이즈를 죽이려고 해서가 아니라 눈에 띄지 않을 만큼 작지만 경주에서 승리할 수는 없을 만큼의 부상을 입히기 위해서였다. 스트레이커는 정부에게 2천 파운드짜리 옷을 사주려면 내

기에서 이겨야만 했다. 웨식스 컵에서 실버 블레이즈가 승리하지 않을 거라는 데 돈을 건 사람은 죄 없는 마권업자가 아니라 그였다. 실버 블레이즈가—조련사의 기이한 행동에 겁을 먹고—조련사의 머리를 발로 차지 않았더라면 이 계획은 성공했을지도 모른다. 그렇다면 양고기 카레는? 아편 향을 숨길 수 있을 만큼 매콤한 음식은 카레뿐이었고 목격자를 만들지 않기 위해 스트레이커가 사내아이의 음식에만 슬쩍 넣었던 것이다.

그렇다면 실버 블레이즈는 어떻게 됐을까? 황무지를 서성이는 실버 블레이즈를 사일러스 브라운이라는 이웃이 발견했는데 그는 하필 웨식스 컵 레이스에서 두 번째로 인기가 많은 경주마 데스보로의 조련사였다. 사일러스는 실버 블레이즈를 자기 마구간에 숨긴 뒤 이마에 난 눈에 띄는 은색 반점을 염색해 위장시켰던 것이다. 무사히 인기마로 복귀한 실버 블레이즈는 경주에서 우승하고 덕분에 실버 블레이즈가 실종되었을 때 15:1이라는 엄청난 확률로 이 말에게 돈을 건 셜록 홈즈는 꽤 만족스러운 결과를 얻는다.

마스터플롯 레시피

핵심 재료는 그대로 두고 레시피를 아주 살짝만 변경해도 전혀 다른 결과물이 탄생할 수 있다. 요리 레시피든 마스터플롯 레시피든 마찬가지다. 소금 한 꼬집, 설탕 한 스푼으로도 전반적인 맛이 확 바뀌어 버린다. 언탱글드 마스터플롯은 그 어떤 마스터플롯보다도 그렇다. 동일한 핵심 재료를 갖고도 코미디, 미스터리, 스릴러 등 다양한 결과물을 낳을 수 있다.

첫 번째 재료, 언탱글드 마스터플롯 레시피에서 가장 중요한 재료는 **명과 암의 싸움**이다. 〈테드 래소〉 1화에서 AFC 리치몬드라는 축구 클럽을 소유한 거만한 레베카는 완벽한 암暗의 화신이다. 그녀는 이혼의 상처에서 벗어나지 못한 채 전남편의 상류층 생활을 시기한다.

전남편은 그녀에게 본인의 축구 클럽을 넘겨줬는데 그녀는 잔뜩 꼬인 성격 탓에 자기가 맡은 축구 클럽이 망하기를 바란다. 매사에 심각하고 쌀쌀맞으며 거드름을 피우고 전형적인 영국인이다. 테드는 명明의 완벽한 전형이다. 실수에 관대하고(레베카가 그에게 한결같이 못되게 굴어도 그녀에게 직접 구운 비스킷을 가져다준다) 낙천적이고 태평하며 우스갯소리를 잘한다("이 반복 연습을 엑소시스트라고 부르겠어요. 소유를 주도하는 연습이니까요"). 사람들과 어울리기 좋아하고, 평등주의자이며 전형적인 미국인이다.

언탱글드 스토리는 선과 악의 싸움이 아니다. 괴물 마스터플롯(5장)에서 악인은 순수한 악의 화신이지만 언탱글드 마스터플롯에서 악인은 악당 흉내를 내는 인물이다. 물론 그들은 악랄한 계획을 품고 있으며 (자기 팀이나 자기 말의 다리를 절뚝거리게 만든다) 우리는 그들이 무대에 오르면 야유를 보낸다. 악인이지만 누군가를 살해할 생각은 없다. 결국 **암을 상대로 명이 승리를 거둘 때**(언탱글드 스토리의 결말에 필요한 핵심 재료) 악당은 뉘우치고 속죄할 기회를 얻는다. 징역을 살아야 할지도 모르지만 (괴물 마스터플롯의 괴물과는 달리) 주인공에게 살해당하지는 않는다. 마찬가지로, 언탱글드 스토리의 착한 주인공은 전형적인 순수한 선의 화신이 아니다. 테드는 뻔뻔한 얼뜨기이고 셜록 홈즈는 불법 도박으로 잇속을 챙기는 사람이다.

고대 그리스 희극《리시스트라타》에서는 전쟁을 사랑하는 마을 남자들(남편)과 세상 물정에 밝은 여성들(아내) 사이에 전쟁이 벌어진다.

《한여름 밤의 꿈》에서는 딸이 사랑하는 사람과 결혼하지 못하게 하는 고압적인 아버지 아이게우스Egeus와 오베론Oberon 왕이 이끄는 요정들 사이에 전쟁이 벌어진다. 넷플릭스의 〈성난 사람들〉은 과로와 스트레스에 시달리는 사업가 에이미 라우와 일이 별로 없는 도급업자 대니 조의 사투를 그린 드라마다. 반면 영화 〈빅〉의 톰 행크스나 〈사랑의 블랙홀〉의 빌 머레이처럼, 한 사람이 지닌 양면 간에 싸움이 일어나기도 한다. 어둡고 냉소적인 어른다운 모습, 가볍고 재미를 추구하는 아이 같은 모습이다. 이를 선과 악으로 볼 수 있을까? 아닐 것이다.

얽힌 것을 푼다는 뜻의 그 이름이 암시하듯, 언탱글드 스토리는 단순히 명이 암을 이기는 전형적인 스토리가 아니다. 명이 암을 반드시 특정한 방식으로 이겨야 한다. 여기에 추가되어야 하는 두 번째 핵심 재료는 처음부터 등장해야 하는 **초기 혼돈 상태**다. 골치 아픈 이혼 끝에 레베카는 전남편이 아끼는 축구 클럽을 손아귀에 넣고 무능력한 미국인을 감독으로 임명해 팀을 끌어내릴 계획을 세운다. 셜록 홈즈는 사라진 말, 죽은 조련사, 조잡한 외과용 칼, 값비싼 옷 대금 청구서, 매콤한 카레와 다리를 저는 양 몇 마리를 마주한다.

하지만 이 역시 우리가 익히 아는 혼돈 상태가 아니다. 초기 혼돈 상태는 또 다른 핵심 재료 둘 중 하나 혹은 둘 다 때문에 특정한 향을 풍긴다. 첫 번째는 **숨기거나 잘못 알려진 정체**다. 최소한 등장인물 중 한 명은 겉으로 보이는 모습과 진짜 모습이 다르다. 진짜 의도를 숨기고 있거나 말 그대로 위장한 상태일도 모른다. 알아서는 안 되는 정보를 엿들은 뒤, 모르는 척해야 하는 상태이거나 오랫동안 보지 못한 형제나 부모일지도 모른다. 가장 난해한 플롯에서는 이 모든 일이 일어난다. 실뭉치가 최대한 많이 얽혀 있을수록 풀리는 순간의 만족감이 크기 때문이다. 〈실버 블레이즈〉에는 숨기거나 잘못 알려진 정체의 사례가 세 번이나 등장한다. 경찰은 무고한 마권업자를 체포한다. 존 스트레이커는 '윌리엄 더비셔'로 위장한다. 사일러스 브라운은 실버 블레이즈를 평범한 말로 위장한다. 〈테드 래소〉에서 레베카는 진짜 의도를 테드에게 알리지 않고, 테드는 레베카와 팀의 성공이라는 목표를 공유한다고 믿는다. 〈테드 래소〉의 서브플롯에는 숨기거나 잘못 알려진 정체가 혼돈 상태의 두 번째 재료와 결합되어 있다. **기이한 삼각관계**다. 킬리는 AFC 리치먼드의 에이스인 제이미의 여자친구지만 테드와 키스를 하는(실제로는 하지 않는다) 모습이 사진에 찍히고(잘못 알려진 정체) 그 뒤에 제이미의 동료인 로이와 키스하는 모습이 사진에 찍힌다(이때는 실제로 한 것이다). 기이한 삼각관계다. 꼼꼼하게 기획하지 않을 경우 이 같은 기이한 삼각관계는 아무렇게나 덧붙였다는 느낌을 줄 수 있다. 특히 주요 내용과 별 상관이 없는 서브플롯에 한정될 경우에는 더욱 그러하다. 하지만 제대로만 한다면 전반적인 맛에 기분 좋은 풍미를 얹을 수 있다. 숨겨지거나 잘못 알려진 정체와 기이한 삼각관계가 합쳐지며 뒤섞일 때 *최대치*의 혼돈이 발생하기 때문이다(물론 지겨울 때도 있다).

셰익스피어는 기이한 삼각관계의 장인이다. 예를 들어 많은 이들이 셰익스피어의 희곡 중 최고로 손꼽는 《십이야》의 플롯을 살펴보자. 비올라는 오르시노 공작을 사랑하지만 공작은 올리비아를 사랑한다. 하지만 이런, 올리비아는 세자리오를 사랑하고…… 세자리오는 사실 남장한 비올라다. 부수적인 플롯으로 마리아는 말볼리오에게 올리비아의 이름으로 장난 편지를 쓰고 올리비아가 사실 그와 사랑에 빠졌다고 믿게 만든다. 비올라는 '세자리오'에게 프로포즈하고 세자리오가 이를 받아들이면서 둘은 결혼한다. 하지만 알고 보니 이는 세자리오도 비올라도 아닌 비올라의 쌍둥이 형제 세바스티안이었다.

헷갈려도 괜찮다. 마지막에 등장하는 핵심 재료―100퍼센트 등장한다―는 최후의 **언탱글링**이다. 잇따라 일어나는 희한한 발견과 폭로, 우연을 통해 내막이 전부 밝혀지고 '매듭이 풀리면서' 모두가 자유로워진다. 경마나 축구 시합에서 이기고 배우자를 쟁취한다. 다른 핵심 재료들처럼 언탱글링은 작가가 추구하는 전반적인 맛에 따라 각기 다른 방식으로 진행된다. 몸 개그 코미디에서 언탱글링은 웃음을 추구한다. 모든 사건이 얼마나 희한하고 우연적인지 관중에게 보여주며 살짝 윙크하는 식이다(셜록 홈즈의 이야기에는 다소 심각한 주제에도 불구하고 보통 이러한 요소가 등장한다). 블랙 코미디의 경우 영국 버전의 〈오피스〉처럼 전반적인 분위기가 슬프고 통렬할지도 모른다. 돈과 팀이 마침내 키스하지만 동료들이 방해하듯 그들을 둘러싼다. 그들은 함께 떠나지만 어색해하며 머뭇거린다. 영화 〈페이첵〉이나 〈컨트롤러〉(둘 다 필립. K. 딕Philip K. Dick의 단편을 원작으로 한다) 같은 스릴러에서는 시치미를 떼듯 사건들이 희한하게 풀린다. *해피* 엔딩이지만 재미있는 해피 엔딩은 아니다. 코미디는 아니지만 확실히 우스꽝스러운 제임스 본드 영화나 〈스팅〉 같은 코미디 스릴러가 아니라면 말이다.

하지만 언탱글링은—혼돈 상태와 마찬가지로—아무렇게나 일어나지는 않는다. 반드시 마지막 재료가 등장해야 한다. 바로 **뜻밖의 상대가 건네는 도움**이다. 셰익스피어의 희극에서 이는 주로 사회의 '하층민'이다(혹은 최소한 그렇게 위장한 사람이다). 하인, 가난뱅이, 어릿광대, 아이 혹은—《십이야》의 경우에서처럼—초자연적인 존재다. 〈테드 래소〉에서는 네이선이 그러한 역을 맡는다. 그는 팀의 비품 담당자, 관리인, 궂은일을 도맡아 하는 말단 직원으로 처음에는 선수들에게 괴롭힘을 당하지만 (시즌 1의 마지막 에피소드에서) 코치로 승진한다. 특히 디즈니 세상에서는 재치 있는 동물 조수가 뜻밖의 조력자로 등장한다. 사실 이번 레시피의 이름은 디즈니에서 제작한 영화, 〈라푼젤〉(원작의 이름은 Tangled이다—옮긴이)에서 영감을 받았다. 파스칼(라푼젤의 반려 카멜레온)은 라푼젤을 성에 가둔 엄마 고델의 다리를 걸어 창문 밖으로 날아가게 만든다(언탱글드 레시피가 그렇듯 고델은 죽는 대신 가루로 변한다). 〈실버 블레이즈〉에서 코난 도일은 재치 있는 동물 조수보다 한 단계 더 나아가 그 유명한 조용한 개를 등장시킨다. 뜻밖의 상대가 건네는 도움이라는 재료는 언탱글드 레시피를 더욱 빛나게 한다. 우리가 내내 굽고 있던, 파티가 끝난 뒤 챙겨가는 도덕성이라는 케이크를 멋지게 장식해주기 때문이다. 사회 위계질서, 권력과 돈에서 벗어나 정말 중요한 것(마음 가는 대로 행동하기, 꿈 추구, 사랑)이 뭔지 깨달을 때 질서가 회복되고 행복이 찾아온다는 교훈이다. 감상적으로 들리겠지만 이 교훈―그리고 이 마스터플롯―은 현실에서도 따르는 편이 현명하다.

픽션보다 기이한

1991년 여름, 당시 열세 살이었던 나에게는 음반이 딱 두 개 있었다. 하나는 내가 자란 작은 시골 동네 서퍽*의 시내 중심가에 위치한 울워스(당신 할아버지에게 물어보길)에서 구입한 카세트테이프(당신 아버지에게 물어보길)였다. 또 다른 하나는 7인치짜리 싱글 음반으로 동네 트렁크 세일(집에서 안 쓰는 물건을 탁자나 자동차 뒤 트렁크에 얹어 놓고 싸게 파는 형태의 노점-옮긴이)에서 산 거였다. 내가 산 테이프는 브라이언 애덤스Bryan Adams의 싱글 〈(Everything I Do) I Do It for You〉로 지금

- 궁금한 사람을 위해 부연설명을 하자면 우드브리지의 서퍽이다. 버스티드 밴드 소속 찰리 심슨의 고향으로 에드 시런의 고향, 프램링햄이 바로 아래에 있다. 알다시피 별로 궁금한 이야기는 아니다.

까지도 UK 차트 상위권을 가장 오랫동안 석권한 기록을 보유하고 있다(무려 16주나!). 내가 산 음반은 〈Ipswich, Ipswich (Get That Goal)〉라는 곡으로 내가 응원하는 축구팀, 입스위치 타운Ipswich Town이 1978년 FA컵 결승에 오른 것을 축하하기 위해 발매한 참신한 곡이었다(입스위치 타운은 결승전에서 아스날을 1:0으로 꺾고 정말로 우승을 거머쥐었다). 원한다면 유튜브나 스포티파이에서 이 명작을 들어볼 수 있다.

당시에는 아무 생각이 없었지만 두 곡 모두 우연히도 작곡자가 동일했다. 로버트 존 랭Robert John Lange으로 (잠비아 피도 살짝 섞인) 독일계 남아프리카인인 그는 아군과 적군 모두에게 '머트 랭'으로 알려져 있다. 입스위치 타운 선수단의 1978년 FA컵 우승으로 떼돈을 번 랭은 계속해서 AC/DC의 〈Highway to Hell〉, 〈Back in Black〉을 비롯해 데프 레퍼드Def Leppard의 앨범을 네 번이나 제작했다. 그랬기에 1990년대 초, 그가 '컨트리 팝의 여왕', 샤니아 트웨인Shania Twain의 광팬이 되자 모두가 놀랄 수밖에 없었다. 그는 샤니아에게 불쑥 전화해 자신의 팬심을 고백했고 (머지않아) 프러포즈까지 했다.

행복한 부부가 어린 아들과 함께 스위스로 둥지를 옮겼을 때 샤니아는 마리 앤 티에보Marie-Anne-Tiébaud를 번역가이자 조수, 자산 관리자, 잡다한 일을 처리해주는 사람으로 고용했고 (머지않아) 그녀와 친구가 되었다. 이 비서는 사실 상류층 출신으로 프레데릭 티에보Frédéric Thiébaud의 아내이자 스위스 초콜릿 및 네스프레소계의 거물, 네슬레의 임원이었다. 이제 무슨 일이 일어났는지 대충 짐작이 갈 것이다. 머트는 잠시도 지체하지 않고 마리에게 수작을 걸었다. 샤니아는 이미 두 번이나 이혼한 전력이 있는 남편이 부정을 저질렀을 거라 의심하며—진정한 셰익스피어식 전개답게—가장 친한 친구이자 비서인 마리에게 속마음을 털어놓는다. 마리는 자신의 상사이기도 한 가장 친한 친구를 제대로 안심시켜주었고 그게 성공했는지 샤니아는 그런 이야기를 한 자신이 '바보 같다'고 느끼게 된다. 나중에 의심이 커지면서 마리에게 보다 직접적으로 맞서지만 마리는 이번에도 얼렁뚱땅 넘어가며 이렇게 말한다. "내가 너한테 뭔가를 숨긴다고 생각하니 가슴이 아프구나."[1] 결국 머트가 샤니아에게 이혼을 요구하고 나서야 샤니아는 진실을 알게 된다. 마리의 남편 프레데리크 티에보는 아내가 '혼자' 시간을 보내려고 떠난 여행 짐가방에서 호텔 영수증과 섹시한 속옷을 발견했다며 샤니아에게 진실을 전한다.

"처음에는 받아들이지 않으려고 했어요." 샤니아는 나중에 이렇게 말했다. "하지만 저를 향한 프레드의 사랑을 거부할 수 없었어요. 그는 정말로 사랑하기 쉬운 사람이거든요."[2] 그렇다. 샤니아는 프레드에게 의지했고—그 역시 같은 일을 겪고 있었지 않던가—어찌 하다 보니 그렇고 그런 사이가 된 것이다. 2011년 새해, 그들은 결혼해 스위스에 안착했다. 교환은 완벽했다. 최소한 지금 이 책을 쓰고 있는 지금, 두 부부 모두 여전히 서로의 곁을 지키고 있다.

샤니아는 별로 달갑지 않았겠지만 이 현실적인 이야기에는 언탱글드 레시피의 핵심 재료가 전부 들어 있다. 우선 **명과 암의 싸움**이 있었다. 샤니아를 찾아온 명과 암은 컨트리 팝의 여왕이라는 타이틀과 음울한 로커 머트였다. 하지만 그의 노래 제목처럼 '지옥으로 가는 고속도로Highway to Hell'에서 '검은 옷을 입고 돌아온Back in Black' 머트는 악의 화신과는 거리가 멀다. 물론 부적절한 행동을 하기는 했지만 어찌 보면 그건 부유하고 능력 있는 남성 유명인사들이 전형적으로 밟는 절차다. 그는 스스로를 사랑스러운 악당으로 묘사했을지도 모른다(그는 스스로를 잡종견을 뜻하는 '머트'라고 부르지 않았던가). 그런 이유로 마침내 암이 명을 이겼을 때 머트는 감옥에 갇히거나 살해당하지 않는다. 그저 다리 사이로 꼬리를 내린 채 슬금슬금 도망갈 뿐이다. 짐작건대 이제부터는 처신을 잘하겠다고 맹세했으리라(우리가 알기로 아직까지는 그 약속을 잘 지키고 있다).

이 이야기의 시작에는 **숨기거나 잘못 알려진 정체**와 **기이한 삼각관계**로 특징지어지는 의무적인 **초기 혼돈 상태**가 있다. 길들여지지 않은 반항아 로커 머트는 팝 프로듀서이자 지조 있는 남편 역할을 연기하지만 곧 마리와 사랑에 빠지고 만다. 혹은 최소한 성적인 관계를 맺는다. 마리는 충실하고 절친한 친구 역이다. 물론 샤니아와 프레드 사이에 어떠한 불꽃이 오갔는지 독자는 아직 모르지만 둘 다 외모가 출중하다. 서로 상대의 눈에 들기 어렵지 않았을 것이다. 그 다음에 당연히 최후의 **언탱글**이 있다. 뜻밖의 상대가 건네는 도움 덕분에 모두가 '올바른' 파트너와 만나는 단계다. 이 상대는 (진정한 셰익스피어식 전개답게) 사회의 '하층민'으로 머트의 경우 말 그대로 하인이었다(말도 못하게 높은 월급을 받는 하인이기는 했지만 말이다). 샤니아의 경우…… 물론 네슬레 임원은 빈민층과는 거리가 멀지만 부유한 여성 음악가 상위 10명을 벗어난 적 없던 샤니아의(테일러 스위프트와 제니퍼 로페즈의 중간쯤) 입장에서는 하층민일 테다. 순 자산만 해도 4억 달러 정도(약 6천억 원)로 그 돈이면 네슬레의 킷캣을 엄청나게 살 수 있으니.

영향 아래

샤니아의 이야기는 일반인들의 공감을 사기 힘들다. 나 역시 여러분더러 배우자의 비서와 바람을 피우라고 말하는 건 아니다. 하지만 한 발짝 뒤로 물러나 이 스토리에서 언탱글드 마스터플롯의 일관된 주제가 구현된 방식을 생각해보면 모두가 배울 점이 있다. 이 이야기의 핵심은 암을 상대로 한 명의 승리, 진지한 자를 상대로 한 우스꽝스러운 자의 승리, 머리를 무찌른 마음의 승리, 재미를 추구하는 아이가 냉소적인 어른을 무찌른 승리라는 점을 잊지 말자. 샤니아는 '본업'에 수반되는 기대—구체적으로 말하면 같은 음악계에 종사하는 억만장자와의 결혼—밖으로 걸어 나와 (클리셰를 이해해주길) 마음 가는 대로 했을 때 행복을 찾았다.

거시적인 수준에서 보면 샤니아의 이야기는 일상에서 과감한 도전을 하는 사람들의 이야기와 비슷하다. 〈가디언〉지는 심지어 '60세 이후 다시 시작하기 A new start after 60'라는 정기 칼럼을 싣고 있는데 이 기사들의 제목을 살펴보면 시나리오 작가의 '아이디어' 노트를 훑어보는 느낌이다.

> 나는 71세에 역도 선수가 되었다. 나 자신을 생각할 때 이토록 기분이 좋았던 적이 없다.
> 나는 건강하지 못했으며 당뇨병 전증을 앓고 있었다. 한 달 동안 거북이를 쫓아다니면서 모든 게 달라졌다.
> 나는 독신임을 받아들인 뒤 국제 애완동물 돌봄사가 되었다.
> 나는 게이지만 LGBTQ+(레즈비언, 게이, 양성애자, 트랜스젠더, 퀴어) 사람들을 위해 그동안 아무런 일도 하지 않았다. 그래서 나의 연금을 이용해 복권 기금을 설립했다.
> 나는 CEO 자리에서 물러나 트럭 운전수라는 꿈의 직업을 찾았다.
> 나는 고통스러운 이혼 후에 사랑을 찾았고 우리는 무인도로 이사 갔다.
> 나는 75세에 나체주의자가 되었다. 자유를 만끽하는 기분이었다.
> 나는 패혈증 때문에 죽음을 넘나들었다. 하지만 살아남아 새로운 스포츠를 개발했다.

위 사례 가운데 더할 나위 없이 행복하고 환상적인 언탱글드 영화 한 편을 찍지 않은 사람이 어디 있을까? 1978년 입스위치 타운의 FA 컵 응원곡을 쓴 사람과 배우자를 교체해야만 나만의 인생 코미디를 찍을 수 있는 건 아니다. 진지한 얼굴은 잠시 벗어던지고 조금 가벼워지면 어떨까.

이야기 뒤에 숨은 과학

언탱글드 마스터플롯이 어떻게, 왜 작동하는지 이해하려면 1장에서 언급한 개념을 조금 더 자세히 살펴봐야 한다. 뇌가 예측 기계라는 개념 말이다.

요약하면 언탱글드 마스터플롯 레시피는 (숨기거나 잘못 알려진 정체와 기이한 삼각관계로 인한) 초기 혼돈 상태에서 뜻밖의 상대가 건네는 도움 덕분에 해결되는 과정(암을 상대로 한 명의 승리)으로 이루어진다. 왜 이 레시피는 그토록 맛있는 결과물을 안겨주는 걸까?[3]

이 질문에 답하려면 피자나 초콜릿, 섹스 같은 다른 것들이 왜 맛있는지 질문을 던져보면 된다. 대부분이 알다시피 그 이유는 진화 때문이다. 대자연—다시 말해 자연 선택—은 (다른 동물들과 마찬가지로 인간이 칼로리가 높은 음식과 다른 인간과의 짝짓기에서 즐거움을 취하도록 만들었다. 그렇지 않다면 우리는 오래전에 멸종했을 것이기 때문이다. 그런데 현대 사회는 우리에게 대자연을 '속이고' 본래의 진화적 이익과는 무관한 기쁨을 취할 수 있는 도구를 주었다. 가공 치즈와 정제 설탕의 기술적 진보 덕분에 우리는 피자와 도넛이 우리의 번식 성공 확률을 높이는 데 아무런 도움이 되지 않는데도(사실 부정적인 영향을 미칠지도 모른다) 이 음식들을 먹는 걸 즐길 수 있게 되었다. 마찬가지로, 피임 기술과 포르노물 덕분에 우리는 생식 활동을 하지 않고도 섹스를 즐길 수 있다(최소한 시뮬레이션을 할 수는 있다). 언탱글드 마스터플롯을 따르는 이야기도 마찬가지다. 현대적인 기술—소설, 연극, 영화, TV 시리즈 등—덕분에 우리는 본래의 진화적 이익과는 무관한 즐거움을 즐길 수 있다.

그렇다면 이 진화적 이익은 무엇일까? 근본적인 이익은 사고 과정에 방해되는 쓰레기를 처리해주는 것이다. 1장에서 언급했듯, 우리의 뇌는 주위 세상을 끊임없이 예측한다. 이 예측은 0.001초 단위로 업데이트된다. 그렇지 않을 경우 우리는 계단을 오르거나 대화를 하는 일상적인 업무조차 제대로 해내지 못할 것이다. 그런데 이러한 예측들은 아주 빨리 내려져야 하며 불완전하거나 부정확한 정보에 기인하기 때문에 종종 잘못될 수 있다. 따라서 잘못된 예측을 빨리 판별해서 솎아내야 한다. 우리의 장기 기억에, 세상에 대한 우리의 일반적인 지식에 스며들기 전에, 그리고 썩은 사과처럼 사과통 전체를 썩게 만들기 전에 말이다. 문제는 이 잘못된 예측을 삭제하는 일이 지루하며 품이 든다는 점이다. 쓰레기 내다버리는 일을 좋아하는 사람이 어디 있겠는가?

따라서 대자연은 기가 막힌 해결책을 내놓는다. 잘못된 정보를 찾아 축출하는 일을 약간의 즐거움으로 보상하는 것이다. 코미디의 경우 우리는 이 즐거움을 '유머'로 해석한다. 미스터리의 경우 음……. 딱 들어맞는 단어가 없지만 '깨달음', '계시', '아하의 순간' 정도로 해석한다. 핵심은 즐거움이라는 것이다. 잘못된 예측을 숙청하는 일에 자연이 보상을 제공하는 것이다.

이 이론은 원래 유머를 설명하기 위해 고안되었지만[4] 언탱글드 마스터플롯, 코미디, 미스터리 플롯을 따르는 모든 이야기에 적용할 수 있다. 영국 코미디언 밥 멍크하우스Bob Monkhouse가 한 유명한 농담을 분해해보자.

> 나는 내 아버지처럼 자는 동안 평화롭게 죽고 싶다. 그의 승객들처럼 겁에 질려 소리를 지르는 대신.

이 문장이 유머로 다가오는 이유는 우리는 '그의 아버지가 집 침대에서 죽었다'는 잘못된 예측을 하기 때문이다. 이 잘못된 예측은 곧 사실이 아님이 밝혀지고 우리는 '오, 버스를 운전하고 계셨군!'이라는 깨달음을 얻는다. 〈심슨〉에서 내가 가장 좋아하는 코미디 대사도 이런 식이다. 광대 크러스티는 오랫동안 보지 못한 딸과의 관계에서 어려움을 겪고, 심슨 가족은 최선을 다해 그를 도와준다. 마지 심슨이 그저 딸에게 적응할 시간이 필요한 거라고 말하자, 호머 심슨이 자리에서 벌떡 일어나 가슴에 손을 얹더니 굉장히 진지한 목소리로 "여보, 데블스 에드버킷(Devil's Advocate, 일부러 반대 입장을 취하는 사람이라는 뜻-옮긴이)을 잠시 해도 되겠소?"라고 묻는다. 마지 심슨은 그러라고 하고 뒤이어 호머 심슨이 퀵키마트에서 데블스 에드버킷이라는 핀볼 게임을 하는 장면이 등장한다. 게임기에는 악마가 각 잡힌 변호사 정장을 입고 있다.

이러한 농담이 효과가 있는 이유는 호머 심슨의 대사를 듣는 순간, 딸과 화해하는 데 궁극적인 도움이 될 통찰력 있는 의견을 제시할 거라고 정말로 기대하기 때문이다. "반대 의견을 개진해도 되겠소May I play Devil's Advocate?"가 그거 말고 무슨 의미겠는가. 하지만 이는 완전히 오판으로 밝혀진다. 우리는 완전히 오해한 것이다. 우리가 잘못 판단하면 할수록 그 사실이 밝혀질 때 느끼는 기쁨도 그만큼 커진다.

이제 언탱글드 마스터플롯에서 가장 중요한 부분을 살펴보자. 초기 혼돈 상태—숨기거나 잘못 알려진 정체, 기이한 삼각관계—가 존재하는 이유는 우리를 완전히 잘못된 방향으로 이끌기 위함이다. 〈테드 래소〉에서 로이가 킬리와 잘 될 리가 없다. 현재 제이미와 사귀고 있는 데다 테드와 키스하는(듯한) 모습이 발각되었기 때문이다. 〈오피스〉에서 돈이 팀과 잘 될 리가 없다. 그녀는 약혼자와 함께 공항으로 가는 택시 안에 있었기 때문이다. 실버 블레이즈의 조련사가 이 말의 실종에 책임이 있을 수는 없다. 명백한 동기가 없는 데다 죽은 채로 황무지에 누워 있었기 때문이다. 속임수가 핵심이다. 위대한 코미디나 미스터리 작가는 결과를 완벽하게 위장할 뿐만 아니라 잘못된 예측을 위한 씨를 심고 키운다. 경찰은 마권업자를 체포했다…… 그는 마구간을 기웃거렸고…… 동기도 명백했다.

이론에 따르면 잘못된 예측을 믿으면 믿을수록 이 예측이 참패할 때 우리는 더 큰 기쁨을 느낀다고 한다. 암을 상대로 한 명의 궁극적인 승리가 **뜻밖의 상대가 건네는 도움**을 통해 구현되어야 하는 이유다. 우리가 절대로 하지 못했을 예측이다. AFC 리치몬드의 부활을 이끌 사람은 누가 될 것인가? 테드? 그럴 것이다. 레베카는? 그럴 수도 있다. 그녀의 전남편은? 아마도. 장비 담당자는? 절대로!

실버 블레이즈에게 무슨 일이 일어났는지 누가 알려줄 것인가? 마권업자가? 그럴 것이다. 이웃인 실라스 브라운은? 그럴 수도 있다. 마구간에서 일하는 사내아이는? 아마도. 마구간에 있던 *개는*…….

왜곡된 플롯

우리가 잘못된 것으로 밝혀진 예측을 전적으로 믿으며, 그 믿음을 근절하려는 세상과 주위 사람들의 노력을 완강하게 거부한다면 무슨 일이 일어날까? 자신만의 믿음이나 유튜브에서 본 내용에 혹해 '공식적인' 언탱글을 받아들이지 않는다면 무슨 일이 일어날까? 자신도 모르게 음모 이론에 빠지게 된다. 왜곡된 언탱글드 레시피가 탄생하는 것이다.

물론 사실이라면 음모 이론이 아니다. 지난 몇 년 동안 꽤 많은 '음모 이론'이 사실임이 밝혀졌다.[5] 미국 정부는 특히 비난받은 일들을 많이 저질렀다. 핵폭발로 인한 방사능 낙진의 효과를 검증하기 위해 사망한 영유아의 신체 일부를 훔쳤고, (MK-울트라 프로그램을 통해)

LSD를 비롯한 환각제를 당사자의 허락 없이 사람들에게 시험했으며, 1960년대에 달라이 라마를 무려 18만 달러(약 2억 6천만 원)의 거금을 들여 CIA 에이전트로 고용했다. 터스키기 매독 생체 시험Tuskegee Syphilis Experiment에서 128명의 흑인을 치료하지 않고 죽게 내버려두었으며, 존 레논을 염탐하고, 베트남 전쟁을 야기한 '통킹만Gult of Tonkin' 사건에서 두 번째 교전이 있었다는 거짓 정보를 제공했다. 이러한 전과를 고려할 때, 미국 정부가 2020년 말 코로나 백신을 맞으라고 국민들을 촉구하는 것이 올바른 조치였음에도 일각에서 정부를 신뢰하지 못한 것도 이해가 된다.

이 모든 '음모 이론'이 사실이라고 밝혀진 마당에 다른 인기 있는 '음모 이론'이 사실이 아니라고 어떻게 입증할 수 있겠는가? 쉽지는 않은 문제다. 음모 이론은 특성상, '음모 이론'에 반하는 증거를 제시하는 사람은 그 사건의 이해 당사자로, 음지에서 활동하는 권력자를 위해 일한다고 주장하며 반박을 철저히 튕겨내기 때문이다.

음모 이론을 완전히 반박할 수는 없지만(최소한 음모이론 옹호론자는 만족스러워할 테다) 이러한 사고방식이 말이 되지 않는다는 걸 보여줄 수는 있다. 음모 이론자들의 형세를 역전시킨 2013년 연구에서 잘 입증했듯 말이다.[6] 이 연구의 방법론은 아주 단순했다. '대체로 과학을 지지하는' 기후 변화 관련 다양한 블로그를 방문한 이들을 대상으로 최소한 (나를 포함한) 일부 사람들이 음모 이론이라 부르는 다양한 진술에 등급을 매기게 했다. 대표적인 사례는 다음과 같았다. "달 착륙은 가짜다", "다이애나 공주는 영국 왕실 구성원이 조직한 플롯에 따라 살해당했다", "인류가 야기한 기후 변화는 거짓말이다", "에이즈는 HIV바이러스 때문에 걸리는 게 아니다", "흡연은 암을 유발하지 않는다" 그리고 가장 악랄한 음모인 "1985년에 출시된 뉴코크는 일부러 맛이 없게 만들었으며 나중에 '코카콜라 클래식'을 재출시했을 때 판매를 높이기 위한 마케팅 술책의 일환이었다".

결과를 살펴보기 전에 잠시 멈춰서 이 같은 이론 중 하나라도 사실일 때 우리가 보게 될 패턴을 생각해보자. 달 착륙이 정말 가짜라고 치자. 그럴 경우 증거를 과학적인 관점에서 중립적으로 바라본 뒤, 올바른 결론을 내린 현명하고 독립적인 사상가를 칭찬해야—그리고 그들에게 사죄해야—할 것이다. 그리고 만약 달 착륙이 가짜라고 밝혀진다 해도 현명하고 독립적인 사상가라면 흡연이 암을 유발하지 않고 기후 변화가 사실이 아니며 다이애나 공주는 영국 왕실의 손에 살해됐다는 결론을 내리지는 않을 것이다. 각 사건은 개별적으로 판단해야 하기 때문이다.

그런데 설문조사 응답자들은 대체로 특정한 음모 이론만 고르진 않았다. 그들은 이 이론을 전부 믿거나 전부 부인했다. 이로써 우리는 (물론 그들을 절대로 설득할 수 없겠지만) 음모이론 옹호론자가 독립적인 자유사상가와는 거리가 멀다는 걸 알 수 있다. 사실 그들은 쉽게 설득당하고 온순하며 다른 사람의 의견을 따르는 경향이 있다. 그들이 비난하는 사람들보다 훨씬 더 그렇다. 기후 변화, 외계인, 탄산음료 등

분야에 관계없이, 학계, 미국 정부, 코카콜라 임원 등 '음모 가담자'에 관계없이, 증거에 관계없이, 누군가 공식적인 이야기가 잘못된 거라고 말할 경우 음모이론 옹호론자들은 그들의 말을 믿을 것이다.

음모이론 옹호론자들이 무분별하다는 점이 문제다. 그들은 현실적인 이야기가 전부 언탱글드 마스터플롯을 따른다고 본다. 객관적인 관찰자의 눈에는 완전히 다른 마스터플롯을 따른다는 사실이 명확할 때조차 말이다. 예를 들어 내가 보기에 달 착륙은 퀘스트 마스터플롯의 대표적인 현실 사례다. 하지만 아폴로 계획의 스토리를 언탱글드 마스터플롯으로 보면 핵심 재료가 전부 들어 있다. 우선 혼돈 그 자체다. 인류의 위대한 성과가 가짜다. 게다가 더 최악으로 거의 모두가 그 사실을 믿는다. 잘못 알려진 정체와 위장된 의도는? 여러분은 얼마나 긴 버전을 알고 있는가? 짧은 버전으로 '우주비행사'는 스탠리 큐브릭Stanley Kubrick 감독이 제작한 영화를 찍으려고 할리우드 무대에서 연기하는 배우들이라는 주장이 있다(1968년 영화 〈2001: 스페이스 오디세이〉가 실물과 똑같은 이유는 큐브릭 감독이 동일한 기법을 사용했기 때문이라나). 이 혼돈을 해결한 건 빌 케이싱Bill Kaysing이라는 뜻밖의 인물이다. 새턴 V(Saturn V, 유인 달 탐사를 목적으로 미국에서 개발한 초중량 로켓-옮긴이)의 엔진을 디자인한 기업에서 일했던 빌 케이싱은 달 착륙이 가짜라는 주장을 널리 알린 일등 공신이었다.[7] 달에는 바람이 불지 않는데도 미국 국기가 일정하게 펄럭였다(수평 가로대가 부착된 특수한 깃발이었다), 사진에는 별이 보이지 않는다(우주비행사와 달 자체를 포착하기 위해 필요한 짧은 노출 때문이었다), 그림자가 잘못 되었다(빛은 태양으로부터 직접 오기도 하지만 달의 표면에서 반사되기도 한다), 닐 암스트롱의 카메라가 버즈 올드린(Buzz Aldrin, 닐 암스트롱 다음으로 달에 착륙한 인물-옮긴이)의 얼굴 가리개에 비치지 않았다(카메라는 그의 우주복에 내장되어 있다) 등등.

물론 달 착륙만이 아니다. 현실에서 벌어지는 대표적인 사건들을 언탱글드 마스터플롯이라는 렌즈로 바라볼 경우, 누군가(혹은 무언가)의 정체는 (로맨틱한 **삼각관계** 때문만이 아니라 연관성이 없어 보이는 사람 간의 사랑이나 결탁 때문에라도) 늘 **숨기거나 잘못 알려져** 있다. **혼돈은** 언제나 어느 정도 **해결되고 뜻밖의 상대가 건네는 도움**으로 해결된다. 벨기에 의사 크리스 판 케르크호번Kris Van Kerckhoven(5G 네트워크와 코로나19 사이의 연관성을 주장했지만 과학적 근거가 없는 가짜 정보로 밝혀졌다-옮긴이)**8**이나 9·11 공격을 예로 들며 "제트기의 연료는 철재를 녹일 수 없다"라고 주장한 익명의 인터넷 사용자처럼 말이다. 뜻밖의 상대는 중요하다. 왜냐하면 의도적으로 지어낸 언탱글드 스토리에서는(비의도적으로 발생한 허구적인 음모 이론과는 달리), 언탱글의 과정이 희한하면 할수록 더 짜릿하기 때문이다.

그나저나 누가 이러한 이야기에 속아 넘어갈까? 2020년 연구에 따르면, 언탱글드 마스터플롯이 적용되지 않는 상황에 이 플롯을 억지로 집어넣음으로써 언탱글드 마스터플롯을 왜곡하는 이들이다. 재미있었을 것으로 보이는 한 연구에서 심리학자(이자 프로 회의론자)인고든 페니쿡Gordon Pennycook과 동료들은 AI에게 '심오하게 들리는 헛소리'를 만들어 달라고 했다.[9] "숨은 의미는 비할 데 없는 추상적인 아름다움을 탈바꿈한다", "전체성은 무한한 현상을 침묵하게 한다", "상상은 기하급수적인 우주적 시간 사건 안에 존재한다" 같은 문구였다. 연구진들은 이 문장들이 심오하다고 생각한 이들은 음모 이론 진술에 동의할 확률이 높다는 사실을 발견했다. "국가 원수는 세계 정치를 실제로 통치하는 미지의 소규모 단체보다 권력이 없다", "특정 바이러스나 질병이 급속히 퍼지는 것은 특정 조직의 의도적이고 은밀한 노력 때문이다", "비밀 단체는 외계인과 교류하지만 대중에게는 비밀로 하고 있다" 같은 진술이었다. 훗날 페니쿡은 또 다른 연구를 통해 '심오하게 들리는 헛소리'가 심오하다고 생각한 이들은 가짜 뉴스를 진짜로 받아들일 확률 또한 높다는 사실을 밝혀냈다.[10] 이 두 연구 결과에 따르면 모두가 이야기에 끌리기 마련이지만 어떤 사람들은 매일 일어나는 혼돈을 언탱글드 마스터 플롯의 관점에서 거대한 미스터리를 해결해주는 일련의 단서라고 속단한다는 걸 알 수 있다.

해피 엔딩

언탱글드 마스터플롯 레시피를 따르는 이야기는 장르가 무엇이든 근본적으로는 명이 암을 이기는 구조다. 우선 혼돈에서 시작된다. 누군가 혹은 무언가는, 겉으로 보이는 모습과 다르며, 진짜 정체성과 싸우고 있거나 잘못된 사람이나 관계를 믿고 있다. 하지만 뜻밖의 상대가 건네는 도움으로 이 꼬인 실은 풀리고 우주의 질서가 회복된다. 언탱글드 스토리가 우리에게 전하는 교훈은 행복으로 향하기 위해 어둠―사회 위계질서, 권력, 돈, 관습―을 거부하고 빛―각성, 꿈 추구, 사랑, 덜 밟은 길―을 받아들여야 한다는 것이다.

지당한 말이다. 하지만 정말일까? 언탱글드 마스터플롯을 삶에 적용하면 성공과 행복, 만족스러운 삶으로 향할 수 있을까?

"그렇다, 분별 있게만 행동한다면"이라고 조심스럽게 말하고 싶다. 꿈에 그리던 일을 하기 위해 (제발) 지금 다니는 직장을 그만두지 마라. 최근 설문 조사 결과에 따르면 성인 가운데 4퍼센트만이 어린 시절 꿈꾸던 일을 직업으로 삼는다고 한다(물론 '판사'나 '의사'가 어떻게든 대세를 거르고 인기 직업으로 등극할 경우, 각기 14퍼센트와 10퍼센트의 사람은 다소 따분한 꿈을 성취할지도 모르겠다).[11] 전업 유튜버가 되겠다고 작정하지는 마라. 오늘날 여덟 살에서 열두 살짜리 아이들 가운데 3분의 1이 추구하는 직업이다.

사실 우리의 꿈은 일과 전혀 관계없는 것일수록 좋다. 독일에서 진행된 연구에 따르면 커리어와 재정적 성공을 기반으로 인생 목표를 정할 경우 삶의 만족도가 낮다고 한다. 대부분이 그걸 달성하지 못하기 때문이다.[12] 친구나 가족, 사회적 삶과 정치적 대의에 몸담기 등과 관련된 목표를 정한 이들은 더 행복해했고 삶에 대한 만족도도 높았다. 작가 데이비드 브룩스David Brooks는 인생 목표를 정할 때, 자신의 묘비명이나 추도문에 언급될 내용을 생각해보면 좋다고 한다.[13] 그건 분명 '상위 1퍼센트 부자'가 아니라 '아이들을 늘 우선시한 아빠'일 것이며 '100개의 과학 논문을 출간한 저자'가 아니라 '추구하는 대의를 위해 끊임없이 싸운 사람'이 될 것이다. 앞서 언급한 '60세 이후의 새로운 삶'에 관한 기사를 생각해보자. 역기를 들어 올리거나 애완동물을 돌보는 일, 거북이를 뒤쫓거나 트럭 운전을 하는 일, 새로운 스포츠를 개발하고 복권을 새로 만드는 일은 사소한 목표가 아니라 달성가능한 목표다(그리고 실제로 이들이 달성한 목표다). 언탱글드 마스터플롯은 인류의 발전을 위한 촉매제가 될 수 있다. 이 마스터플롯이 주는 교훈에 주의를 기울여 암보다 명을, 진지함보다 가벼움을, 머리보다 심장을 우선시하며 (평범한) 꿈을 좇는다면 말이다.

4장

자기 비난에서 벗어나고 싶다면 이카로스 마스터플롯

우리 셋은 언제 다시 만날까?

내 영어 선생님은 영화든 소설이든 연극이든 첫 대사에 전체 내용이 요약되어 있기 마련이라고 말씀하시곤 했다. 나는 그게 선생님만의 뛰어난 통찰력이라고 생각했었는데 알고 보니 꽤 유명한 장치였다. 위 문장은 《맥베스》의 첫 대사로, 세 주인공—맥베스, 맥베스 부인, 뱅코—은 삶의 특정한 시점에서 만나 내리기 힘든 선택과 마주한다. 그들 자신뿐만 아니라 스코틀랜드의 운명까지도 결정할 선택이었다. 그들은 어떻게 해야 할까? 그들의 길은 언제, 어디에서, 어떻게 뒤엉킬까? 우리 셋은 언제 다시 만날까? 이따금, 이 장치는 노골적으로 드러나기도 한다. 아마도 가장 유명한 첫 문장일 L.P. 하틀리 L. P. Hartley 의 1953년 소설 《중개인 The Go-Between》처럼 말이다. "과거는 낯선 나라다. 그곳에서는 사람들이 다르게 산다."

〈기생충〉역시 비슷하다. 비영어권 영화 가운데 오스카 작품상을 수상한 최초의 작품이다. 우리의 영웅 기우는 이렇게 말한다. "아, 망했다, 공짜 와이파이 못쓴다, 윗집 아줌마가 iptime 암호를 거셨다." 〈기생충〉은 지하에 사는 가난한 가족이 정확히 불법이라고는 할 수 없으나 확실히 저급하고 좋지 않게 끝날 수밖에 없는 수단을 이용해 '위층' 사람들의 좋은 것들을 얻어내려는 눈물겨운 노력을 그린다.

기우와 그의 가족(김 씨 가족)은 불만족스럽고 불행한 삶을 산다. 반지하에서 피자 상자를 조립하며 하루하루를 연명하는데, 이따금 술 취한 사람들이 반지하 창문에 소변을 갈기곤 한다. 〈기생충〉의 행동 개시는 기우의 친구가 부유한 박 씨네 딸 영어 교사 자리를 잠시 쉬게 되었다며, 기우에게 대학생인 척 속여 자신의 자리를 대신 맡아주면 어떠냐고 제안하면서 시작된다. 기우는 제안을 받아들이고 '케빈'이라는 이름으로 다시 태어난다(그리고 자신이 가르치는 여학생과 썸 탄다). 자신의 성공에 힘입어 '케빈'은 여동생인 기정도 사기 행각에 끌어들이고 그리하여 '제시카'가 된 기정은 박 씨 가족의 아들을 위한 미술 치료사로 한 자리를 차지한다. 상황은 잘 풀리고 사실 기우가 바랐던 것보다 훨씬 더 나은 상태가 된다. 거기에 만족했다면, 그와 여동생은 영원히 처벌을 모면했을지도 모른다. 박 씨 가족은 그들의 수업에서 이상한 점을 눈치채지 못하며 별다른 의심을 하지도 않기 때문이다.

하지만 기우는 거기에 만족하지 않는다. 부모님의 가난이 계속해서 자신을 조금씩 갉아먹자 그는 행동에 나서기로 결심한다. 이때부터 상황은 음침해진다. 기정은 기우와 작당해 박 씨네 운전사가 모는 차에 여성 속옷을 슬쩍 흘린 뒤 운전사에게 죄를 뒤집어씌운다. 운전사는 해고되고 남매의 아버지, 김 씨(물론 박 씨 가족에게는 그의 신분을 비밀로 한다)가 그 자리를 꿰찬다. 오랫동안 일한 가정부 역시 비슷한 작업을 당한다. 이 장면은 60컷짜리 몽타주 기법으로 빠르게 진행되며 클라이맥스에 다다른다. 기정은 가정부에게 심한 복숭아 알레르기가 있다는 걸 알아내 가정부의 목뒤에 몰래 복숭아 털을 뿌린다. 한편 운전사(김 씨)는 안주인에게 가정부가 결핵에 걸린 것 같다고 이야기하는 걸 우연히 듣게 되었다고 전한다. 집에 들어선 박 씨 부인은 가정부가 쓰레기통에 대고 기침을 하는 걸 보게 되고, (피로 물든 손을 들어올리던 맥베스 부인을 연상시키듯) 김 씨는 침울한 표정으로 쓰레기통 속에서 피로 위장한 핫소스가 묻은 휴지를 들어올린다. 압승이다. 가정부는 해고되고 김 씨 부인이 그 자리를 차지한다(이번에도 그녀의 신분은 비밀이다). 이로써 마침내 김 씨 가족 모두가 박 씨네 고용된다.

박 씨 가족이 캠핑을 떠나자 김 씨 가족은 박 씨 가족의 화려한 저택에서 집주인인 양 파티를 즐긴다. 하지만 그때 맥베스 앞에 나타난 뱅코의 유령처럼 해고된 가정부가 김 씨 가족 앞에 나타나고, 그녀는 자신의 남편이 지하에 살고 있었음을 고백한다. 박 씨 가족이 생각보다 일찍 캠핑에서 돌아오자 김 씨 가족은 가정부를 그녀의 남편이 숨어 사는 지하에 밀어 넣어버리고, 그 과정에서 가정부는 심한 부상을 당한다.

이 영화의 클라이맥스는 박 씨 가족의 아들을 위한 생일파티 장면이다. 기우는 가정부의 남편을 돌로 내리쳐 상황을 정리하려고 한다. 하지만 가정부의 남편이 형세를 역전시켜 돌을 기우의 머리에 내려친다. 기우는 목숨을 부지하지만 기정은 그러지 못한다. 가정부의 남편은 겁에 질린 손님들 앞에서 식칼로 기정을 찌른다. 경악한 그녀의 엄마 김 씨 부인은 바비큐 꼬챙이로 가정부의 남편을 찔러 치명상을 입힌다. 이때 거만한 박 씨는 옛 가정부의 남편에게서 나는 '하층민' 냄새에 역겹다는 반응을 보이고 그 말에 격분한 김 씨는 박 씨의 가슴팍을 식칼로 찌른 뒤(뒷일을 충분히 생각했어야 했다) 박 씨네 지하로 달아난다. 영화는 기정이 죽고 기우는 엄마와 함께 우중충한 반지하로 돌아가면서 끝이 난다. 김 씨는 여전히 박 씨네 지하에 갇혀 있다. 《맥베스》에 등장하는 세 마녀의 예언처럼 〈기생충〉의 윗집 와이파이에 관한 예언은 적중했을 뿐만 아니라 실현되기도 했다. 상류층의 좋은 것들에 닿으려고 애쓰면 애쓸수록 자기 파멸의 씨를 더 많이 뿌리는 셈이다.

마스터플롯 레시피

나는 이 마스터플롯을 '비극'이라 부르는 대신 이카로스라 부른다. 일상적인 대화에서 비극은 "정말 안 좋은 일이 일어났다"는 정도로 희석되었기 때문이다. 이러한 차이는 이번 장의 끝부분으로 갈수록 특히 중요해진다. 뒷부분에서 확실히 비극이라 할 수 있는 현실적인 사건들을 살펴볼 텐데 이를 이카로스 스토리로 잘못 해석해서는 안 된다. 이카로스 마스터플롯은 단순히 안 좋은 일이 일어나는 플롯이 아니기 때문이다(물론 비극은 늘 일어난다). 이카로스 마스터플롯에서는 안 좋은 일이 특정한 이유 때문에, 특정한 방식으로 일어난다. 이 책에서 소개하는 마스터플롯 레시피의 상당수가 어느 정도 유연성을 지니지만 이카로스 스토리의 다섯 가지 핵심 재료인 **불만**, **유혹**, **득의**, **탐욕**,

파괴는 반드시 정확히 이 순서로 추가되어야 한다.

이카로스 레시피의 첫 번째 핵심 재료는 **불만**이다. 이야기가 시작될 때 우리의 영웅은 불안하고 지루하며, 불만에 가득 차 있고, 불행하고 스트레스에 시달리며, 근심걱정이 많은 상태다. 기우는 우중충한 반지하에서 피자 상자를 접고 있다. 글래미스의 영주인 맥베스는 자신이 달성한 군사적인 승리를 생각할 때 지금 누리는 신분이 만족스럽지 못하다. 우리의 비극적인 영웅 이카로스는 아버지 다이달로스Daedalus와 함께 미로에 갇혀 있다(사람의 몸에 소의 머리를 한 괴물, 미노타우로스를 무찌른 테세우스가 미로를 탈출하도록 도와준 죄로 다이달로스에게 내려진 벌).

다음으로 등장해야 하는 재료는 **유혹**이다. 우리의 반영웅(전통적인 영웅과는 달리 비영웅적이고 약한 모습을 보이는 유형 – 옮긴이)은 불만족한 상태에서 벗어날 수 있는 방법을 제안받는다. (친구가 기우에게) "이봐, 대학생인 척 속이고 내 영어 교사 자리를 대신하면 어때?", (마녀가 맥베스에게) "이봐, 글래미스의 영주, 코도의 영주가 되는 게 어때? 그런 다음에는 스코틀랜드의 왕이 되는 거야", (다이달로스가 아들에게) "이봐, 왁스와 깃털로 날개를 만들어 여기에서 빠져나가면 어때?"

앞으로 살펴보겠지만 모든 마스터플롯에서는 이 시점에서 특정한 행동촉구 재료가 등장한다. 1장에서 살펴본 3막 구조(준비, 대립, 해결)의 일환이다. 하지만 이카로스 레시피에서 이 부분은 다소 음침한 양상을 띤다. **유혹**인 이유다. 음침한 분위기는 유혹을 이루는 세 가지 하위 재료에서 나온다. 첫 번째 하위 재료는 *아킬레스건*˙이다. 유혹은 반영웅의 결정적인 성격 결함을 파고든다. 맥베스의 야망, 이카로스의 자부심과 자만, 가난한 가족을 향한 기우의 분개다. 두 번째는 *위반*이다. 퀘스트 스토리에서 영웅이 부름을 받는 일은 선하고 좋은 일이다. 이카로스 스토리에서 반영웅이 부름을 받는 일은 통념이나 도덕, 자연의 법칙을 거스른다. 전부 오만한 행동이다. 이카로스는 자연의 법칙을 무시하고 새처럼 날아간다. 기우는 대학생인 척 속인다. 맥베스는 덩컨 왕을 살해하고 왕위를 차지한다. 유혹의 마지막 하위 재료는 *딜레마*다. 퀘스트 스토리에서 영웅은 망설이지 않는다. 행동개시를 거부하지 않는다. 부름에 즉시 응한다. 이카로스 스토리에서 반영웅은 우유부단하다. 신이나 자연 혹은 운명이 그러한 제안을 한 건 그들의 아킬레스건을 겨냥하기 때문이라는 걸 안다. 수락하는 것은 위반이며 올바른 일이 아니란 걸 안다. 하지만…… 하지만…… 모든 유혹이 그렇듯("초콜릿 퍼지 케이크 좀 드실래요?"), 아킬레스건("음, 난 초콜릿이라면 사족을 못 쓰는데")과 위반("하지만 다이어트 중이잖아……"), 딜레마("정말 이러면 안 되는데")가 합쳐져 절대로 참지 못할 유혹을 낳는다.

- 그리스 신화를 잘 모르는 사람을 위해 부연설명하자면 아킬레스의 어머니는 아들을 보호하려고 스틱스강에 집어넣었다. 하지만 다소 부주의하게도 아킬레스의 발뒤꿈치를 잡는 바람에 그의 발뒤꿈치는 보호받지 못한다. 그리하여 '아킬레스건'은 아킬레스처럼 보호받았어야 할 누군가나 무언가의 약점을 의미하게 되었다(가령 〈스타워즈〉에 나오는 거대한 전투용 인공위성, 데스 스타의 배기구처럼).

이쯤에서 짚고 넘어가야 할 부분이 있다. 이카로스 레시피는 저마다 굉장히 다르며 거의 대조적이기까지 한 맛을 만들어낼 수 있다는 사실이다. '달콤한' 버전의 이카로스 스토리에서 우리는 남의 불행에서 순수한 쾌감을 느낀다. (반)영웅은 응당한 대가를 치른다. 《맥베스》가 대표적인 예로, 비슷한 사례로는 영화 〈월 스트리트의 늑대들〉이나 〈허영의 불꽃〉이 있다. '씁쓸한' 버전의 경우—〈로미오와 줄리엣〉, 〈타이타닉〉, 〈바람과 함께 사라지다〉, 〈브로크백 마운틴〉—우리는 주인공을 지지하며 비극이 펼쳐지는 장면에서 몸서리친다. 〈기생충〉, 〈죄와 벌〉, 이카로스 신화 자체처럼 관점이나 해석이 차이가 존재하기도 한다. 기우는 폭력적인 범죄자일까, 상황의 희생자일까? (보는 이의 개인적인 성향에 달려 있다.) 이카로스는 살짝 건방지지만 그렇다고 죽어 마땅해야 했을까? 새처럼 날아오르고 싶은 그의 소망에 공감하기란 어렵지 않다. 그는 어쨌든 미로에 갇히지 않았던가.

하지만 어떤 경우는 레시피 재료는 동일하다. 영웅이든, 그렇지 않은 반영웅이든, 그 사이에 위치한 누군가든, 주인공은 자신의 아킬레스건을 겨냥하고 특정한 위반을 행하게 만들며 그리하여 불확실한 딜레마에 처하게 할 유혹에 마주해야 한다. 예를 들어 로미오와 줄리엣은 충동성이라는 아킬레스건을 공유하고 전쟁 중인 양가에서 정한 경계를 위반하며 결정 앞에서 딜레마에 처하게 된다(그 유명한 줄리엣의 발코니 독백으로 전개된다).

우리의 (반)영웅은 어쩔 수 없이 유혹에 굴복한다. 그 다음에 등장하는 재료는—이 재료들의 순서가 정해져 있다는 사실을 잊지 말기를—**득의**다. 상황은 잘 풀리는 정도가 아니다. 그들이 합리적으로 예상했던 것보다 훨씬 더 잘 풀린다('득의'는 말 그대로 '단연 돋보이는'을 의미한다). *아무도 의심하지 않는다.* 기우가 처음에 넘본 건 교사 자리뿐이었지만 이제는 클라이언트와 놀아나고 여동생의 일자리까지 마련한다. 맥베스는 덩컨을 살해했을 뿐만 아니라 덩컨의 아들들이 망명하는 걸 기쁘게 지켜보며 그들을 살해에 연루시키기까지 한다. 이카로스는 미로를 탈출할 뿐만 아니라 화창한 그리스 하늘을 날아오르며 즐거운 한때를 보내기까지 한다. 로미오와 줄리엣은 함께할 뿐만 아니라 그들을 비밀리에 결혼시켜줄 수사修士를 찾아내기도 한다.

우리의 영웅이 그때 멈췄더라면. 하지만 이카로스 스토리에서 그들은 절대로 그러지 않는다. 레시피에 추가될 다음번 재료, 즉 **탐욕** 덕분이다. 주인공이 유혹에 굴복하게 만들었던 결점이 다시 한번 고개를 든다. 이 결점은 이제 그들이—처음에 성공했음에도—만족하지 못하는 이유가 된다. 기우는 자신과 여동생을 위해 일자리를 마련한 걸로 만족하지 못한다. 가족 모두가 사기극에 가담하기를 바란다. 맥베스는 스코틀랜드의 왕이 되는 것에 만족하지 못한다. 계승권도 원한다(마녀들은 그의 후손이 아니라 뱅코의 후손이 훗날 왕족이 될 거라고 예언한다). 이카로스는 미로를 탈출해 지중해를 한껏 날아오른 것에 만족하지 못한다. 태양에 점점 더 가까이 다가가기를 원한다. 로미오는 줄리엣을 얻은 것에 만족하지 않는다.

그리하여 우리의 반영웅은 운을 시험해본다. 정확히 말하면 운을 더 밀어붙여본다. 그들은 이미 위험을 감수했지만 이제는 훨씬 더 무모한 행위에 가담한다. 위반을 행하고도 교묘히 모면했던 그들은 똑같은 짓을 또다시, 이번에는 훨씬 더 많이 저지른다. 기우는 무해하고 사소한 기만에서 판돈을 높여 박 씨 가족의 죄 없는 운전수와 가정부에게 죄를 뒤집어씌운다. 맥베스는 뱅코뿐만 아니라 또 다른 잠정적인 경쟁자, 맥더프(잔혹하기 그지없는 인물)의 무고한 아내와 아이들까지도 살해한다(다소 어처구니없는 행위이지만 왕좌의 경쟁 상대를 사전에 처단하는 일은 당시에 꽤 평범한 관행이었다). 이카로스는 아버지의 경고에도 불구하고 더 높이 날아오른다. 로미오는 티볼트를 살해한다.

죽음—보통 살해—은 이 단계에서 흔히 일어난다. **조연의 죽음**이 재료로 사용되기까지 한다. 이는 물론 선택사항이다(예를 들어 그리스 신화에서는 죽는 사람이 이카로스뿐이다). 크리스토퍼 부커Christopher Booker는 《일곱 가지 기본 플롯The Seven Basic Plots》에서 도마 위에 오르기 적합한 원형적인 캐릭터를 소개한다. 선한 중년 남성(덩컨 왕, 박 씨), 경쟁자나 그림자 같은 존재(뱅코, 가정부의 남편), 무고한 아이(맥더프의 자녀, 박 씨 딸은 죽지 않지만 아버지의 죽음을 목격하는 인물로 영화에서 유일하게 동조적인 캐릭터이다), 요부(맥베스 부인, 어떤 면에서는 박 씨 딸). 왜 이 네 명일까? 이들은 상징적인 역할을 하기 때문이다. 각기 권위, 동료, 결백과 사랑의 파괴다.

이카로스 마스터플롯 레시피에 추가될 마지막 핵심 재료는 주인공의 **파멸**이다. 맥베스와 이카로스, 로미오와 줄리엣처럼 주인공은 보통 죽음을 맞이하고 난처한 상황에 처한다. 이따금 목숨을 부지하기도 하지만 너무 망가진 상태라 차라리 죽는 게 나을 정도다. 〈기생충〉의 기우는 여동생의 죽음을 초래하고 아버지를 지하에 가뒀다는 죄책감을 품은 채 살아야 한다.● 이 죽음이나 파멸의 정황이 임의로 이루어진 게 아니라 (반)영웅 자신의 행동이 야기한 결과라는 점이 중요하다. 주인공 스스로 파멸의 씨를 뿌려왔음을 주인공을 비롯한 모두가 알고 있다. 맥베스는 맥더프의 손에 죽임을 당한다. 독재자가 되어버린 맥베스를 타도하기 위해 뭉친 군대의 도움을 받았다. 이카로스는 결국 높은 곳을 향한 열망 때문에 죽고 만다. 태양 가까이 날아감으로써 그가 추구했던 바다. 기우는 공격을 받아 기절하고 여동생은 박 씨네 집에 몰래 숨어 살던 하층민의 손에 죽임을 당한다. 그 하층민이 사용했던 속임수는 기우 자신이 사용해온 속임수이기도 했다.

하지만 영화니까 이런 일이 가능한 거 아닐까? 현실이 이토록 시적일리가 없는데……

- 〈기생충〉을 다르게 해석하면 기정을 주인공을 볼 수도 있다. 그녀는 아찔한 상황에서 죽임을 당하고 박 씨네 옛 운전수에게 죄를 뒤집어씌우는 등 오빠보다도 맥베스와 이카로스에 가까운 캐릭터다. 하지만 이 스토리는 기우의 관점에서 주로 기술되는 데다, 가족을 깊이 염려하는 사람으로서 여동생의 죽음과 아버지의 투옥 상태는 자신의 죽음보다 기우에게 더 큰 파멸을 의미할 것이다.

픽션보다 기이한

여러분이 나처럼 영국에 살고 있다면 현재 상황이 음, 별로 좋지 않다는 걸 알 것이다(2024년 영국은 낮은 경제 성장률과 고물가, 고용 불안 등에 시달리고 있었다-옮긴이). 우선 우편집배원, 철도 근무원, 바리스타가 모두 파업 중이다. 그 말인즉 형사 사건의 피고와 원고는 소환장을 받고 법정에 출두한다 하더라도 공판이 취소되기 일쑤라는 뜻이다. 전기와 가스 요금은 가정 당 연간 3천 파운드(약 540만 원)에 달한다. 최고치였던 5천 파운드(약 900만 원)보다는 낮지만 여전히 유럽 본토 최고치의 세 배에 이른다.[1] 임대료와 에너지 비용 때문에 하룻밤 사이에 흑자에서 적자로 돌아서면서 문을 닫은 사업체가 넘쳐난다. 항구와 공항에는 배와 비행기의 줄이 늘어서면서 주말여행이 취소되고 슈퍼마켓 선반은 텅 비어 있다. 한편 작물은 농부들이 경작할 인력을 찾지 못해 들판에서 썩고 있다. 인플레이션은 현재 5퍼센트 정도다. 물론 2022년에는 11퍼센트를 상회했지만 말이다.[2] 게다가―이건 비유가 아니다―미처리 하수가 바다로 흘러가고 있는데 정부는 되려 수도 기업의 방류량 감축을 의무화하는 법을 부결했다.

　이 모든 것이 한 남자가 초래한 일이라고 하면 과장이라고 생각할 수 있겠지만 딱히 과장이 아니다.

　전 영국 총리 보리스 존슨Boris Johnson에 대해 알아야 할 첫 번째 사실은 '보리스'는 그의 진짜 이름이 아니라는 것이다. 그의 본명은 알렉산더 드 프레펠 존슨Alexander de Pfeffel Johnson으로 친구와 가족들은 그를 알렉스라 부른다. '보리스'는 알렉스가 '세상의 왕'이 되겠다는 어린 시절 꿈을 달성하기 위해 만들어낸 캐릭터다. 과장이 아니다. '보리스' 존슨에게는 모든 것이 연기이기 때문이다. 그렇다고 그는 인터뷰를 위해 지어낸 이야기로 갈팡질팡하는 어릿광대가 아니다. 전직 기자였던 알렉스는 이야기 짓는 법을 알고 있으며 보리스는 바로 그 이야기의 주연이다. 보리스가 무언가를 절대적으로 말하거나 주장할 때, 유일한 고려사항은 서사에 어떻게 반영되느냐다. 국가를 위한 최선의 방침이었는지, 자신이 속한 당(보수당으로 미국 공화당과 비슷하다고 보면 된다)을 위한 최선이었는지는 중요하지 않다. 심지어 장기적으로 알렉스 존슨을 위한 것도 아니다. 그가 한 말이 사실이거나 그럴듯하거나 심지어 가능한지도 중요하지 않다. 유일한 고려사항은 지지자에게 좋게 보이느냐, 우리의 (반)영웅, 보리스의 영광에 보탬이 되느냐.

《맥베스》가 세 마녀의 예언으로 시작했듯, 보리스 존슨의 이야기는 보리스의 예언으로 시작된다. 보리스가 말단 의원이었을 때, 그는 《72명의 처녀Seventy-Two Virgins》라는 실화에 기반한 정치 소설을 썼고, 그 소설에 세계를 점령하려는 자신의 계획을 펼쳐 보였다. 예상했겠지만 보리스는 톨스토이가 아니다. 그는 특유의 유머를 발휘해 안절부절못하는 견인차 운전수 세바스찬을 만들어냈다. 단지 그를 드라간 패닉Dragan Panic이라 부르기 위해서였다. 위대한 문학 작품은 아니지만 보리스가 쓴 이카로스 스토리의 자기충족적인 예언은 정확했다. (보리스 존슨이 총리직을 내려놓게 된 것은 친 보리스 존슨파의 사퇴로 시작됐다.) "결국 너를 끝장낸 건 네 친구들이었어."

"참 맞는 말이야. 친구는 그러라고 있는 거거든."

우리의 이야기는 2012년 런던 올림픽에서 시작된다. 영국은 이제 막 첫 금메달을 딴 상태로(조정에서 헬렌 글로버Helen Glover와 해더 스테닝Heather Stanning이 땄다) 이번만은 이 나라의 국민임을 자랑스러워하고 있다. 그런데 탁한 런던 하늘을 배경으로 축 처진 짚와이어에 매달려 힘없이 영국 국기를 흔들고 있는 저 사람은 누구란 말인가? 그렇다, 그는 '보리스' 존슨이다. 구출되기를 기다리는 동안 존슨은 몽상에 잠긴 채 과거를 회상하는데……(보리스 존슨은 2012년 런던 올림픽 홍보를 위해 짚와이어에 올라 활강하는 퍼포먼스를 보였다. 그런데 중간에 멈춰버리는 바람에 구출되기 전까지 공중에서 우스꽝스럽게 매달린 채 사람들을 향해 손을 흔들어 보였다—옮긴이).

벨기에, 브뤼셀의 떠들썩한 뉴스실. 전화기에 대고 프랑스어와 독일어로 고함치는 소리가 사방에서 들리는 가운데 홍조를 띤 천사 같은 젊은이가 책상에 앉아 있다. 금발에 더벅머리를 한 그는 트위드 스포츠 재킷, 흰색 셔츠 차림에 금색 가로 줄무늬가 들어간 빨간 넥타이를 매고 있으며 레드 와인이 담긴 큼지막한 잔을 들고 있다. 테이블에는 빈 병이 놓여 있다. 그는 전화기에 대고 외친다.

보리스   물론 진짜지요. 그러니까 그들은 사실…… 하지만 물론…… 음, 어쨌든, 이번 건 꽤 괜찮다고요. 굉장한 기삿거리가 될 거라고요……. '정신 나간Barmy 브뤼셀Brussels의 구부러진Bendy 바나나Banana 대개혁shake-up'은 어때요? 아니면 영국에는 셰이크가 없던가요? 그러면 '바나나Banana 볼Balls 업Up?'은 어때요? 비유를 살짝 섞어서 말이에요(바나나 볼은 바나나로 만든 미니 도넛이고, 볼 업은 실수를 저질러서 무언가를 망친다는 의미—옮긴이). 어쨌든, 제기랄. 당신한테 달렸어요. 준비됐나요? 정말로 마음에 들 거래도요. 준비됐죠? 정신 나간 브뤼셀 관료들이 늘 그렇듯 어제도 바보 같은 짓을 저질렀다고요. 너무 구부러진(이건 꼭 강조 표시해줘요) 바나나 판매를 금하는(이것도요) 계획을 공표했지 뭡니까. 느낌표도 잊지 말고요. 해괴한 과일장수들 같으니라고.

물론 보리스가 실제로 이 악명 높은 '구부러진 바나나' 이야기를 쓴 건 아니다. 하지만 (유럽연합의 본부인) 브뤼셀에 위치한 〈텔레그래프〉지에서 일하던 그는 이와 비슷한 내용을 담은 수많은 이야기를 전화기에 대고 전했다. 그는 뒤이은 브렉시트 캠페인 기간 동안 바나나 판매 금지 조치를 자주 언급하기도 했다(여담이지만 이야기에는 어느 정도 진실이 내포되어 있다. 유럽연합의 법에 따르면 '기형이나 비정상적인 굴곡이 없는' 바나나만이 '엑스트라' 등급으로 판매될 수 있다. 기형 바나나는 1등급이나 2등급으로 분류된다).

과거 회상 장면은 빠르게 전환되는 몽타주로 넘어가고 이제 보리스는 정치 잡지 〈스펙테이터〉의 편집장이자 국회의원이며 BBC의 코미디 퀴즈쇼 〈소식이 있습니다 Have I Got News For You?〉의 사회를 맡고 있다.

보리스가 짚와이어에서 눈을 뜨며 시점은 다시 현재로 돌아온다. 그는 그런대로 잘나가고 있지만 뭔가 **불만**스럽다. '런던의 시장'도 꽤 괜찮은 직업이지만 '글래미스의 귀족' 같은 느낌일 뿐 '세상의 왕'과는 거리가 멀다. 게다가 이튼칼리지와 옥스퍼드대학교 시절 그의 경쟁자였던 데이비드 캐머런 David Cameron이 현직 총리다.

캐머런이 브렉시트에 관해 국민투표를 실시하겠다고 결정하면서 **유혹**이 찾아온다. 그가 평생 후회하게 될 결정이었다. 영국 국민들이 유럽연합을 떠나자고 심지어 국민투표를 하자고 큰소리로 떠든 건 아니었다. 캐머런의 보수당은 영국 독립당에게 몇 표 차이로 지고 있었고 영국 독립당은 국민투표를 요구하고 있었다. 캐머런은 상황을 오판했다. 빌어먹을 국민투표를 시행해 '반대'가 승리할 경우 영국 독립당이 무너질 테고 이로써 이 사안이 최종적으로 마무리될 거라 생각했다. 하지만 알다시피, 일은 그렇게 진행되지 않았다.

그 이유는? 갑자기 결정을 내린 보리스 때문이었다. 그는 기득권층과 한패가 되어 현직 총리는 물론 이 사건에 발 벗고 나선 전직 총리와 세계 지도자 모두와 동맹해 '반대'를 지지했을까? 아니면 혼돈의 길을 택해 '찬성'을 지지했을까? 음, 우리는 보리스가 이러한 유형의 결정에 어떻게 접근하는지 이미 알고 있다. 기득권층의 편에 서는 건 그의 브랜드에 전혀 도움이 되지 않았다. 대중은 그냥 장난삼아 멍청한 짓을 저지르는 인습 타파주의자, 외부인, 갈팡질팡하는 바보를 좋아했다. 물론 보리스는 영국이 유럽연합을 탈퇴하는 건 어리석은 짓이란 걸 잘 알고 있었다. 캐머런처럼 그는 그러한 일이 실제로 일어날 가능성이 없다고 생각했을 것이다. 그러니까 뭐 어때? "찬성!" 그는 기득권층—특히 오랜 숙적인 캐머런—을 조롱하고 정신 나간 브뤼셀 관료와 그들의 구부러진 바나나 개혁에 관해 개그를 날리며 보리스라는 브랜드를 구축한다.

보리스의 브렉시트 유혹에는 앞서 살펴본 유혹의 세 가지 하위 재료가 전부 들어 있다. 우선 이 유혹은 *아킬레스건*을 건드린다. 유럽연합이나 데이비드 캐머런을 향한 증오가 아니라 사랑받고 싶은 갈망이다. 보리스는 *팔리아치Pagliacco*, 즉 익살스러운 모습 아래 불안을 감춘 슬픈 광대다. 이 같은 불안감은 교사가 학생을 폭행하는 일이 잦았던 1970년대 기숙학교, 부모님의 이혼 등에 기인할지도 모른다. 사랑받고 싶어 하는 그의 마음은 인터뷰에서 확실히 엿볼 수 있다. 보리스는 청중에게 호감을 사고, 보리스라는 브랜드에 대한 이야기를 할 때는 절대로 기회를 놓치지 않는다. 진실에서 아무리 멀어진대도 전혀 상관없다. 보리스에게 쉴 때 뭘 하는지 물은 라디오 인터뷰를 살펴보자. 그는 독서나 조깅을 한다든지 너무 바빠 쉴 틈이 없다는 식으로 이 평범한 질문을 받아쳤을 수도 있었다. 하지만 그는 오래된 와인 상자로 런던 버스 모형을 만든다는 이야기를 장황하게 늘어놓았다. 만든 모형을 런던 거리로 갖고 나온 적도 있다는 이야기로 어색하게 넘어가면서 말이다. 〈옵저버〉지의 인터뷰 시리즈인 'what's in your basket'도 비슷하다. 광대 시늉을 할 수 있는데 뭣하러 평범한 대답을 하겠는가? 밤에는 "참치에 상추 몇 장이면 충분합니다." 아침에는 "전날 밤 아이들이 먹다 남긴 게 있다면 차가운 스파게티나 갈빗살 한두 점을 먹죠. 냉장고에는 보통 생일파티용 케이크가 있기 마련이라 그걸 먹기도 하고요." 다시 말해 이 말이 하고 싶은 거다. "나는 재미있고 공감할 만한 사람이에요. 나 좀 좋아해 주세요."

유혹의 두 번째 하위 재료는 *위반*이라는 걸 잊지 말자. 앞서 살펴봤듯, 책임감 있고 성숙하게 행동하는 사람 모두(캐머런뿐만 아니라 보리스의 아버지, 스탠리도 포함)가 브렉시트에 반대했다. '찬성' 캠페인을 지지하는 태도는 오만했다. 이는 관습뿐만 아니라 정치의 중력 법칙도 거스르는 행위로 어느 모로 보나 위반적이었다.

그리하여 보리스는 유혹의 세 번째 재료인 *딜레마*에도 마주한다. 우리의 반영웅은 오래 망설이다가 결국 자신의 성격 결함에 기인한 어두운 길을 택한다. 보리스와 브렉시트도 마찬가지였다. 보리스 존슨의 비극이 허구였다면 세상 모든 유능한 편집자가 다음의 플롯이 진부하다고 반대했겠지만 이는 실제로 일어난 일이었다. 브렉시트 캠페인을 찬성할지 반대할지 결정하기 전에 보리스는 신문에 기고할 칼럼을 두 개 썼다. 찬성과 반대를 지지하는 칼럼을 쓴 뒤 어느 쪽이 더 마음에 드는지 판단했다. 못 믿겠거든 구글에 '보리스 존슨, 브렉시트 반대 기사Boris Johnson Pro-Remain article'라고 검색해보길 바란다. 무료로 읽을 수 있다.[3] 먼저 그는 우리의 마음에 호소한다.

> 눈을 감고 심호흡해보자. 영국을 생각해보아라. 나머지 유럽 국가를 생각해보아라. 미래를 생각해보아라. 다른 유럽 국가에서 살고 일하게 될 우리의 자녀, 손자 손녀들의 삶을 생각해보아라. 그들은 그곳에서 물건을 팔고 친구를 사귀고 배우자를 사귀게 될지도 모른다. 자신에게 묻자. 이 조치가 가져올 온갖 문제와 실망에도 불구하고 정말로, 진심으로, 절대적으로 영국이 유럽연합에서 탈퇴하기를 바라는가? 지금?

그런 다음 그는—나중에 밝혀진 것처럼—푸틴에 관해 선경지명이 담긴 진술을 한다.

> 스코틀랜드가 걱정이다. 영국만 탈퇴한다는 결정은 유럽연합의 해체를 야기할 것이다. 푸틴 요인도 있다. 우리는 러시아 지도자가 셔츠를 벗은 채 거들먹거리는 꼴을 더 이상 보고 싶지 않다. 중동에서도 그 어디에서도 말이다.

그는 경제적인 진술로 기사를 마무리한다.

> 영국이 유럽연합과 끈끈한 관계를 유지하면 전 세계와 유럽에 확실히 도움이 될 것이다. 유럽은 영국 기업들이 충분히 더 이용할 수 있는 근거리 시장이다. 이 모든 혜택을 고려할 때 유럽연합 가입비는 터무니없이 낮아 보인다. 왜 등을 돌리지 못해 안달인가? 두 마리 토끼를 둘 다 잡을 수는 없는 건가? 유럽에도 전 세계에도 호의적일 수는 없을까?

그런 다음 그는 찬성 칼럼을 낸 뒤 브렉시트를 지지했다. 하지만 그는—모든 이카로스가 그렇듯—자신이 어두운 길을 택했다는 걸 알았다. 찬성 캠페인이 모두의 예측을 뒤엎고 이겼을 때 보리스는 한 논평가가 말했듯 승리에도 불구하고 '잿빛이 된 얼굴로' TV에 나왔다.[4] 그건 그저 즐거운 농담일 뿐이었다. 브렉시트는 실제로 일어나서는 안 되는 일이었다. 그렇기 때문에 캐머런이 그 즉시 사임했을 때 보리스는 새로운 보수당 지도자—영국 법에 따르면 선거 없이 자동으로 총리가 될 예정이었다—가 달성 불가능한 일을 달성해야 하는 말도 안되는 임무를 떠맡게 되리란 걸 알았다.

별로 부럽지 않은 이 임무는 (정치인들에게조차) 인기 없으며 딱딱한 이미지로 유명한 동료, 테리사 메이Theresa May에게 떨어졌다. 그녀는 경직된 태도, 조직적인 성차별주의뿐만 아니라—대부분의 주류 정치인처럼—반대 캠페인을 공개적으로 지지했다는 사실 때문에 애를 먹었다. 메이가 정당의 지지를 받지 못하는 사안을 두고 유럽연합과 협상하는 동안 보리스는 그녀를 기습공격했다. 그러고는 메이가 사임하자 사실상 동일한 제안을 보리스의 오븐에 넣어 익히기만 하면 되는 브렉시트로 재포장해 선거에서 (나중에는 총선에서도) 압도적인 승리를 거두었다. 백인 중년 남성에게 아이디어를 빼앗긴 여성들이 눈알을 굴리는 소리가 들리는가.

보리스에게 찾아온 다음 단계는 **득의**였다. 찬성 지지자들의 영웅인 보리스에게 상황은 예상 밖으로 잘 풀린다. 보리스는 당선되었을 뿐만 아니라 엄청난 승리를 거뒀다. 1980년대 마가렛 대처Margaret Thatcher 이후 그토록 큰 득표 차를 거둔 경우는 처음이었다.●

● 정확히 말하면 당의 득표율은 43.6퍼센트였다. 하지만 영국 선거 시스템(미국과 마찬가지로 결점이 많다)에서 이는 국회의 80석 차이나 다름없다.

그렇다면 보리스는 어떻게 했을까? 분쟁에 휘말리지 않고 기사에 오를 만한 일은 손톱만큼도 하지 않으며 엄청난 인기를 이용해 휘청거리는 영국을 일으켰을까? 당연히 아니다. 다음번 재료가 **탐욕**임을 잊지 말자. 브렉시트를 지지하고 메이 여왕을 살해해 왕좌를 탈환한 터무니없는 계획에도 처벌을 모면한 그는 당연히 얼마나 더 밀어붙일 수 있을지 알고 싶어 졌다. 한참은 더 밀어붙일 수 있었으니, 보리스가 저지른 온갖 일들, 그러고도 하늘을 찌를 듯한 그의 득표율에 조금도 흠이 나지 않은 일들은 아래와 같다.

- 여왕에게 5주 동안 국회를 연기하라고 조언했다. 그리하여 국회의원은 (훗날 보리스 스스로도 뒤엎으려고 애쓴) 브렉시트 협상을 논의할 기회를 얻지 못했다. 법원은 훗날 그의 조언이 잘못된 허위 주장에 기반했다고 판단했다.
- 영국이 코로나 팬데믹에 어떻게 대응할지 계획하기 위해 소집된 다섯 번의 긴급회의에 단 한 번도 참석하지 않았으며 록다운을 7일 일찍 시작함으로써 2만 명의 목숨을 구할 수 있는 기회를 놓쳤다.[5] 그는 "코로나 환자 몇 명과 함께 병원에 입원해 있으며 이곳에 있는 모두와 악수를 나눴다"[6]고 자랑하는 등 코로나에 걸린 상태로 바이러스를 전파하고 다니기도 했다.
- 정부의 록다운 방침을 위반하며 10 다우닝 스트리트에 위치한 자신의 공식 거주지에서 '각자 마실 술을 가져오는' 파티를 열

었다. 경찰은 다우닝 스트리트에 126건의 록다운 위반으로 벌금을 부과했다. 하지만 존슨은 국회에서 "10 다우닝에 있는 동안 모든 규칙을 완벽하게 준수했다"고 주장했다.• 결국 경찰은 존슨에게도 벌금을 물었다. 재직 기간 중 법을 어긴 최초의 총리였다.

- ◆ 코비드 양성 상태로 영국 내에서 차를 끌고 다니며 록다운 규율을 어긴 특별 고문관을 지지했다. 그가 "책임감 있게, 법을 준수하며 진실되게" 행동했다나.
- ◆ 선거법을 위반해 친구 로드 브라운로우Lord Brownlow에게 다우닝 스트리트 아파트 보수비를 지불하라고 했다. 여기에는 두루마리 당 800파운드(약 144만 원)가 넘는 악명 높은 금박 벽지 비용도 있었다. 훗날 선거관리위원회는 이 사안과 관련해 존슨에게 불리한 판결을 내렸고 그의 당에 1만 7천 파운드(약 3,016만 원)의 벌금을 부과했다.
- ◆ 국회의원의 인맥을 이용한 'VIP 연줄'로 40억 파운드(약 7조 2천억 원)가 넘는 부적합한 코로나 개인 보호 장비PPE를 구입했다. 결국 고등법원에서 이를 불법이라 판결했고 PPE는 불태워졌다.

- 정치적 거짓말 사이트political-lies.co.uk에서 그가 국회에서 한 70건이 넘는 거짓말을 볼 수 있다. 거짓말을 하나라도 했다가는 사임을 면할 수 없음에도 말이다(하원 의원은 국회에서 동료가 거짓말을 하자고 *제안하는 것조차* 금지된다).

- (최소한 두 명의 내부 고발자의 주장에 따르면) 아프가니스탄의 대피에 개인적으로 개입해 개 94마리와 고양이 68마리를 우선 대피시켰고 이로써 영국 군대를 위해 일한 수많은 아프가니스탄인을 탈레반의 처분에 맡겨버렸다. 존슨은 이를 '터무니없는' 주장이라고 말했다.
- '크리스마스를 취소한 남자'라는 별명을 얻기 싫어 2020년 12월 코로나 록다운의 재도입을 거부하다가 결국 2021년 1월 록다운했다. 결국 대부분의 학교가 다시 문을 연 뒤 하루만에 내려진 봉쇄령이었다. 이 같은 지연으로 2만 7천 명이 추가로 목숨을 잃은 것으로 추정했다.

조연의 죽음은? 당연히 있다. *선한 중년 남자*는 케네스 클라크Kenneth Clarke이다. 가장 오래 역임한 국회의원이자 유럽연합의 대표적인 지지자로 2019년에 사임한 인물이다. *경쟁자와 그림자 같은 인물*은 데이비드 캐머런과 테레사 메이다. *무고한 아이*는 브렉시트 지지를 거부했다는 이유로 보리스가 해고한 21명의 국회의원이다. *요부*는? 난 고소당하고 싶지 않지만 보리스의 불륜은 꽤나 유명하다. 그는 자녀가 얼마나 많은지 밝히기를 오랫동안 거부하고 있다.[7]

우리의 이카로스가 스스로를 천하무적이라고 생각할 만도 하다. 그는 너무 오랫동안 태양 가까이 날아올랐다. 조금 더 간다고 문제가 될까? 그동안 일어난 모든 일을 고려할 때 성추행 혐의를 받은 동료,

크리스 핀처Christ Pincher를 요직에 임명하고 지지한 일은 (1인당 코로나 사망자 수가 미국 다음으로 높다는 사실에 비하면) 그다지 중요해 보이지도 않는다. 하지만 핀처는 낙타의 등을 부러뜨린 유명한 지푸라기(마지막 지푸라기가 낙타의 등을 부러뜨린다는 서양 속담)이자 **파멸**의 전조였다. 보리스는 핀처를 쉽게 해고할 수 있었지만 그에게는 치명적인 성격 결함이 있었으니 바로 사랑받기를 갈망했다. 둘은 친구였고 크리스가 자신을 싫어하게 만들고 싶지 않았다. 주사위는 던져졌다. 2022년 7월의 어느 더운 날, 성추행 혐의를 둘러싸고 줄사퇴가 이어지며 보리스의 총리 퇴진 압력이 거세졌다. 보리스는 선거에서 지는 일은 물론이거니와 신임 투표를 잃은 적이 단 한 번도 없었다. 하지만 보리스조차 영국 정치의 불문율을 거스를 수는 없었다. 하늘에서 떨어지면서 힘없는 그의 다리는 분노로 버둥댔다. 알렉스의 성격 결함이 그를 무너뜨렸다. 그렇게 되리라는 걸 그 자신도 예상했듯. 사랑받고 싶지만 아무도 사랑을 주지 않는다면 어디로 가야 할까? 바닷속뿐.

이야기 뒤에 놓인 과학

이카로스 이야기는 왜 인기가 있을까? 사람들을 보리스 존슨의 최후를 보며 샤덴프로이데Schadenfreude(남의 불행을 고소하게 여기는 심리-옮긴이)를 즐길지도 모르지만 보통은 타인의 비극을 보고 기뻐하지는 않는다. 〈기생충〉이나 《맥베스》 같은 이카로스 스토리는 허구임에도 보는 사람을 우울하게 만든다. 그러나 이러한 이야기는 엄청난 인기를 끌 뿐만 아니라 비평가들의 극찬을 받기까지 한다.

왜 그럴까? 앞서 살펴봤듯, '달콤한' 버전의 이카로스 레시피의 경우 그 이유는 단순하다. 우리는 샤덴프로이데를 즐기기 때문이다. 샤덴프로이데는 그 의미를 완벽하게 포착한 외래어인지라 이에 딱 들어맞는 영어 단어를 만들 필요조차 없다. 티파니 와트 스미스Tippany

Watt-Smith는 《위로해주려는데 왜 자꾸 웃음이 나올까》라는 책(원제는 샤덴프로이데다-옮긴이)에서 굉장히 재미있는 실화를 예시로 든다. 루이지애나에서 활동하는 목사, 토니 퍼킨스Tony Perkins는 자연재해가 낙태와 동성애 결혼에 대한 신의 처벌이라고 주장하며 한동안 소란을 피웠다. 그런데 무슨 일이 일어났는지 아는가? 루이지애나 지역에 홍수가 일어나 그의 집이 완전히 잠기는 바람에 그는 가족들과 카누를 타고 피신해야 했다. 그후에 그는 '성경에 등장할 법한 엄청난 자연재해'라고 인터뷰했다. 샤덴프로이데 연구진들은 샤덴프로이데의 대상이 될 만한 성격 특성을 발견했는데 바로 *비호감, 마땅함, 시샘*으로 퍼킨스는 이 세 가지 자질을 넘치도록 많이 갖고 있었다.[8]

신경과학 기술의 발전으로 연구진들은 이제 뇌에서 샤덴프로이데를 실시간으로 추적할 수 있다. 런던의 인지 신경과학 연구소Institute of Cognitive Neuroscience[9]에서는 한 연구를 시행했다. 실험 참여자들은 파트너와 함께 도박 게임을 했는데, 이러한 유형의 연구가 늘 그렇듯, '파트너'는 연구진이 심어 놓은 인물로 공정한 게임을 하거나(참여자가 돈을 따게 만들거나) 속임수를 쓰라는(참여자가 돈을 잃도록) 지시를 받은 이다. 파트너는 연구진의 지령에 따를 때마다 손에 고통스러운 전기 충격이 가해졌다.• 이 모든 과정은 fMRI 스캐너 안에서 진행되었

- 괴물 마스터플롯에 등장하는 사례 같은 터무니없이 적은 수준이 아니라 진짜 충격이었다.

고 그리하여 연구진은 실험이 진행되는 동안 참여자의 각기 다른 뇌 부분이 활성화되는 모습을 추적 관찰할 수 있었다. 실험 결과 '속임수를 쓰는' 파트너가 전기 충격을 받았을 때 참여자의 뇌에서 '보상 회로'가 즐거움으로 반짝였다. 하지만 남성의 경우에만 그랬다. 반대로 '공정한' 파트너가 전기 충격을 받았을 때는 참여자의 뇌에서 '보상 회로'가 공감하는 마음으로 반짝였다. 여성의 경우 남성보다 그러한 성향이 짙었다. 여성들은 '속임수를 쓰는' 파트너가 고통스러운 충격을 받을 때조차 공감하고 있다는(혹은 '연민을 느끼는') 신경학적 증거를 보이기도 했다.●

우리가 반영웅이 마땅한 벌을 받는 달콤한 이카로스 스토리를 즐기는 이유는 쉽게 이해할 수 있다. 하지만 〈기생충〉이나 《죄와 벌》 같은 보다 복잡한 맛은 왜 우리의 구미를 당기는 걸까? 〈로미오와 줄리엣〉, 〈타이타닉〉, 〈바람과 함께 사라지다〉, 〈브로크백 마운틴〉 같은 완전히 쓴맛은 고사하고 말이다. 우리가 형용할 수 없을 정도로 슬프고 고통스러운 작품에서 어느 정도 '즐거움'을 느끼는 이유를 밝히기 위해 수많은 철학자가 고군분투했지만 그 누구도 확실한 답을 내놓지 못했다.

아리스토텔레스는 소설로 구현된 비극은 우리에게 비슷한 상황에

● 물론 이 연구는 성별로 두드러진 차이(단 한 번 시행된 연구이기 때문에 잠정적으로 봐야 한다)가 유전에 기인하는지, 참여자들이 어린 시절부터 쌓아온 성 고정관념의 산물인지에 대해서는 입증하지 못한다.

서 어떻게 행동할지 가르쳐줄 수 있다고 추측했다. 물론 그럴 수 있다. 하지만 이 학습은 왜 고통스러운 대신 즐거운 걸까? 데이비드 흄David Hume은 비극이 일으키는 고조된 감정이 우리의 관심을 사로잡고 지루함을 막아준다고 주장했다. 하지만 이는 '달콤한' 이카로스 스토리를 비롯해 이 책에서 소개하는 모든 마스터플롯에 해당되는 이야기다. 우리가 눈물을 짜는 감성적인 이야기에 그토록 끌리는 이유는 뭘까? 조금 덜 유명한 철학자, 존 모렐John Morreall은 우리는 비극적인 이카로스 스토리를 언제든 내려놓을 수 있다는 데서 오는 통제감을 즐긴다고 말한다. 하지만 애초에 우리가 이 이야기를 고른 이유는 무엇이란 말인가? 그의 주장은 벽에 머리를 찧다가 멈추면 기분이 좋기 때문에 벽에 머리를 찧는다는 말이나 마찬가지다. (1장에서 살펴봤듯) 가십에 목말라하는 인간의 성향을 언급한 철학자들도 많다. 가십이 역사상 우리가 수많은 위험한 상황과 수상쩍은 사람을 피하도록 도움을 준 건 사실이다. 하지만 그게 우리의 동기라면 피비린내 나는 장면에 대한 세부 묘사를 굳이 보고 있을 필요는 없다. '정보'를 얻으려고 〈타이타닉〉을 보는 사람이 어디 있겠는가?

  이 모든 설명은 만족스럽지 않다. 우리가 '슬픈' 작품을 볼 때 느끼는 깊은 감정을 하찮게 만들기 때문이다. 우리는 슬픔을 경험할 때 달콤쌉싸름한 느낌 자체를 *음미하는* 것이지 유용한 정보를 얻거나 TV를 *끄는* 순간을 기대하면서 단순히 *견디는* 게 아니다. 보다 설득력 있는 설명은 쾌락적인 기쁨만 가치 있는 감정이 아님을 인정하는 것이다. 대부분의 복권 당첨자는 술이나 마약, 매춘에 돈을 탕진하지는 않으며, 그런 걸 하는 사람들은 대부분 처음 느꼈던 쾌락의 감정이 빠르게 사라진다는 걸 안다.

하지만 기쁨이 아니라면 눈물을 질질 짜게 만드는 감성적인 이야기를 '즐길' 때 우리가 만끽하는 감정은 도대체 무엇이란 말인가? 슬픈 음악에 관한 연구에서 중요한 단서를 얻을 수 있다. 사람들은 슬플 때 어떤 음악을 들으며 기분 전환할까? 신나는 댄스곡? 아니다, 십중 팔구 슬픈 음악이다. 역설적이게도 슬플 때 슬픈 음악을 들으면 더 슬퍼지는 게 아니라 기분이 좋아진다. 2020년에 발행된 한 신문기사에서[10] 음악학 연구가 데이비드 휴런David Huron과 욘나 부오스코스키Jonna Vuoskoski는 슬픈 음악은 그 자체로 즐거운 감정인 연민을 불러일으킨다고 말했다. 실제로 토머스 홉스Thomas Hobbes, 이마누엘 칸트Immanuel Kant 같은 철학자들은 자선 활동이(심지어 익명의 활동일지라도) 완전히 이타주의적이지만은 않다고 주장했다. 주는 사람 역시 '연민'이라는 즐거운 감정을 누리기 때문이다. 그렇다면 우리는 연민을 불러일으키기 때문에 슬픈 음악을 즐길지도 모른다.

재미있는 이론이긴 한데 어떻게 입증할 수 있을까? 휴런과 부오스코스키는 모든 사람이 슬픈 음악을 즐겨 듣지 않는다는 점에 주목했다. 이는 전 세계적으로 사실인 듯하다. 두 연구자는 중국, 이집트, 에티오피아, 그리스, 아이티, 카슈미르, 말리, 나이지리아, 파키스탄, 펀자브, 러시아, 세르비아, 소말리아, 튀니지, 베트남의 택시 운전사(음악에 관해서라면 누구보다도 취향이 확고한 사람들)를 상대로 설문 조사를 실시했다. 절반이 조금 넘는 58퍼센트가 슬픈 음악을 즐겨 듣는다고 말했고 나머지는 그렇지 않다고 했다. 그렇다면 슬픈 음악을 즐겨 듣는 사람과 그렇지 않은 사람은 어떤 차이가 있을까? 수차례의 설문 조사와 성격 검사를 통해 휴런과 부오스코스키는 답을 알아냈는데 그들의 예측은 정확했다. 슬픈 음악을 즐겨듣는 사람은 연민에서 높은 점수를 보였다. 연민에서 낮은 점수를 보인 사람들은 슬픈 음악을 즐겨듣지 않았으며, 즐겨 듣는 사람들을 이해하지 못했다. 이 연구의 결론은 슬픈 음악이 즐거운 이유는 연민이라는 감정을 불러일으키며 그러한 감정 자체가 즐겁기 때문이다.

하지만 이는 음악일 뿐이다. 이야기와 무슨 상관이란 말인가? 사실 꽤 상관이 있다. 슬픈 음악을 즐겨 듣는 사람은 연민뿐만 아니라 *판타지* 항목에서도 높은 점수를 보였다. 이들은 소설이나 영화의 서사에 푹 빠지는 경향이 있다는 뜻이다. 음악과 이야기는 비슷할 것이다. 비극적인 이카로스 마스터플롯을 즐기는 사람은 (슬픈 음악처럼 모든 사람이 즐기는 건 아니지만) 주인공을 향한 연민의 감정을 즐긴다. 이 같은 연민 이론이 이야기에도 적용되는지 직접 실험한 사람은 없지만, 한 가지 측면에서는 굉장히 설득력이 있다. 우리가 허구적 비극은 즐기지만 실제로 일어난 비극은 끔찍해하는 이유를 꽤 그럴듯하게 설명해주기 때문이다. 현실 속 비극, 가령 굶주린 아이들에 관한 다큐멘터리를 볼 때 우리는 불쾌한 딜레마에 처한다. 비극을 외면한 뒤 죄책감을 느낄지, 도움을 줄지 결정해야 한다. 후자는 돈이 들 뿐만 아니라 더 많은 죄책감을 낳기도 한다. 50파운드를 기부하기로 결심했다면 100파운드는 어떨까? 아이들이 굶주리고 있는데 굳이 2,000파운드를 들여 여행을 가야 할까? 여행을 취소하고 그 돈을 기부해야 할까? 반대로 〈로미오와 줄리엣〉 같은 허구적 비극이나 〈타이타닉〉처럼 역사적인 실화에 기반한 비극을 볼 때 우리는 죄책감 없이 연민이라는 감정을 즐길 수 있다. 아무리 간절히 원해도 우리가 줄리엣이나 로즈를 도울 수는 없기 때문이다.

영향 아래

이카로스 마스터플롯 레시피는 이 책에서 소개하는 다른 마스터플롯과는 조금 다르다. 의식적으로 그걸 따르겠다고 선택하는 사람이 아무도 없기 때문이다. 현실에서 가장 비슷한 사례는 사람이나 단체가 이 성격 결함을—아킬레스건임을 알지만—약점이 아니라 장점으로 생각해 손절해야 할 때 더 강하게 밀어붙이는 경우다. 개인보다는 기업에서 이러한 사례가 흔하다.

성인이 된 이후로 나는 늘 밴드에 몸담아왔다. 처음 몸담은 곳은 지독하게 인기가 없었던 스탈라Starla라는 이름의 밴드였다. 이 밴드는 나중에 어드번시스 인 매스매틱스Advances in Mathematics라는 만만찮게 인기 없던 포스트 록 밴드로 이름을 바꾸었고, 그 무렵 나는 뒤

늦게나마 가수가 되겠다는 마음을 접었다. 하지만 그 후로도 1960년대 팝을 부르는 빌로우 더 스타스Below The Stars와 스톤 로지Stone Roses를 동경하는 엔젤 허리케인The Angel Hurricane이라는 인디밴드에서 잠시 활동한 뒤, 인디 팝의 헬프 스탬프 아웃 론리니스Help Stamp Out Loneliness에 소속되었다(이 밴드는 아주 협소한 시장이었지만 가까스로 청중을 조금 확보했다). 오늘날 나는 이따금 커버 송만 부르는 밴드 활동을 하는 데 만족하고 있다. 이 모든 것의 배경(아니 전경)에는 인디계를 순회하던 더 인기 있고 성공적인 그리고 재능 있는 프리미어 리그 밴드들이 있었다. 폴리테크닉Polytechnic, 롱컷The Longcut, 엔서링 머신The Answering Machine으로 이들은 다소 애처롭게 들리는 엑스스몰(현재는 세인스베리의 카페) 바에서 연주하곤 했다.

크든 작든, 200년대 중반에 활동한 인디 밴드들은 전부 공통점이 있다. 그들은 노래를 부르다가 간간이 멋쩍은 목소리로 이렇게 중얼거렸다. "저희 마이스페이스 계정 있어요. 마이스페이스 쩜 빗금, 전부 띄어쓰기 없이······" 지금은 상상하기 힘들겠지만 마이스페이스(한때 전 세계적으로 가장 많은 사용자를 자랑했던 소셜미디어로 미국판 싸이월드다-옮긴이)는 한때 세상에서 가장 큰 웹사이트였다.

당시에 SNS를 하는 사람이라면 마이스페이스 계정이 하나쯤은 있었을 것이다. 하지만 그보다 어린 세대라면 마이스페이스를 들어본 적이 한 번도 없을 것이다. 그렇다면 마이스페이스는 정확히 뭘까? 쉽게 말해 페이스북(이것도 이제 사용하지 않겠지만)과 비슷한 소셜 네트워크 사이트이지만 스포티파이 같은 요소도 있는 사이트였다. 밴드들이 주로 이용했고 사람들은 밴드의 프로필 페이지에서 그들의 음악을 들을 수 있었다. 그들의 음악을 자신의 배경음악으로 설정할 수도 있었고 심지어 누군가 그들의 페이지를 방문할 때마다 자동으로 음악이 나오게 설정할 수도 있었다(이제는 할 수 없지만 2000년대 중반에는 모두가 당연하게 생각했다). 데이팅 같은 요소도 있어서 10대들은 모토로라 플립폰이나 노키아 브릭폰으로 성적인 매력을 한껏 드러낸 화질 구린 사진을 찍어 올리곤 했다. 하지만 그게 다가 아니었다. 마이스페이스는 보기보다 훨씬 다양한 역할을 했다. 오늘날 우리는 소셜 미디어 앱, 음악 앱, 비디오 앱, 메시지 앱, 데이팅 앱을 별도로 이용하며, 카테고리별로도 수많은 앱이 출시되어 그중에서 고를 수 있다. 마이스페이스는 한창 잘 나갈 때, 페이스북, X, 틱톡, 스포티파이, 유튜브, 왓츠앱, 틴더를 전부 즐길 수 있는 곳이었다.

마이스페이스의 몰락을 지켜본 사람이라면, 마이스페이스가 **파멸** 직전까지 갔지만 완전히 죽지는 않았다는 사실에 놀랄지도 모르겠다. 예전에 쓰던 마이스페이스 페이지를 방문해보면 모든 게 그대로이지만 휑한 껍데기같이 살짝 으스스한 모습이다. 시간을 그대로 박제시켜놓은 양 프로필도 그대로이고 2007년 콘서트 전단지도 그대로 남아 있다. 하지만 사진과 노래들 대부분은 다양한 서버 이주와 정화 작업으로 사라졌다. 클릭할 수는 있지만 재생되지는 않는다. 어쩌다 그렇게 되었을까?

이카로스 스토리를 이해하려면 주인공의 주요 성격 결함을 파악해야 한다. 마이스페이스의 결함은 페이스북과 달리 소셜 네트워킹 사이트로 시작하지 않았다는 사실이다. 기업의 전 온라인 마케팅 부사장 숀 퍼시벌Sean Percival에 의하면 마이스페이스는 온라인으로 싸구려 물건을 판매하는 프로젝트의 일환이었다. 다이어트약, 원격 조정 장난감 헬리콥터 등 단순한 물건이었다. 그들은 광고의 도달 범위를 확장할 방법을 찾다가 최초의 소셜 네트워킹 사이트인 프렌터Friendster를 모방하기로 했다. 애초부터 마이스페이스의 존재 이유는 소비자에게 광고를 보여주는 네트워크를 구축하기 위함이었다.

물론 그러한 의도를 정면으로 내세우지는 않았다. 소비자에게 마이스페이스는 교류의 장이었다. 지금은 그러한 개념이 너무 일상적이라 설명하려는 시도조차 이상해 보이지만 나를 비롯한 우리 세대의 수많은 이들이 가상 친구(소셜 미디어에서는 친구이지만 실제로 만난 적은 없는 사람)라는 개념을 처음 접한 건 마이스페이스를 통해서였다. 나는 마이스페이스 계정을 열자마자 톰과 가장 먼저 친구가 되었다. 물론 톰은 마이스페이스를 창립한 토머스 앤더슨Thomas Anderson으로, 모든 사용자가 처음 사귀는 친구로 자동 설정이 되어 있다는 걸 곧 깨달았지만 말이다. 나는 곧 현실에서 내가 아는 사람 혹은 절반 정도 아는 사람에게 친구 요청을 했다. 그 무렵에는 젊은이들 사이에서 유행인 '진짜' 친구를 '가상의' 친구와 맞바꾸는 재앙 같은 트렌드를 다룬 기사가 넘쳐났다.

결정적인 **딜레마**가 찾아온 건 2005년이었다. 마이스페이스가 문을 연 지 불과 2년 후였다. 루퍼트 머독Rupert Murdoch이 5억 8천만 달러(약 8천억 원으로 사용자 한 명당 3달러에 달하는 가격)에 기업 인수를 제안하면서였다. 약자 스토리였다면 톰과 친구들은 그의 제안에 코웃음을 쳤을 것이다. 하지만 이카로스 스토리였기에 마이스페이스는 머독에게 매각될 수밖에 없었다. 이카로스 스토리는 주인공의 성격 결함이나 아킬레스건을 겨냥하기 때문이다. 이 경우 아킬레스건은 마케팅 술책이라는 마이스페이스의 탄생 기원이었다. 예상보다 훨씬 더 좋았던 이 기업의 **득의**는 2006년 절정에 달했다. 마이스페이스의 미국 내 이용자는 구글을 포함한 그 어떤 웹사이트보다도 많았다.

이쯤 되면 **탐욕**이 머리를 쳐들기 마련이다. 무엇에도 만족하지 못하는 것이다. 그토록 큰 투자를 받자 마이스페이스는 수익을 내야 한다는 압박에 시달렸다. 반영웅이 이 상황에서 늘 그렇듯, 마이스페이스는 위험한 행동을 밀어붙였다. 과거에 성공을 이끌었던 일을 더 많이 했다. 그건 바로 소비자에게 광고를 보여주는 일이었다. 엄청나게 많은 광고를.

오늘날 소셜 미디어 사이트는 전혀 광고처럼 보이지 않는 홍보 콘텐츠나 후원 콘텐츠를 선호한다. 반면 마이스페이스는 그야말로 무법천지였다. 화면 곳곳에 광고가 있었고 형식에도 제한이 없었다. 최악은 '펀치 더 멍키'라는 광고였다. 원숭이를 클릭해 펀치를 날린 다음 설문지를 작성하고 신용카드 정보를 입력하면 경품을 탈 수 있는 광고였다. 이 광고를 본 적이 없다면 감사해야 한다. 누군가 사용자를 최대한 화나게 만드는 광고를 제작하려는 게 아닌지 의심이 들 정도다. '무엇이든 허용된다'는 방식은 사용자 프로필 페이지로까지 확장되었다. 사용자는 음악, GIF, 웹사이트 링크 등 그야말로 온갖 것을 프로필 페이지에 넣을 수 있었다. 핌프마이프로필닷컴pimp-my-profile.com 같은 사이트는 마이스페이스 페이지를 도저히 읽을 수 없게 만들었다. 번쩍이는 글씨가 사진 위에 마구잡이로 겹쳐 있었고 음악과 효과음이 난무했다. 그리고 물론 광고가 있었다. 사용자의 프로필 페이지의 '댓글' 항목에 무엇을 남길 수 있는지에 대한 규제가 없었기에 광고와 스팸이 난무했다.

마이스페이스의 **파멸**의 씨앗은 뿌려졌다. 수많은 사용자가 페이스북으로 갈아탔고 머독은 결국 3천 500만 달러(약 510억 원)에 기업을 매각해야 했다.

2021년, 케임브리지 경영대학 연구진들은 1948년 런던 증권 거래소에 상장된 기업들을 연구한 결과를 발표했다.[11] 2018년까지 살아남은 기업은 얼마나 될까? 절반? 4분의 1? 10분의 1? 정답은 1퍼센트를 조금 넘는다. 1,513개 기업 중 19개 기업만이 살아남았다. 다시 말해 마이스페이스의 비극은 모든 기업의 운명이었다.

왜 그럴까? 오랫동안 건재한 기업들은 헤드라이트를 마주한 토끼처럼 위험 앞에서 몸을 사린다는 게 보편적인 견해다. 하지만 경제학자 도널드 슐Donald Sull은 그렇지 않다고 주장한다.[12] 대기업은 자신들이 활동하는 시장을 잘 알고 있기에 일찌감치 위협을 파악하고 대처한다. 문제는 그들이 십중팔구 잘못된 결정을 내린다는 점이다. 슐은 이를 '활동적 타성'이라 부른다. 아예 움직이지 못하는 게 아니라 (그건 '수동적 타성'이다) 과거에 효과가 좋았던 조치를 두 배로 강화하는 것이다.

익숙하게 들리는가? 그럴 것이다. 대부분의 기업 이야기가 비극으로 끝나는 이유는 기업들이 딜레마에 마주할 때, 즉 '올바른' 방법과 아킬레스건, 성격 결함, 기업의 신조를 겨냥한 '잘못된' 방법 사이에서 선택해야 할 때 거의 어쩔 수 없이—이카로스 이야기의 반영웅처럼—후자를 택하기 때문이다. 슐은 파이어스톤 타이어Firestone Tires의 사례를 언급한다. 이 기업의 대표적인 신조는 '가족적인 가치'였다. 예를 들어 창립자 하비 파이어스톤Harvey Firestone은 CEO부터 평범한 공장 노동자에 이르기까지 전 직원에게 파이어스톤 컨트리클럽을 자랑스럽게, 관대하게 개방했다. 현지 공장 매니저는 자신이 속한 팀에 충성했고 자신이 일하는 공장의 생산량을 증대하려 했으며 인자한 임원들은 그들의 요청을 거절하는 법이 없었다. 파이어스톤은 말 그대로 가족 기업이었다. 그러다가 1972년 위기가 찾아왔다. 중역회의의 3분의 1이 전 이사회원의 자녀들로 이루어져 있을 무렵이었다.

위기를 가져온 건 포드Ford였다. 파이어스톤의 가장 큰 고객이었던 포드는 모든 차량이 무조건 레이디얼 타이어를 사용해야 한다고 선언했다. 프랑스 기업 미쉐린Michelin이 개발한 안전하고 좀 더 영구적인 타이어였다. 파이어스톤은 이러한 조치를 예상해 레이디얼 타이어를 제작하는 새로운 공장에 투자한 상태였다. 주로 기존 공장을 살짝 바꾸는 방법을 통해서였다. 하지만 그러한 조치만으로는 충분하지 않았다. 빨리 새로운 전문가를 고용하고 계속해서 옛 타이어를 생산하는 공장을 닫아야 했다. 하지만 기업의 가족적인 가치—추상적으로는 아무리 칭찬할법하더라도—이러한 조치에 방해가 되었다. 기업은 신조를 따르려 했지만 신조를 따르는 길은 기업을 파멸로 이끄는 길이기도 했다.

영국 의류 및 가구 기업, 로라 애슐리Laura Ashley 역시 비슷한 운명을 맞았다. 애슐리는 여성 패션의 성애화를 거부하고 겸손과 자제 같은 목가적인 분위기에 어울리는 영국의 전통적인 가치에 호소했다. 이러한 전통적인 가치는 기업의 성공을 이끈 중추적인 요소였으나 세상이 바뀌고 더 많은 여성이 일터에 뛰어들면서 큰 약점이 되었다. 어깨 뽕과 파워 드레싱(위엄·권위를 표현하기 위해 격식을 갖춘 비즈니스맨과 커리어우먼의 패션 스타일—옮긴이)이 도입되었고 목가적인 패션은 한물 간 개념이 되었다.

다국적 기업이든, 동네 커피숍이든, 기업을 운영하는 사람이 마이스페이스 같은 비극의 희생양이 되지 않으려면 어떻게 해야 할지, 그 방법이 궁금할 수밖에 없다. 앞서 살펴봤듯, 대부분의 기업들이 망한 걸 봐서 쉽지는 않다. 하지만 맥도날드의 사례에서 교훈을 얻을 수 있다.

그렇다. 놀랍게도 전 세계적으로 유명한 이 기업은 1990년대 초반에 위기를 겪었다. 자신들의 핵심 신조와 특징에 계속해서 집착했기 때문이었다. 이 경우 특징 부족일 수 있겠다. 맥도날드의 신조는 시간과 공간을 초월하는 일관성과 예측 가능성의 맛이기 때문이다. 맥도날드는 20세기 도쿄에서 먹은 것과 똑같은 맛의 빅맥을 21세기의 모스크바에서도 맛볼 수 있다는 사실을 자랑스럽게 생각한다(정말로 그렇다. 내가 둘 다 먹어봤다).

마이스페이스의 물질주의처럼, 파이어스톤의 가족적인 가치와 로라 애슐리의 미학처럼, 맥도날드의 핵심적인 특징인 균일성은 골칫거리가 되었다. 아킬레스건이 된 것이다. 소비자들은 버거에 질려했다. 그들은 새롭고 건강한 선택지를 원했다. 맥도날드는 혁신을 꾀했으나 햄버거 상자 안에서 생각하는 데 너무 익숙했기에 그들이 내놓은 새로운 제품―저지방 맥린 버거, 어른들을 겨냥한 아치 디럭스 버거―은 기존 버거를 뛰어넘지 못했다. 더 안 좋기만 한 버거였다.

하지만 21세기가 도래하면서 맥도날드는 회복했다. 어떻게 회복할 수 있었을까? 맥도날드는 죽음과 파멸로 향하기 전에 극단적인 균질화라는 핵심 가치를 바꿔야 한다는 걸 깨달았다. 오늘날 맥도날드는 캐나다에서는 감자튀김 요리를, 말레이시아에서는 망고 맥플러리와 타이 그린 커리 치킨 버거를, 인도에서는 도사 마살라와 매콤한 파니르 버거를, 홍콩에서는 새우 버거를, 중국에서는 팥 파이를, 한국에서는 불고기 버거를, 호주에서는 빅 브레키 버거를, 사우디아라비아에서는 맥아라비아 치킨을, (이탈리아가 아니라) 필리핀에서는 스파게티를, 태국에서는 사무라이 돼지고기 버거를 판매하며 샐러드, 랩 샌드위치, 맥카페까지도 판매한다. 목록은 끝도 없다. 맥도날드의 사례는 반드시 이카로스 마스터플롯 레시피를 따라야 할 필요는 없음을 보여주었다. 자신의 아킬레스건을 파악하고 조치할 만큼 충분한 자기 인식이 이루어진다면 누구나 서사를 바꾸고 비극을 피할 수 있다.

사람들도 그럴까?

왜곡된 플롯

> 빠르다고 경주에서 늘 이기는 것도 아니고 힘세다고 싸움에서 이기는 것도 아니다 (…중략…) 때와 기회는 그들 모두에게 생기느니라 (…중략…) 분명히 사람은 자신의 시기를 알지 못하나니 물고기들이 재난의 그물에 걸리고 새들이 올무에 걸림 같이 인생들도 재앙의 날이 그들에게 홀연히 임하면 거기에 걸리느니라.
>
> 전도서 9장 11~12절

일반적으로 마스터플롯이 남용되거나 왜곡될 때는 의도적으로 비도덕적인 목적을 위해 사용될 때다. 선거에서 이기거나, 달 착륙이 거짓이라고 주장하거나, 허접한 물건을 팔아치우기 위해서다. 하지만 이카로스 마스터플롯은 그렇지 않다. 이 플롯의 경우 현실에서 비극적인 사건을 경험하는 사람이 (객관적으로 보면 그렇지 않은데도) 그 사건을 이카로스 레시피로 볼 때 플롯의 왜곡이 일어난다.

왜 이러한 일이 일어나는지 이해하기란 별로 어렵지 않다. 이 책에서 말하고자 하는 바는 우리는 자신이 겪는 사실상 모든 경험에 이런저런 마스터플롯을 끼워 맞추며, 그러한 마스터플롯이 우리의 결정과 감정에 영향을 미치게도 한다는 것 아니던가. (배우자나 가족의 죽음처럼) 아주 비극적인 인생 경험을 하는 사람이 특히 그 경험에서 특정한 의미, 그들이 그러한 경험을 이해하는 데 도움이 되는 서사를 찾는 까닭을 이해하기란 어렵지 않다.

예를 들어 태어나지 않은 아이의 죽음을 생각해보자. 우리의 용어 선택조차 서사적 프레이밍에 영향을 미친다는 걸 어렵지 않게 알 수 있다. 여러분은 '태어나지 않은 아이의 죽음'이라는 말을 의아하게 생각했을지도 모른다. 왜 '유산'이라는 평범한 단어를 사용하지 않았는지 궁금했을 것이다. 그 이유는 '유산'이라는 단어가 부가적인 의미를 담고 있기 때문이다. '유산한miscarried' 사람이 이 사건에 어떤 식으로든 책임이 있다는, 그들이 태어나지 않은 아이를 '잘못된mis' 방법으로 '품고carried' 있었다는 의미를 말이다. 오늘날 선호되는 용어는 '자연적 임신 상실natural pregnancy loss'로 이 용어는 이 사건이 자궁에서 살아남지 못한 배아에게 자연적으로 일어난 일이라는 점을 강조한다.

자연적 임신 상실은 대부분의 사람이 알고 있는 것보다 더 흔하다.

(알려진 임신과 알려지지 않은 임신을 포함해) 30퍼센트의 임신이 그렇다.[13] 하지만 내가 말하는 건 10주에서 12주 차에 알 수 없는 임신 중단으로 (약 1~2퍼센트)[14] 이는 정말로 충격적인 사건이다. 사실 2005년, 런던에서 진행된 한 연구에 따르면, 이 경험에 수반되는 슬픔은 친인척의 죽음을 경험한 사람이 겪는 슬픔만큼이나 크다고 한다.

이번 장에서 살펴봤듯, 이카로스 마스터플롯을 따르는 이야기는 늘 죽음이나 파멸로 끝난다. 하지만 흔한 죽음이나 파멸이 아니라 주인공이 너무 심하게 밀어붙이지만 않았어도 쉽게 피할 수 있었을 죽음이나 파멸이다. 더 나은 판단을 할 수 있었음에도 아킬레스건을 겨냥한 딜레마 앞에서 유혹이라는 길을 택하는 바람에 맞이한 죽음이나 파멸이다.

물론 현실은 그렇지 않다. 늘 그렇지는 않다. 착한 사람에게도 나쁜 일이 일어난다. 그들의 잘못이 아닌데도 말이다. 반면 잘못한 사람이 처벌을 빠져나가기도 한다. 문제는 우리 모두가 어느 정도는 이 사실을 알지만 그걸 받아들이지는 못한다는 점이다. 우리는 마스터플롯에 너무 푹 빠진 나머지 현실에서 일어나는 사건을 이 레시피를 통해 해석하려고 한다.

안타깝게도 이카로스 역시 예외가 아니다. 그리하여 임신 상실 경험을 한 거의 모든 사람이 자기 비난을 한다. 그들은 말한다. "여행을 가지 말았어야 했어." 특정한 유혹을 찾아 (물론 잘못된 행동이다) 이에 굴복하는 것이다. "당시에는 확신하지 못했는데"(딜레마), "사실, 그러면 안 된다는 걸 알았어"(위반), "하지만 1년 내내 여름휴가만을 기다려왔는걸"(아킬레스건), "정말 좋았는데"(득의), "이제 대가를 치르는구나"(파멸) 물론 임신 상실뿐만 아니다. 한 가지 예를 더 들어보면, 부모를 여읜 사람들 역시 비슷한 자기 비난의 독백을 거친다. 부모님을 병원이나 요양원에 보낸 것(혹은 보내지 않은 것), 부모님의 불만을 진지하게 받아들이지 않은 것, 자주 찾아뵙지 못한 것 등을 두고 자기 탓을 하는 것이다. 최악은 이카로스 스토리가 그렇듯, 스스로 비난한 자신들의 행동을 오래된 성격 결함의 반영으로 보는 경우다. "나는 너무 무모해/이기적이야/사려 깊지 못해/돈이 부족해."

우리는 유족에게 이러한 말을 건넨다. "네 탓이 아니야. 스스로를 탓하는 건 너 자신을 미치게 만드는 짓이야." 민중의 지혜가 담긴 이러한 조언은 정말 일리가 있다. 물론 '광기'는 현대 의학에서 사용되는 용어가 아니다(많은 이들이 이 용어를 불쾌하게 생각할 것이다). 심리학자와 정신과 의사는 대신에 '정신병'이라는 용어를 사용한다. 정신병은 무질서한 사고 및 인지 패턴으로 최악의 경우 현실 감각을 잃게 된다. 이는 조현병 같은 심각한 정신 질환의 흔한 증상으로, 조현병의 대표적인 두 가지 증상은 망상과 환영이다. 이는 오랫동안 '광기'의 증상으로 여겨졌다. 이 두 증상은 비슷하지만 차이가 있다. 망상은 사실이 아닌 생각이고, 환영은 실재하지 않는 모습, 소리나 심지어 냄새다. 예를 들어 문학 작품에 등장하는 가장 유명한 망상적인 캐릭터는 셰익스피어의 리어왕일 것이다. 그는 이렇게 묻는다. "내가 프랑스에 있나?" 켄트 백작은 이렇게 대답한다. "당신의 왕국에 있습니다, 저하." 문학 작품에 등장하는 가장 유명한 환영은 맥베스 부인의 손에 묻은 피("이런, 피잖아.") 혹은 그녀의 남편이 뱅코를 죽이기 전에 본 단검의 이미지일 것이다.

2019년, 독일 함부르크에서 활동하는 한 무리의 심리학자들은 자기 비난과 심리학적 증상 간의 관계를 다룬 연구들을 집대성한 뒤, 체계적 문헌고찰(Systematic Review, 특정 주제에 대한 모든 문헌을 종합적으로 평가하는 연구 방법)과 메타분석(Meta-analysis, 특정 주제에 관한 기존 연구 자료를 집대성한 연구)한 결과를 공개했다.[15] 연구 결과에 따르면 자기 비난을 자주하는 환자는 환영과 망상을 더 많이 경험하는 것으로 나타났다. 게다가 조현병 환자는 건강한 사람보다 자기 비난이 잦았다. 물론 이러한 연구 결과는 상호관계적일 뿐이다. 자기 비난이 조현병을 *야기했는지*, 그 반대인지는 확신할 수 없다. 하지만 최소한 이 연구 결과는 소위 "자기 자신을 비난하는 행위는 스스로를 미치게 만든다"는 오래된 민중의 지혜와 일맥상통한다.

조현병은 극단적인 사례이지만 광범위한 연구에 따르면 자기 비난은—스스로 비극을 자초하는 이카로스 서사에 따라—상황을 악화시킨다. 부모라면 알겠지만 자식의 죽음보다 더 큰 비극은 없다. 안타깝게도, 하지만 별로 놀랄 것도 없이 또 다른 체계적 문헌고찰에 따르면 자식을 잃은 부모 가운데 절반 정도가 자신을 비난하며, 이 같은 자기 비난은 그들에게 더 안 좋은 결과를 안겨준다.[16] 자식의 죽음을 자기 탓으로 돌리는 이들은 불안에 시달릴 확률이 거의 두 배나 높으며 임상 우울증을 경험할 확률이 거의 세 배나 높다. 10대 때 성적 학대를 경험한 사람을 대상으로 한 종적 연구에서도 비슷한 결과가 나왔다. 치료를 시작할 때 희생자가 자기 비난을 많이 했다고 보고할수록 6개월 후 임상 우울증을 경험할 확률이 더 높았다.[17] 여기에서 중요한 점은 이 연구는 종적으로 이루어졌기 때문에—즉 희생자는 자기 비난 질문지를 특정한 기간에 완료하고 우울증 질문지는 나중에 완료했다—우리는 자기 비난을 많이 할수록 우울증을 더 많이 경험하는 것이지, 반대가 아니라는 걸 확신할 수 있다.

너무나도 암울한 결과다. 그렇다면 희망은 전혀 없을까?

해피 엔딩

현실에서 일어나는 비극―보리스 존슨을 향한 샤덴프로이데 같은 게 아니라 연민을 자아내는 비극―에서 우리는 이카로스 마스터플롯이 완전히 나쁘다고만 생각한다. 무고한 사람이 자기 자신을 비난하게 만드는 것으로 말이다. 하지만 보다 긍정적으로 생각해보면, 누군가 이카로스 마스터플롯을 자기 삶의 정황에 잘못 적용하는 것을 볼 때 우리는 그들에게 도움의 손길을 내밀 수 있다.

다행히 자기 비난의 서사를 바꿀 수 있을지, 그렇게 함으로써 보다 긍정적인 결과를 도출할 수 있을지 알아본 연구가 있다. 생사를 결정해야 하는 의대생들은 자기 비난을 자주 한다. 그들은 일을 하면서 배우다 보니 어쩔 수 없이 실수를 저지른다. 말레이시아의 연구진들은

(진부하게 들리겠지만) 스트레스를 받는 사건을 학습의 기회로 삼는 치료적 개입 방법을 개발했다.[18] 이 치료적 개입을 받은 의대생들은 통제 집단에 비해 자기 비난이 줄었고, 이후에도 우울증과 스트레스 수치가 낮았다.

희망적이긴 하지만 이는 비교적 낮은 차원의 스트레스다. 전공의가 경험하는 스트레스는 그보다 훨씬 높을 것이다. 그렇다면 평범한 우리는 어떨까? 호주에서 시행된 한 연구에서는 유난히 힘들었던 출산 경험 때문에 심리적 트라우마를 겪은 산모들을 대상으로 한 치료적 개입 결과를 분석했다.[19] 치료적 개입 방법은 단순했다. 말 그대로 출산한 지 3일 이내, 그리고 1개월 후쯤에 다시 조산사助産師와 상담 시간을 가진 것이다(출산 트라우마를 겪은 이들 중에 상담을 받는 사람은 매우 드물다). 이 상담에서 중요한 부분은 출산 당시 다르게 조치할 순 없었을지에 대한 산모의 생각을 들어보며 '자기 비난 같은 왜곡된 생각을 조심스럽게 뒤집어보는' 과정이었다. 결과는 고무적이었다. 조산사와 상담한 산모들은 통제 집단에 비해 3개월 후 자기 비난 지수가 낮았고, 그 결과 낮은 심리적 트라우마, 향후 임신과 관련해 더 높은 자신감을 보였다.

가장 희망적인 부분은 다음이다. 자연 임신 상실 후 경험하는 슬픔이 친지의 죽음을 경험하는 사람들이 겪은 슬픔만큼이나 크다는 연구 결과를 기억하는가?[20] 이 연구를 담당한 연구진들은 슬픔과 자기 비난을 측정하는 데 그치지 않았다. 그들은 이 문제를 해결하는 방법도 찾아 나섰다. 그들이 한 일은 꽤 단순했다. 임신 상실의 원인이 무엇이었는지 산모에게 그저 정확히 전한 뒤[21] 그들의 상태를 그러한 원인이 정확히 발견되지 않은 엄마들의 상태와 비교했다.• 결과는 별로 놀랍지 않았다. 임신 상실의 이유는 스트레스나 휴가, 섹스를 비롯해 자기 비난의 원인이 되는 활동을 '많이 해서'가 전혀 아니었다. 모든 임신 상실의 원인은 염색체 이상이나 면역 문제 때문이었다.

고무적인 부분은 바로 다음이었다. 4개월 후 후속 연구가 진행되었는데 임신 상실의 원인을 알지 못한 산모의 20퍼센트가 슬픔에서 벗어나지 못했다. 반면에 설명을 들은 산모 중에서 슬픔을 이기지 못한 산모는 9퍼센트에 불과했다. 정확한 설명을 듣는 것만으로도 도움이 되는 것이다. 이 산모들은 질문지에서 비난 지수가 굉장히 낮게 나타났다. "당신이 굴복한 유혹 때문이 아니에요"라는 말을 듣는 것만으로 슬퍼하는 부모들이 자기 비난이라는 이카로스 서사를 거부하는 데 도움이 되는 것이다.

이번 장에서 살펴본 가장 극단적인 사례들은 우리 대부분이 경험할 필요가 전혀 없는 것들이겠지만 누군가와 장기적인 관계를 맺고 있다면 언젠가 반드시 사랑하는 이의 죽음을 경험할 수밖에 없다("죽음이 우리를 갈라놓을 때까지"라고 말하지 않았던가). 다시 한번 말하지만

• 완벽한 방법은 아니다. 두 집단 사이에 차이점들이 있을 수 있기 때문이다. 그렇기는 하지만 연구진들은 이 두 집단 사이에 큰 차이는 없다고 확신했다. 가령 임신 상실의 원인이 나이 때문은 아니었다. 특별히 다른 임신도 없었다.

여러분의 회복은 우리가 수년간 읽고 듣고 점검하며 내재화한 자기 비난 이카로스 서사 밖으로 빠져나올 수 있는가 없는가에 달려 있다.

샌프란시스코 베이 지역에서 수행된 최근 연구 결과에 따르면 유족이 스스로를 비난하면 할수록 죽음을 받아들이지 못하거나 5년이 지난 후에도 세상을 떠난 배우자를 생각할 때마다 울음을 그치지 못하는 것으로 나타났다.[22] 하지만 반전은 있다. 이카로스 서사를 완전히 거부한 사람이 아니라 그걸 죽은 배우자에게 투사한 사람이 가장 빠른 회복 보이기도 했다("의사가 그이한테 술 좀 작작 마시라고 했거늘!"). 섬뜩하게 들리겠지만 유족이 상대의 죽음을 그 사람 탓으로 돌릴 때, 자기 비난에서 벗어나 의미 있는 서사(이카로스 스토리)를 통해 상실을 받아들이는 데 도움이 된다.

마스터플롯의 힘이 이토록 엄청난 것이다. 가장 우울해 보이는 이 레시피조차 우리가 연정이라는 감정을 통해 의미를 찾도록 만들 뿐만 아니라 누구나 마주해야만 하는 가장 충격적인 경험인 사랑하는 사람의 죽음을 직시하도록 해주는 것이다.

5장

해로운 물질, 사람, 사상에서 벗어나고 싶다면
괴물 마스터플롯

파괴의 힘이 군대를 소집했다.

그중에는 6척에 달하는 거인이 있었다.

마을의 모든 남자가 그 거인을 보기만 하면 겁에 질려 냅다 줄행랑을 쳤다. 남자들은 이렇게 말했다

"봤소? 시장이 그 거인을 죽이는 사람에게 엄청난 부와 원하는 신붓감을 약속했다던데."

그 마을에는 빈둥거리며 우상이나 숭배하다가 일터에서 잘린 한 젊은이가 살았다.

그는 옥상으로 올라가 자기가 싸우겠다고 소리쳤다.

거인이 그를 보더니 코웃음을 쳤다.

불그레하니 혈색이 좋고 용모가 뛰어난 젊은 사내일 뿐이었다.

젊은 남자는 가방에 손을 넣어 신도들이 만든 마법의 무기를 꺼내 거인을 내리쳤다. 거인은 땅에 얼굴을 처박은 채 쓰러졌다.

마을 남자들이 자리에서 일어나 소리쳤다. 그들은 기쁜 마음으로 와인을 마셨다.

이 글은 1984년 영화 〈고스트버스터즈〉의 피날레 장면을 묘사한 것이다. 하지만 괴물을 무찌르는 괴물 마스터플롯 레시피의 꼴을 충실히 따르고 있는 터라 나는 구약 성서에서 다윗과 골리앗의 이야기 속 문장을 고스란히 따와 가져다 쓸 수 있었다(물론 이상한 단어는 손을 보긴 했지만 기저에 깔린 이야기는 거의 동일하다).

〈고스트버스터즈〉는 단연코 어린 시절 내 최애 영화였다. 애석하게도 내가 고스트버스터가 될 일은 없겠지만 최소한 고스트버스터즈의 원래 직업은 나와 같다. 그렇다. 영화 초반에서 피터, 레이, 이곤은 뉴욕 컬럼비아대학교의 심리학 교수였다. 영웅이 되는 행동 촉구는 뉴욕 공립도서관 관리자가 건 한 통의 전화에서부터 시작된다. 도서관에 유령이 출몰해 책과 색인 카드를 내던지며 늙은 사서 앨리스를 겁주고 있다는 제보였다. 도서관으로 출동한 교수들은 책 몇 권과 심지어 점액까지 채취해 사무실로 돌아오지만 날림식 과학을 추구한다는 이유로 대학교에서 해고된다.

그들에게 놓인 선택지는 단 하나. 레이의 어린 시절 집을 담보로 대출을 받아 고스트버스터즈라는 스타트업을 시작하는 것이다. TV 광고, 차량인 엑토모빌, 힙하긴 하지만 다 허물어져 가는 본사에 거금을 쏟아부은 고스트버스터즈는 마지막 한 푼까지 끌어다 쓰고, 첫 급여를 받으며 가까스로 파산을 면한다. 먹깨비Slimer라는 귀여운 이름의 유령을 포획한 대가로 세즈윅 호텔에서 받은 5천 달러(약 700만 원)였다.

이 온갖 소동 뒤에는 음침한 파괴의 신, 고저가 도사리고 있었으니, 고저는 조금씩 자신의 존재를 드러내기 시작한다. 피터는 고스트버스터즈의 의뢰인이었던 데이나를 찾아가고(그녀와의 데이트를 꿈꾼다) 그녀의 유혹에 거의 넘어갈 뻔하지만 데이나가 고저의 하인 주울에게 빙의되었다는 사실을 깨닫고는 몸서리친다. 한편 고스트버스터즈가 손수 만든 격리 장치(그들이 포획한 유령이 전부 보관된 곳)를 오랫동안 우려했던 (솔직히 충분히 이해가 된다) 환경보호국의 감사관, 월터 펙은 기계의 작동을 멈추라고 명령한다. 그리하여 유령들은 격리 장치에서 벗어나 뉴욕을 활보한다. 1980년대 신시사이저 사운드트랙이 울려 퍼지는 가운데 택시를 운전하는가 하면 핫도그를 마구 먹으며 인간 세상을 마음껏 즐긴다.

고스트버스터즈는 월터 펙 때문에 유치장에 갇히지만 다행히 데이나가 살고 있는 호화로운 아파트 건물의 청사진을 가까스로 입수한다. 550 센트럴 파크 웨스트에 위치한 이 아파트는 알고 보니 고저가 파괴자의 형상으로 인간 세상에 들어오기 위한 일종의 포털이었다.

이런! 펙은 기겁했겠지만 시장은 마지막 결전을 위해 고스트버스터즈를 석방한다. 고저는 우리의 영웅들에게 "파괴자의 형상을 직접 선택하라"고 외쳤고, 곧 거대한 마시멜로 맨의 모습으로 나타난다(레이는 어린 시절의 추억 속 무해한 존재를 떠올렸는데 그건 그가 가장 좋아하는 마시멜로 브랜드 포장지에 등장하는 스테이 푸프트 마시멜로 맨이었다).

마시멜로 맨이 말캉한 발로 자동차와 건물을 뭉개는 가운데 고저의 승리가 확실해 보이자 고스트버스터즈에게 프로톤 팩(이곤 박사가 개발한 양성자 빔을 발사하는 무기-옮긴이)만은 절대로 사용하지 말라고 했던 이곤 박사는 상황이 상황인 만큼 한번 시도해보자고 한다. 다행히 지하 세계로 이어지는 고저의 포털이 파괴되고 이와 함께 마시멜로 맨도 사라진다. 영웅은 (주울의 빙의에서 벗어난) 데이나의 마음을 얻고 도시 전체가 기쁨의 환호성을 지른다. 음악 주세요.•

• 아무 옛날 음악 말고! 최고의 영화 주제곡으로 틀 것! (예를 들어 〈007 죽느냐 사느냐〉의 메인 주제곡인 폴 매카트니Paul McCartney가 발표한 〈Live and Let Die〉가 있다.)

마스터플롯 레시피

1장에서 살펴본 3막 구조를 따르는 아주 기본적인 레시피에 괴물 맛을 얹는 건 여섯 가지 핵심 재료다. 영웅이 집에서 할 일을 하고 있는데(컬럼비아대학교에서 초자연 현상과 초심리학을 연구하고 있다), 일반적인 질서를 뒤엎는 일이 발생하고(고저가 지하 세계로 향하는 포털을 연다), 그런 다음 마지막으로 이 불안정한 상황이 해결된다(고스트버스터즈가 고저를 무찌르고 포털을 봉인한다).

이 핵심 재료 가운데 가장 중요한 요소는 **무시무시한 괴물**이다. 무시무시한 괴물The Monstrous Monster이라고 하면 지극히 평범한 인간을 제외한 거의 모든 형상이 될 수 있다는 뜻이다. 괴물은 말 그대로 자연의 한계를 벗어난 '초자연적인 존재'여야 한다. 휴머노이드 로봇

일 수도 있지만 어떤 식으로든 예상에서 벗어나야 한다. 휴머노이드 괴물이 비정상적일 정도로 크거나(골리앗, 마시멜로 맨, 잭과 콩나무의 거인, 동화에 등장하는 사람 잡아먹는 거인) 작아야 한다(난쟁이, 고블린, 엘프). 초자연적인 힘을 지닐지도 모르며(드라큘라 백작, 사우론, 마녀), 인간과 동물이 합쳐진 기이한 혼성체일 수도 있다(미노타우로스, 하피, 메두사). 아이디어가 떠오르지 않는다면 악당에게 장애나 흉한 외양을 줄 수도 있다. 제임스 본드 시리즈는 이 부분에 있어 여전히 1970년대에 머물러 있다. 2011년 영화 〈007 노 타임 투 다이〉에 등장하는 악당은 둘 다 얼굴에 상처가 있다(칭찬받아 마땅하게도 영국 영화 산업은 이 같은 '게으른 고정 관념'에 반대하는 캠페인을 시행했다).[1]

휴머노이드 괴물을 별로 좋아하지 않는다면 동물을 이용해도 좋다. 하지만 역시 흔한 개나 고양이는 안 된다. 거대한 동물, 키메라(그리스 신화에서는 염소 머리가 등에서 튀어나와 있으며 뱀 꼬리를 한 사자였다). 밤마다 변신하는 존재(흡혈귀, 늑대 인간), 불을 내뿜는 용 정도는 되어야 한다. 그것조차 별로 이국적으로 느껴지지 않는다면 〈에이리언〉이나 〈신체 강탈자의 침입〉에 등장하는 외계인이나 〈데이 오브 더 트리피즈〉에 등장하는 식물, 혹은 2018년 영화 〈버드 박스〉처럼 절대로 보아서는 안 되는 신비로운 존재도 괜찮다. 이 사례들은 무시무시한 괴물의 마지막 특징을 잘 담고 있다. 바로 괴물은 정정당당하게 싸우는 평범한 악당이어서는 안 된다. 파악하기 힘들고 앙큼하며 교활하고 기만적일 뿐만 아니라 신비롭고 물리적으로 이해하기 쉽지 않아야 한다. 괴물들은 형태나 실체를 바꾸고 한 존재에서 다른 존재로 변신하며 마시멜로 맨처럼 무고한 존재나 심지어 착한 사람으로 위장해야 한다.

무시무시한 괴물에 맞서는 핵심 재료는 **뜻밖의 영웅**이다. 성경을 조금 아는 사람이라면 다윗이 초라한 목동이었으며 나이 많고 힘센 형들 대신 골리앗과 싸우게 되었을 때 대부분이 그를 믿지 못했다는 사실을 잘 알 것이다. 고스트버스터즈는 심리학 교수들로, 이 세계에 대해 좀 아는 사람이라면 거대한 마시멜로 맨과 맞서 싸우기에 적합한 사람과는 거리가 멀다는 사실을 알 것이다.

물과 기름처럼, 무시무시한 괴물과 뜻밖의 영웅이라는 재료는 잘 섞이지 않는다. 공정한 싸움이 아니다. 천하무적의 거인은 초라한 목동/일꾼/심리학 교수를 단숨에 먹어 치울 게 분명하다. 이에 대한 해결책은 세 번째 핵심 재료로, 바로 **마법의 무기**다. 고스트버스터즈에게는 당연히 프로톤 팩이 있다. 고저와의 마지막 결전에서 결정적인 역할을 한 무기다. 다윗에게는 돌팔매가 있었고 〈왕좌의 게임〉에 나오는 영웅들에게는 발리리아 강철검이나 드래곤글래스라는 자신만의 무기가 있다. 보통 결정적인 행동에 나서기 전에 우리의 영웅은 마법을 쓸 줄 아는 무기 제조자를 찾아가 마법의 무기를 건네받는다. 이 같은 비유는 특히 제임스 본드 시리즈에서 두드러지는데 본드는 늘 신비로운 Q를 찾아가 총알을 발사하는 담배, 칼날이 튀어나오는 낙타 안장, 날아다니며 적의 머리를 잘라버리는 티 쟁반(전부 실제 사례다!) 같은 화려한 도구를 건네받는다. 〈고스트버스터즈〉 역시 이 같은 전통을 따른다. 3인조 가운데 중추적인 인물인 피터는 프로톤 팩 개발에 참여하지 않으며 레이와 괴짜 이곤 박사가 무기 제조자의 역할을 맡는다.

괴물 마스터플롯의 또 다른 핵심 재료는 (내가 어린 시절 가장 좋아한 〈고스트버스터즈〉를 기리는 뜻에서 소제목을 따 이렇게 부르고 싶다) 그들은 **세상을 구하러 왔다**는 것이다. 모든 괴물 스토리에서 괴물은 우리의 영웅뿐만 아니라 최소한 도시 전체를, 대게 모든 세상을, 우리의 생활 방식이나 인류 전체를 위협한다. 제임스 본드의 악당이든, 고저든, 다스 베이더든, 드라큘라 백작이든, 괴물의 목표는 온 세상을 정복하는 것이다(다스 베이더의 경우 온 우주다). 그 결과, 영웅은 자신의 목숨을 구하기 위해서가 아니라 도시, 국가, 그의 종족이나 행성 전체를 대신해 싸운다.

괴물 마스터플롯은 유연한 레시피로 괴물과 영웅 간의 전투는 사실상 무한한 방식으로 펼쳐질 수 있다. 굉장히 복잡한 그랑프리(국제 자동차, 오토바이 경주 시리즈 중 하나-옮긴이) 순환로보다도 구불구불한 길이다. 하지만 결국 영웅은 언제나 괴물을 무찌르게 되어 있다. 스포일러라 미안하지만 **용 무찌르기**(혹은 마시멜로 맨, 사람을 잡아먹는 거인, 난쟁이, 마녀, 악당, 외계인, 유괴범)에는 협상의 여지가 없다. 이 일이 일어나지 않으면 괴물 마스터플롯이 아니다. 괴물이 승리하는 걸로 끝날 경우 이카로스 스토리에 가깝기 때문이다.

괴물 마스터플롯의 마지막 재료는 사실 선택사항이지만 빠지지 않고 등장한다. 바로 **영웅이 누리는 보상**이다. 안타깝게도 문학은 다른 모든 것과 마찬가지로 굉장히 성차별주의적이기 때문에 이 보상은 대개 (굉장히 완곡하게 표현하자면) 마을에서 가장 섹시한 젊은 여성의 손이다. 〈고스트버스터즈〉에서는 데이나다. 주일학교에서는 가르치지 않았겠지만 골리앗을 죽인 다윗이 얻은 보상은 사울 왕의 딸인 미할 공주였다. 제임스 본드 영화는 말할 필요도 없다.

미안하지만 내가 규칙을 만든 건 아니지 않은가? 소금 한 꼬집처럼 대부분의 괴물 레시피가 이 재료를 추가한 이유는 또 다른 재료의 맛을 끄집어내기 위해서다. 이 경우 **세상을 구하러 왔다**는 재료다. 영웅에게 주어지는 보상은 영웅이 자기 자신만을 위해서가 아니라 마을 전체를 위해 싸운다는 점을 부각시킨다. 그렇기 때문에 마을은 영웅에게 감사를 표해야 한다.

그렇다면 **세상을 구하러 왔다**를 비롯해 괴물 마스터플롯의 다른 핵심 재료들은 애초에 왜 필요할까? 잠시 후 이야기 뒤에 놓인 과학을 살펴보면서 이 질문에 대한 답을 살펴보겠지만 그 전에 먼저 괴물 마스터플롯이 현실에서 어떻게 펼쳐지는지 이해할 필요가 있다.

현실에서의 괴물이라니 기이하게 들릴지도 모르겠다. 말 그대로 실제 괴물을 마주하는 사람은 없을 테지만 누구든 어둡고 신비로우며 막강한데다 거의 초자연적인 힘을 지닌 괴물과 마주하기 마련이다.

허구보다 기이한

클라우디아 크리스천Claudia Christian은 40개가 넘는 TV 시리즈, 50개가 넘는 영화, 17개의 비디오 게임 등에 출연했다. 2017년에 그녀는 감동적이면서도 강력한 TED 연설을 했는데, '괴물과 거의 10년 동안' 벌인 싸움에 관한 거였다.[2]

> 중독은 괴물입니다. 민족, 사회 계층, 인종, 성, 연령과 관계없이 모두를 겨냥하죠. 우리는 세상에서 자제력이 가장 높은 사람이 될 수 있습니다. 하지만 중독이 우리를 공격하는 순간 우리는 중독에 완전히 잠식되어 버립니다. '그것'이 우리를 장악하는 거죠.

'괴물'이라는 중독은 물론 비유이지만 크리스천을 비롯한 수많은 이의 목숨을 구했다. 줄리 헤르난데즈Julie Hernanez의 《괴물The Monster》, 미키 알하트Mikki Alhart의 《중독 괴물은 여기에 더 이상 살지 않는다The Addiction Monster doesn't live here anymore》, 셰릴 레츠거스 맥기니스Sheryl Letzgus McGinnis의 《중독 괴물 죽이기Slaying the Addiction Monster》, 휴 퀴글리Hugh Quigley의 《괴물 굶기기Starve the Monster》 같은 중독 관련 자기계발서가 큰 인기를 끌었던 이유다.

《알코올 중독이라는 질병 개념The Disease Concept of Alcoholism》[3]이 출간된 1960년대 전만 해도 알코올 중독을 비롯한 다른 중독들은 도덕적 실패로 여겨졌다. 의지가 미약한 중독자는 연민이 아니라 경멸과 벌을 받아야 한다는 관점이 지배적이었다. 괴물 마스터플롯은 이 같은 프레이밍을 철저히 거부한다. 중독자는 자신의 고충에 어떤 식으로든 책임을 질 필요가 없다. 무시무시한 괴물이 그들을 목표로 삼았고 중독자는 이 괴물과 관련해 아무런 책임이 없다. 뉴욕 시민들이 마시멜로 맨에 책임이 없는 것처럼 말이다. 중독을 괴물 마스터플롯이라는 관점으로 프레이밍하는 태도는 괴물의 힘이 어느 정도는 초자연적이라는 사실을 강조하기도 한다. 비중독자가 종종 그들에게 건네는 조언과는 달리, 그들은 '그냥 멈출' 수가 없다. 크리스천이 말하듯, 그들은 '주도권을 쥐고 있지 않다는, 다시 말해 통제할 수 없다는' 강력한 감정에 사로잡혀 있다.

크리스천의 말을 들어보면 그녀가 술을 자제하거나 크리스마스에 특이한 와인을 즐기기 위해서뿐만 아니라 자신의 존재 자체를 위해서도 전투를 벌인다는, 다시 말해 **세상을 구하러 왔다**는 감각이 느껴진다. "몸이 마비되기 시작했어요. 운동 제어 능력을 전부 잃었죠. 일어설 수가 없었어요. 옷을 입을 수도 없었죠."

그리하여 크리스천은 자기가 등장하는 괴물 스토리의 **뜻밖의 영웅**이 된다.

제가 형편없는 어린 시절을 경험했거나 개인적인 트라우마를 경험하는 바람에 술을 마신 건 아니었어요. 겉으로 보이는 제 인생은 훌륭했죠! 저는 제가 선택한 커리어를 밟고 있었고요. 아름다운 집에 살았죠. 저를 사랑하고 지지하는 친구와 가족이 있었습니다.

특권을 누리는 이 풍족한 생활 덕분에 크리스천은 대부분의 중독자보다 유리한 위치에 있었다. 그녀에게는 **마법의 무기**를 찾기 위해 온갖 수단을 동원할 돈과 시간, 자원이 충분했다.

무작정 끊어보기…… 말馬과의 교감을 통한 치료…… 개보리를 먹고 태극권을 하는 30만 달러짜리 재활치료…… 2년 반 동안 회당 200달러에 달하는 언어 치료…… 그레이트풀 데드Grateful Dead 멤버를 치료했다고 주장하는 최면 치료사…… 두 나라에서 열두 번의 익명의 알코올 중독자 모임Alcoholics Anonymous, AA…… 자연

> 식도 해봤죠. 차크라를 재정렬하고…… 완전 채식주의도 해봤고…… 무릎이 시퍼렇게 멍들 때까지 기도도 해봤습니다.

그 어떤 방법도 효과가 없었다. 괴물 레시피의 관점에서 보면 이유가 명확하다. 이 방법들 중 괴물, 즉 크리스천의 중독을 겨냥해 만든 진짜 마법의 무기는 없었다. 이 모든 건 일반적인 자기계발 치료법으로 온갖 다양한 질병을 치료하는 데 사용되었거나 아무런 질병도 치료하지 못했다. 이 치료법은 괴물이 아니라 크리스천을 겨냥했고 그녀가 괴물을 멀리할 수 있도록 내면의 힘과 의지, 보편적인 건강을 제공한다는 애매한 약속일뿐이었다. 그건 마치 고스트버스터즈에게 프로톤 팩을, 다윗에게 돌팔매를, 제임스 본드에게 총알을 발사하는 담배라는 무기를 주지 않고 그저 건강한 식단을 제공하고 명상을 하게 한 뒤 전쟁터에 내보내는 꼴이나 마찬가지다.

하지만 크리스천의 스토리가 우리에게 익숙한 수많은 중독 스토리와 다른 점은 그녀가 결국 자신만의 마법의 무기를 찾았다는 사실이다. 이 무기는 정말 마법과도 같은 효과를 냈다.

> 저는 와인을 한 잔 따랐고 그건 기적이었죠…… 와인은 제가 저녁 식사를 하는 동안 거기에 그대로 있었어요…… 심리적 조종도, 강요도 없었죠. 저는 몇 모금 마신 뒤 "음, 이거면 됐어"라고 생각했죠.

한 시간 전 크리스천은 날트렉손을 복용했다. 알코올의 기분 좋은 효과를 차단하는 오피오이드 차단제였다. 태극권이나 개보리와는 달리 이 마법의 무기는 전쟁터에 나가 싸우라고 격려하는 대신 괴물(물리적, 화학적 중독)을 제대로 겨냥했다. 그리하여 크리스천은 정말로 **용을 무찔렀다.** 그녀는 이렇게 말했다. "괴물은 더 이상 주도권을 쥐고 있지 않죠. 주도권은 저에게 있습니다."

그녀의 경우 **영웅에게 주어지는 보상**은 경력의 재개뿐만 아니라 새로운 경력의 시작이기도 했다. 그녀의 목숨을 구한 치료법의 지지자가 된 것이다. 크리스천은 별로 달갑지 않을지도 모르지만 괴물 서사는 많은 전문가 사이에서 지배적인 서사가 아니다.

연구 결과에 따르면 강인한 사랑, 중독자에게 수치심을 안겨주거나 밑바닥을 치게 만드는 방법은 도움이 되지 않습니다. 사실 상황을 더욱 악화시키죠…… 우리 중독자들이 '정상적인' 질병을 앓는다면 공감과 위안으로 치료받겠지요. 하지만 우리는 "그냥 끊으면 안 돼? 그냥 그만하면 안 되냐고?" 같은 질문 사례를 받습니다.

1990년대 중반 이후로 가능해진 치료법이 이토록 드물게 이용된다는 사실이 놀랍지 않은가? 크리스천의 조언대로 중독자를 비난하는 대신 중독을 괴물 마스터플롯 레시피의 관점에서 괴물로 프레임을 씌웠다면 얼마나 많은 목숨을 구할 수 있었을까? 우리가 해야 하는 일은 중독자들에게 자기만의 괴물을 극복하는 데 필요한 마법의 무기를 건네는 것이다.

이야기 뒤에 놓인 과학

앞서 살펴봤듯 괴물 마스터플롯에서 가장 중요한 재료는 **무시무시한 괴물**이다. 괴물은 어떤 식으로든 초자연적인 존재여야 한다. 허구의 작품일 경우 환상적인 생명체여야 한다. 클라우디아 크리스천의 이야기에서 중독이라는 괴물은 그녀가 제어할 수 없다는 점에서 초자연적이라 할 수 있다.

그렇다면 '평범한' 사람은 왜 허구적인 괴물이 될 수 없을까? '평범한' 문제는 왜 비유적인 괴물이 될 수 없을까? 이 질문에 답하려면 괴물 마스터플롯의 심리학을 자세히 들여다봐야 한다.

독자나 시청자는 **뜻밖의 영웅**의 시점으로 이야기를 전해 들으며 그들에게 동질감을 느낀다. 그래서 안타깝게도 보통 '남자'인 영웅은 우리가 쉽게 동일시할 수 있는 '일반인'이어야 한다. 주인공에게 탁월한 분야가 있다면 그건 바로 평범함이어야 한다. (성경의 다윗이나 〈고스트 버스터즈〉의 갈팡질팡하는 교수들처럼) 어떤 식으로든 탄압받고 이용당하거나 무시당할수록 좋다. 이 법칙은 어떤 경우에도 절대 변경할 수 없어서 플롯에 따라 영웅이 (〈슈퍼맨〉이나 〈스파이더맨〉에서처럼) 초자연적인 능력을 얻게 되더라도 임무를 수행할 때만 의상을 입어야 하며, 평소에는 '평범한 사람'으로서 일상을 살아가야 한다.

괴물이 무시무시해야 하는 이유는 정신적으로, 생리학적으로 영웅과 정반대의 모습이어야 하기 때문이다. 영웅은 관대하고 친절하고 이타적이다. 괴물은 사악하고 잔인하고 이기적이다. 우리 인간이 이따금 사악하고 잔인하고 이기적일 때와는 차원이 다르다. 괴물은 우리의 예상 범위를 벗어난 수준으로 사악하고 잔인하고 이기적이다. 최악의 인간도 모방하기 힘들 정도여야 한다. 괴물이 최대치의 괴물다움을 능가해야 하는 이유는 영웅과 괴물이 서로의 거울상이기 때문이다. 괴물이 사악하고 잔인하고 이기적일수록 영웅은 관대하고 친절하고 이타적이다. 여기에서 '영웅'은 '우리, 바로 독자나 시청자'임을 기억하자.

다시 말해 괴물이 무시무시할수록 우리는 자신을 더 착한 사람으로 보는 것이다. 인간 욕구의 위계 단계에서 스스로를 착한 사람으로 보고자 하는 욕구는 음식, 물, 5G 데이터 신호 바로 위에 자리한다. 잘 알려진 심리학 연구 결과 가운데 평균 이상 효과라는 게 있다. 이는 윌 스토Will Storr의 《이야기의 탄생》**4**에 나오는 사례에 처음 적용 되었다. 사람들에게 자신의 매력 지수, 운전 능력, 지능이 얼마나 되는지 평가해보라고 하면 대부분 스스로를 평균보다 높다고 답한다. 당연히 무엇을 측정하더라도 평균보다 뛰어난 사람은 50퍼센트밖에 되지 않는다. 평균 이상 효과는 그 어떤 것에도 적용될 수 있지만 특히 성격 평가에서 두드러진다. 1989년에 진행된 유명한 연구에서 대학생들은 총 154개의 다양한 특징과 관련해 자기 자신(a)과 평균 대학생(b)을 평가하라는 질문을 받았다. 좋은 특징도 있었고(협조적인, 책임 있는, 공손한, 진실한, 친절한, 청결한), 안 좋은 특징(적대적인, 재미없는, 사악한, 적응하지 못하는, 무능한, 얄팍한)도 있었다. 7점 만점을 기준으로 학생들은 좋은 특징에 있어서는 가공의 '평균 학생'보다 자신에게 1점 높은 점수를 주었고 안 좋은 특징에 있어서는 1점 낮은 점수를 주었다(흥미롭게도 학생들이 평균 학생과 비슷한 점수를 준 특징은 깔끔한, 종교적인, 순종적인, 급진적인 등 딱히 좋거나 나쁘다고 할 수 없는 특징이었다).

우리가 좋은 특징은 과대평가하고 안 좋은 특징은 과소평가하는 이유는 타인을 겉모습만 보고 쉽게 평가하기 때문이다. "저 사람이 내 차 앞에 끼어들었어. 정말 사악하고 비윤리적이고 무례한 사람이네." 하지만 우리는 자신의 정황과 내면의 감정을 잘 알고 있기 때문에 자신이 저지른 행위는 쉽게 합리화해버린다. "그래, 내가 저 사람 앞에 끼어들긴 했지. 하지만 친구를 데리러 가는 데 늦고 싶지 않다고. 왜냐하면 나는 사려 깊고 책임감 있고 믿을 만한 사람이니까."**5**

이러한 경향은 의미 없는 자만이기도 하지만 가치 있는 자기방어 메커니즘이기도 하다. 자신의 좋은 특징을 과소평가하고 안 좋은 특징을 과대평가하는 유일한 사람들은 우울증 환자들이다. 비현실적일 정도로 긍정적으로 자신을 바라보는 일은 정신 건강을 지키기 위해 꼭 필요해 보인다. 괴물 스토리가 하는 일이 바로 그거다. 우리가 괴물을 보며 움찔하게 만들기 때문이다. 우리와는 거리가 먼 (불안정하고 적대적이고 재미없고 게으르고 자만심이 강하고 잘 속이고 정직하지 못한……) 괴물은 우리의 긍정적인 특징들을 돋보이게 한다.

그리하여 현실에서 말도 안 되는 일을 저지른 사람을 보면 우리는 그들을 사악하거나 비인간적인 사람으로 볼뿐만 아니라 어떤 면에서는 아예 *인간 취급을 하지 않는다.*

영향 아래

앞서 살펴봤듯 괴물 마스터플롯이 그토록 인기 있고 강력한 이유는 스스로를 (이야기의 영웅처럼) 비인간적이고 이기적인 괴물, 우리의 영웅이 맞서 싸워야 하는 괴물보다 도덕적으로 낫다고 믿게끔 만들기 때문이다.

그렇다면 이 마스터플롯 레시피를 현실에 적용하면 어떻게 될까? 형사, 법무관에서부터 법원 직원, 일반 경찰관에 이르기까지 형사 사법 제도권 내에서 일하는 이들은 끔찍한 짓을 저지른 사람들을 종종 마주한다. 이러한 상황에서 우리의 자연적인 반응은 이 같은 범죄자를 비인간적인 괴물로 취급하는 것이다. 그런데 이러한 프레이밍이 도움이 될까, 아니면 역효과가 날까?

로런스 앨리슨Laurence Alison 교수는 대머리에 회색 턱수염이 길게 나 있다. 서핑 후드티 차림에 나긋나긋 말하지만 그러한 모습 때문에 오히려 더 권위있어 보인다. 그는 속삭이듯 말한다. 소리칠 필요가 없는, 그만한 권위가 있기 때문이다. 인터뷰 기술에 있어서 세계 최고 전문가인 앨리슨 교수를 인터뷰하다니, 살짝 겁이 났지만 그의 차분한 모습 덕분에 나는 곧바로 편안해졌다. 그는 북웨일스North Wales에 위치한 집에서 나의 질문에 답했는데 큼지막한 파란 고래 인형을 오른쪽 어깨에 얹은 채 사근사근 말하는 그의 모습은 전형적인 경찰 심문관과는 전혀 다른 모습이었다. 그리고 나는 그게 바로 핵심이라는 걸 곧 깨달았다. "이 사람이 당신과 전혀 다른, 용의자가 된 데에는 이유가 있습니다. 그들이 사악해서가 아니에요. 그 이유에 관심을 보이지 않는다면 당신은 훌륭한 심문관이 될 수 없습니다."[6]

영화에 등장하는 심문관을 떠올려보자. 심문관은 책상을 쿵 내려친다. 용의자에게 소리를 지르고 용의자를 협박하며 '나쁜 자식'이라고 말한다. 용의자에게 주먹을 날릴지도 모른다. 미국 드라마인 〈24〉의 잭 바우어Jack Bauer가 가장 유명하며 악명 높은 사례일 것이다. 최근까지만 해도 이러한 사례가 흔했다. 인터뷰 내용을 전부 녹음하고 용의자에게 법무관의 동석을 요구할 권리를 의무적으로 부여하는 법이 영국에서 통과된 건 1992년이 되어서였다. 두 건의 유명한 오심 사건이 있고 나서였다. 미국에서는 2009년이 되어서야 오바마 대통령이—로버트 드 니로Robert De Niro 감독의 영화 〈굿 셰퍼드〉에서처럼 용의자의 얼굴에 물을 들이부어 익사를 느끼게 하는—물고문을 비롯해 기타 가혹한 '고강도 심문'을 금지하는 행정명령에 서명했다. 이러한 종류의 고문 기술이 잘못된 자백으로 이어진다는 걸 이미 잘 알려진 사실이다.[7] 그렇다면 경찰은 왜 그토록 오랫동안 (수많은 장소에서, 심지어 오늘날까지도) 그러한 방법을 고집하는 것일까?

답은 물론 괴물 마스터플롯에서 찾을 수 있다. 형사는 우리와 마찬가지로 어린 시절 이후 듣고 봐온 것들이 있다. 그들 눈에 용의자는 그야말로 비인간적인 괴물이다. 그에게 왜 그러한 짓을 저질렀는지 물어볼 필요가 없다. 순수한 악행 말고 극악무도한 짓을 저지른 합리적인 설명이나 이유를 들 수 있는 사람이 누가 있겠는가. 우리의 영웅, 형사는 신을 대신해 정의를 위해 싸우는 것이다. 특정한 유형의 형사들(앨리슨의 말을 빌리자면 '형편없는 형사들')이 '전통적인' 방식을 선호하는 것도 당연하다. 하지만 그 방법을 사용했을 때 어떤 일이 일어나던가. 앨리슨이 수집한 테러 방지 대책 인터뷰에서 실제로 용의자가 한 말을 들어보자.[8]

"당신네 정부가 얼마나 부패했는지 당신은 모르오. 별로 상관없다면 나에게 욕을 퍼부어도 좋소."

"인터뷰의 목적은 당신의 그 알량한 체크리스트를 살펴본 뒤 상사에게 칭찬을 받으려는 게 아니잖소. 당신이 융통성 없는 사람이면 나도 긴말하지 않겠소. 그러니 진심으로 날 대해주시오."

"내가 뭘 말해야 하는지 말해주시오. 이러한 질문을 하는 이유가 뭐요?" [인터뷰어: 내가 이러한 질문을 하는 이유는 나는 이 사건을 조사해야 하고 당신이 이 사건에서 어떠한 역할을 맡았는지 알기 때문이오.] "아니, 그건 당신의 일이 아니오. 그건 이유가 아니요. 난 이 사건이 당신에게 왜 중요한지를 묻고 있는 거요."

대립은 벽을 쌓는다. 앨리슨 교수는 가족 관계를 다룬 저서에서 정곡을 찌르는 예시를 든다. 10대 자녀가 통금을 어겼을 때 이를 꾸짖으면 아이들은 반박하기 마련이고 결국 부모나 자녀 중 한 명이 자리를 박차고 나가는 걸로 대화가 마무리된다. 용의자도 마찬가지다. 그들이 아는 사항을 말하라고 고집을 피우면 그들은 입을 다물 것이다. 앨리슨은 더 나은 방법이 있다고 말한다.

로런스 앨리슨과 그의 아내 에밀리 앨리슨Emily Alison은 함께 일한다. 에밀리는 원래 상담자였는데 부부는 상담과 심문의 공통점이 생각보다 많다는 걸 곧 깨달았다. 둘 다 인터뷰이가 답하고 싶어 하지 않는 내용을 말하도록 하는 게 목적이다. 하지만 공통점은 그게 다가 아니다. 특히 중독 상담은 한물간 경찰 심문 조사 방식처럼 진행되곤 했다. '상담자'는 의뢰인이 중독에 정면으로 맞서게 할 생각으로 그들을 질책했겠지만 의뢰인은 이에 반발하면서 자리를 박차고 나가거나 입을 꾹 다물어버렸다. 1980년대가 되어서야 두 명의 심리학자, 스티븐 롤닉Stephen Rollnick과 윌리엄 밀러William Miller가 이른바 '동기 면담Motivational Interviewing'을 고안했다. 동기 면담은 자신의 이야기를 공유하기 꺼리지만 실제로는 그러고 싶어 하는 지점까지 내담자를 끌고 가기 위해 대립 대신 신뢰와 공감을 이용하는 방법이다.

앨리슨 부부는 이 방법(전통적인 상담법보다 훨씬 더 효과적인 것으로 밝혀졌다)을 경찰 심문에도 적용할 수 있을지 궁금했다. 그리하여 부부는 '라포(사람 사이에 생기는 상호신뢰 관계를 말하는 심리학 용어-옮긴이)를 형성'하는 방법을 개발했다. 관계라는 뜻의 그 이름이 내포하듯 용의자와 관계를 구축한다는 내용이었다. 단순히 '다정하게 구는 것'이 아니다. 그건 거짓된 태도로 보일 확률이 높다. 용의자는 그들이 했다고 여겨지는 일을 우리가 용납하지 않으리라는 걸 당연히 안다. 앨리슨 교수는 이렇게 말했다. "공감은 상상이죠. 따뜻한 마음이 아니라." 용의자를 좋아하는 게 아니라 그들의 입장이 되는 게 어떤지 상상하는 거다. 그들의 이야기에 진심으로 호기심 어린 관심을 보이고, 그들이 우리에게 그걸 공유할 의무가 없다는 사실을 받아들이는 것이다. 앨리슨은 1970년대 TV 시리즈의 주인공 형사 콜롬보만이 허구의 인터뷰어 중 이러한 유형에 가깝다고 말했다. 겸손한 태도와 낡아빠진 푸조, 전매특허인 호기심 등("마지막으로 하나만 더 물을게요……")이 그렇다. 앞서 살펴본 테러 용의자 인터뷰어가 대립이 아니라 관계를 기반으로 인터뷰를 진행할 때 무슨 일이 일어날지 살펴보자.

인터뷰어   우리가 당신을 체포한 날, 당신이 영국 군인이나 경찰관을 죽이려고 한다고 생각했어요. 전 무슨 일이 일어났는지 세부적인 사항은 몰라요. 당신이 왜 그러한 일이 일어나야 한다고 느꼈는지, 그렇게 함으로써 당신이 달성하는 건 뭔지도 모르고요. 당신만이 ○○○한 것들에 대해 압니다. 괜찮다면 나에게 말해줘요. 별로 말하고 싶지 않다면 말하지 말고요. 내가 당신에게 강요할 수는 없습니다. 그러고 싶지도 않고요. 당신이 내가 이해하게끔 도와줬으면 싶어요. 무슨 일이 일어났는지 말해줄래요? [빈 노트를 보여주며] 보이시죠? 저에게는 질문 목록조차 없답니다.

용의자   좋아요, 아주 좋아. 나를 배려하고 존중해주었기 때문에 이제 말해주겠어요. 하지만 이 나라에서 정말로 일어나고 있는 일을 당신에게 이해시켜주기 위해서라는 것만 알아두쇼.

물론 이 대화는 내가 꾸며낸 대화다. 그렇다면 실제 사례는 어떠할까? 2013년, 앨리슨과 동료들은 수년간 공들인 연구 결과를 발표했다.[9] 앨리슨 팀은 결국 유죄로 판명된 테러 용의자들을 대상으로 한 418개의 인터뷰 영상을 보며 인터뷰어의 면담 방법을 문장별로 암호화했다. 그들이 대립적인지(비판적인, 빈정대는, 독단적인, 잘난 체하는, 상투적인, 불신하는, 공격적인) 혹은 관계를 구축하는지(무비판적인, 공손한, 자신감 있는, 지지적인, 겸손한, 신뢰하는, 따뜻한) 분석했으며 '인터뷰 산출량'을 위해 용의자의 반응을 암호화하기도 했다. 능력에 대한 정보(용의자가 범죄를 저지르는 데 필요한 역량을 갖추었는가? 예를 들어 폭탄 제조 기법), 동기(범죄를 저지를 이유), 기회(그들은 올바른 시간에 올바른 장소에 있었는가?), 그 밖의 누가 관여했으며, 어디에서, 언제 관여했는지에 관한 정보도 포함되었다. 유용한 증거가 될 수 있는 정보를 용의자는 얼마나 많이 제공했을까?

결과는 뻔했다. 인터뷰어가 관계를 구축하는 방법을 더 많이 사용할수록 용의자의 '인터뷰 산출량'은 높았다. 게다가 앨리슨 팀은 한두 번 버럭 화를 내는 '부적응 심문 행동'은 아무리 적게 했더라도 인터뷰 산출량을 크게 낮춘다는 사실 또한 발견했다. 자기 자신을 사악한 괴물과 전투를 벌이는 영웅으로 보는 경우 실패가 불 보듯 뻔하다는 교훈이다. 용의자를 '괴물화'하는 대신 (그리고 그들 모두가 결국 끔찍한 범죄를 저지른 것으로 밝혀졌다는 사실을 떠올리는 대신) 그들을 같은 인간으로 보며 관계를 구축할 때만 면담은 성공적이었다.

사법제도에서 괴물 프레이밍은 안 좋은 소식이다. 말 그대로 목숨이라는 대가를 치른다는 의미다. '인터뷰 산출량'이라는 케케묵은 용어 뒤에 숨은 진실은, 인터뷰어가 용의자를 '괴물' 취급한다면 그들이 궁극적으로 유죄 판결을 받아 그들을 감옥에 가둘 수 있는 정보를 얻을 확률은 낮아지고 그들이 무죄 판결을 받아 또다시 살인을 저지르게 만들 확률은 높아진 사실이다.

왜곡된 플롯

그렇다면 전혀 다른 차원의 악은 어떠할까? 히틀러와 나치는? 이번 장의 시작 부분에서 살펴본 허구적 괴물들처럼 그들은 아무런 자책감 없이 수많은 사람을 죽였으며 형용할 수 없을 정도로 기만적이었다. 사람들을 공포에 떨게 했으며 전 세계적으로 수백 명의 생활 방식을 위협했다. 그러는 내내 히틀러는 다른 수많은 독재자와 마찬가지로 괴물 마스터플롯 레시피를 이용해 자기 자신과 지지자들을 영웅으로, 무고한 희생자 모두를 괴물로 묘사했다. 히틀러와 나치는 이 왜곡된 마스터플롯을 어떻게 사람들의 마음에 교묘히 심을 수 있었을까?

이 질문에 대한 답은 스탠리 밀그램Stanley Milgram의 유명한 〈복종이라는 행동에 관한 연구〉 논문에서 찾을 수 있다. 1960년대 이후로

심리학 분야의 교과서라 할 수 있는 연구다.[10]

1933년에서 1935년 사이에 수백만 명의 무고한 이들이 명령에 따라 집단 학살당했다. 가스실이 지어졌고 죽음의 수용소가 세워졌다. 가전제품의 제조만큼이나 효율적으로 시신의 하루 할당량이 채워졌다. 이러한 비인간적인 정책은 한 사람의 머릿속에서 시작되었을지 몰라도 수많은 이들이 명령에 복종했기 때문에 대규모로 실행될 수 있었다.[11]

밀그램은 히틀러와 나치 사령부의 동기가 아니라 그들의 명령을 수행한 수천 명의 나치 친위대 하급 장교들의 동기를 이해하는 데 집중했다. 위 질문은 특히 밀그램의 연구가 공개되었던 1963년에 주목을 받았다. 철학자 한나 아렌트Hannah Arendt가 아돌프 아이히만Adolf Eichmann의 재판을 분석한 《예루살렘의 아이히만》이라는 논란 많은 책을 출간한 해이기도 했다. 나치 장교인 아이히만은 죽음의 수용소로 유대인을 강제 이송했고 이는 1961년 예루살렘에서 이루어진 일이었다. 아이히만은 "그저 명령을 따랐을 뿐"이라고 주장했다. 그러나 이러한 변론 자체를 말 그대로 받아들이더라도 이스라엘의 1957년 '검은 깃발' 법에 위반된다. 이 법에 따르면 병사들은 "금지! 그냥 눈감아 줄 수 없는 양심에 반하는 불법 행위"라는 경고를 날리며 검은 깃발을 흔들어야 하는, '누가 봐도 불법적인 명령'의 시행을 거부해야 했다.[12] '악의 평범성'이라는 용어를 탄생시킨 아렌트의 분석은 아이히만이 '다른 사람의 입장에서 생각하지' 못했기 때문에 '자신이 무슨 일을 하는지 절대로 깨닫지 못했다는'[13] 주장으로 논란을 불러일으켰다. 아렌트는 1971년 후속 연구에서 이렇게 말했다. "그가 저지른 행위는 끔찍했다. 하지만 범죄를 저지른 이들, 최소한 현재 재판을 받는 중인 이들은 꽤 평범한 사람들로 악마도 괴물도 아니다."[14] 당연하게도 많은 이들이 이 주장에 분개했다. 뒤에서 더 자세히 살펴보겠지만 보다 최근 연구 결과에 따르면 아이히만은 자신이 무슨 일을 저지르고 있는지 알고 있었을 뿐만 아니라 자신이 한 일을 자랑스럽게 여기기까지 했다.

밀그램이 당시에 수행한 연구의 목적은 "그저 명령을 따랐을 뿐"이라는 변론이 가치가 있는지 실험적으로 조사하는 것이었다. 완전히 평범한 사람, 희생자에게 악의를 품을 이유가 전혀 없는 사람이 고통스럽고 심지어 치명적일 수도 있는 전기 충격이라는 형태로 그들에게 해를 입힐 수 있을까?

굳이 말할 필요가 없겠지만 답은 "그렇다, 그럴 수 있다". 밀그램의 실험 결과는 심리학뿐만 아니라 문화 전반에 걸쳐 적용된다고 볼 수 있다. 피실험자들에게 (가짜의) 학습과 기억이라는 연구의 일환으로 참여자에게 고통스러운 전기 충격을 주라는 요청을 주었을 때, 피실험자들은 백이면 백 (가짜) 기계가 "300볼트: 강한 충격"을 줄 때까지 그렇게 했다. 전압이 점차 높아져 "360볼트: 굉장히 강렬한 충격",

"420볼트: 위험! 심각한 충격"에 이르자 몇몇은 그만뒀지만 40명 중 26명은 최대치인 "450볼트"(단순히 "XXX"라고만 표시되었다)에 이를 때까지 멈추지 않았다.

대부분의 심리학 교과서가 밀그램의 연구를 살짝 과장되게 해석한다. 교과서에서는 피실험자들이 충격이 치명적이라는 사실을 알았다고 말한다. 하지만 그들은 "충격이 아주 고통스러울 수 있지만 영구적인 조직 손상을 야기하진 않는다"고 들었다. 게다가 당시에 시행된 질문지와 인터뷰를 살펴본 두 건의 새로운 분석에 따르면(2017년과 2019년에 시행되었다) 최대치의 충격까지 멈추지 않았던 참여자의 상당수가 그들에게 거짓으로 제공된 이유를 전적으로 믿지 않았다는 사실이 밝혀졌다(최소한 그랬다고 나중에 주장했다).[15] 따라서 수많은 교과서가 우리에게 주입하는 것처럼 심리학 실험에 참여하는 이들이 냉혹하게 서로를 처형하려는 한다는 건 사실이 아니다. (그건 사실 말이 안 되지 않은가?) 하지만 피실험자들이 서로에게 굉장히 고통스러운 충격을 기꺼이 주려고 한 건 사실이다. 밀그램의 연구를 모방해 진짜로 전기 충격을 준 2016년 실험이 이 사실을 입증한다.[16] 이 실험에서는 충격이 진짜임을 모두에게 알리기 위해 피실험자들이 진짜 실험이 시작되기 전에 실험의 '조정 단계'에서 스스로에게 직접 충격을 가했다.

대부분의 심리학 교과서를 비롯해 다른 인기 있는 서사는 밀그램의 결과를 해석하는 과정에서 *진짜* 실수를 저지른다. 대다수의 참여자는 권위자가(혹은 이따금 흰색 가운을 입은 누군가가) 그렇게 하라고 했기 때문에 고통스러운 (혹은 치명적이기까지 한) 충격을 기꺼이 주려고 했다는 것이 일반적인 설명이다. 이러한 해석에 따르면 "그저 명령을 따랐을 뿐"이라는 변론이 이치에 맞을지도 모른다. 아주 친절하고 정상적인 사람도 권위 있는 인물의 명령을 맹목적으로 따르기 때문에 나쁜 행동을 하는 것이다.

하지만 밀그램이 주장하는 해석은 그게 아니라는 점이 중요하다. 그의 해석은 훨씬 더 미묘하다.

> 이 실험은 언뜻 보면 가치 있는 목적—학습과 기억에 관한 지식을 얻는다는 목적—을 위해 고안된 듯 보인다. 그런데 복종이 이루어지는 건 이 목적 때문이 아니라 피실험자가 해당 사안이 중요하고 의미 있다고 여기는 상황 때문이다. 피실험자는 자신은 이 실험이 지닌 온전한 의의를 모르지만 실험자는 그럴 거라고 생각할지도 모른다.
> 피험자는 상대에게 가해지는 전기 충격이 "고통스럽지만 위험하지는 않다"고 확신한다. 따라서 피해자에게 가해지는 불편은 일시적이지만 이 실험으로 인해 얻는 과학적 결과물은 지속적일 거라고 생각한다.
> 이 실험은 예일대학교라는 명실공히 최고의 기관에서 후원되고 진행되었다. 직원들의 능력과 명성은 의심할 여지가 없다. 이 같은 배경적인 권위의 중요성이 예일대학교와는 아무런 연고가 없는,

예일대학교 바깥에서 시행되고 있는 수많은 연구에 의해 시험대에 오르고 있다.[17]

코네티컷대학교, 브리지포트대학교에서 시행된 이 같은 연구는 예상대로 참여자들의 준수율이 훨씬 낮았다. 브리지포트와 예일대학교를 둘 다 방문해본 사람으로서(코네티컷대학교의 여름 캠프에서 일하는 동안) 나는 이것이 물과 기름처럼 서로 너무 다른 것을 보여주는 전형적인 사례라고 장담한다.

함의는 확실하다. 예일대학교에서 진행된 본연구에서는 참여자들의 준수율이 높았다. 그들은 거짓 이유를 믿었으며 '학습과 기억'에 관한 실험이 과학적으로 중요한 목적에 이바지한다고 진심으로 믿었기 때문이다. 물론 연구의 목적 자체에 대해서는 제대로 아는 바가 없었을지 몰라도 다른 곳도 아닌 예일대학교 교수가 이 연구가 과학적으로 중요한 목적에 이바지한다고 확신한다면 그렇게 믿어야 하지 않을까? 이 해석에서 '준수'는 참여자들이 한 행동을 묘사하는 적합한 단어가 아니다. 이들은 '그저 다른 누군가가 그러라고 해서' 자신의 판단에 위배되는 행위를 한 게 아니라 건설적인 목표를 지녔다고 생각하는 연구에 개인적인 불편함을 감수하면서까지 계속해서 참여했던 것이다.

밀그램의 실험에서 피실험자들이 괴물 같은 행동을 보인 이유는 '악마'가 되었기 때문이 아니라 '좋은' 사람이 되고 싶었으며, 참여를 약속한 (그리고 보수를 제공받은) 시험에 실험자가 바라는 방식대로 참여하고자 했기 때문이었다. 과학의 발전이라는 고상한 목적에 기여하기 위해서였다.[18]

아이히만의 이야기로 돌아가면, 그를 비롯한 다른 나치 장교들이 명령에 따른 것은 그렇게 하라고 지시받았기 때문이 아니라 (훨씬 더 무시무시하게도) 인종차별주의적인 나치 이데올로기에 동의하고 이를 지지했기 때문이었다. 물론 실험실 연구를 현실에서 일반화하기란 쉽지 않다. 하지만 이 경우 그럴 필요가 없다. 2004년에 공개된 아이히만에 관한 세부적인 연구 결과에 따르면 차분하고 고지식하게 보이던 그는 사실 나치주의의 열광적인 지지자로 밝혀졌다.[19] 재판을 받기 전 그는 수백만 명의 유대인을 학살한 걸 후회하는 게 아니라 더 많은 유대인을 죽이지 못한 사실을 후회했다. 하인리히 힘믈러Heinrich Himmler를 포함한 그의 상사들이 이 프로젝트에 충분히 전념하지 않는다고 생각하자 그들에게 반박하고 심지어 그들의 명령에 불복종하기도 했다. 역겨운 진실은 아이히만은 스스로를 영웅으로, 유대인을 괴물로 보는 왜곡된 괴물 서사에 자신을 투영했다는 사실이다.

그러한 사실을 도대체 누가 믿는단 말인가? 마스터플롯의 힘에서 답을 찾을 수 있다. 앞서 살펴봤듯, 마스터플롯은 좋은 쪽으로도, 혹은 안 좋은 쪽으로도 사용될 수 있다. 우리는 나치가 괴물 같은 '마지막 해결책'을 시행하기 전에 퍼뜨린 인종차별주의적인 선전宣傳을 잘 알고 있다. 아이히만 같은 사례가 우리에게 주는 교훈은 이 인종차별주의적인 선전이 후에 이어진 참상의 서곡序曲 혹은 (죽음의 수용소에 비해) 단순한 모욕이나 욕에 그치지 않았다는 사실이다. 나치의 인종차별주의적인 선전은 끔찍한 프로젝트의 토대였다. 살인 기계가 작동할 수 있었던 유일한 이유는 히틀러가 스스로를 포함해 모두에게 뒤집힌 서사를 팔았기 때문이었다. 나치를 영웅으로, 유대인을 비롯해 그들이 집단 학살의 대상으로 삼은 다른 소수 집단은 괴물로 보는 서사였다. 줄리아 쇼Julia Show가 《악Evil》에서 언급했듯, 나치 간수들은 스스로를 그들이 목격해야 하는 온갖 참상을 견디는 '영웅'으로 보도록 권장되었다.[20] 나치의 반유대주의 선전은 말 그대로 '괴물 마스터플롯'의 프레임을 따랐다. 유대인은 순수 악, 이기심의 전형, 국가 전체와 생활 방식의 실존주의적 위협, 왜곡된 형태의 인간(열등한 인간), 혹은 아예 인간이 아니라 벌레나 곤충으로 그려졌다. 유대인은 정직하지 못하고 신뢰할만한 이가 아니며 음침하고 신비롭기까지 한 힘을 지닌 것으로 묘사되었다. 나치의 반유대주의 선전 신문인 〈데어 슈튀르메르Der Stürmer〉는 유대인이 기독교 아이들의 피를 종교 의식에 사용하기 위해 아이들을 납치해 죽였다고 주장하기까지 했다. 《독버섯Der Giftpilz》이라는 동화책에서는 유대인을 독성 버섯으로, '인간의 형상을 한 악마'로 그렸다.

'서사 통제'는 현대 용어이자 (종종 가짜) 전문 용어이지만 나치는 서사 통제가 모든 것을 좌우한다는 걸 알았다. 일반 장교들과 평범한 독일인들이 나치에 동조한 건 그들이 무모하게 행동하거나 '그저 명령을 따랐기' 때문이 아니라 나치가 선전하던 서사에 어떤 식으로든 설득당했기 때문이었다. 괴물 서사는 아주 강력하다. 오늘날 일어나는 참극을 막으려면 특정 그룹을 '영웅'으로, 다른 그룹을 영웅이 무찔러야 하는 '괴물'로 그리는 시도를 경계해야 한다.

해피 엔딩

괴물 스토리에서는 뜻밖의 영웅—독자의 대역으로 고결한 인간의 대표격이다—이 무시무시한 괴물을 쳐부순다. 괴물은 앙큼하고 교활하고 기만적이고 파악하기 힘들 뿐만 아니라, 말 그대로 비인간적인 악당이다. 이 괴물은 우리의 영웅뿐만 아니라 마을, 왕국, 종 전체를 위협하고 영웅은 자신을 위해서뿐만 아니라 우리 모두를 대신해 전쟁에 나간다. 결국 영웅은 언제나 신비로운 무기 제조자가 건네는 특정한 마법의 무기를 이용해 괴물을 무찌르고 그 대가로 주어진 보수를 얻거나 마을 최고의 신붓감과 결혼한다. 이건 허구 버전이지만 현실 세계에서 괴물 마스터플롯은 세 가지 방식으로 인류의 진보를 가져오는 촉매제로 작용할 수 있다.

첫째, 중독에 맞서는 상황에서 괴물이라는 프레임을 씌우는 것은 도움이 된다. 클라우디아 크리스천의 이야기에서 살펴봤듯, 괴물 마스터플롯은 희생자를 비난하는 대신 중독을 괴물로 보고 희생자를 그 괴물을 무찌르는 영웅으로 본다. 이러한 서사는 우리가 허구적 괴물 스토리에서와 마찬가지로 영웅이 단순한 용기나 힘만으로는 승리할 수 없으며 마법의 무기가 필요하다는 사실을 깨닫게 해준다. 크리스천의 경우 이 마법의 무기는 날트렉손 투여로 이는 마법처럼 그 즉시 괴물을 무찔러주었다.

하지만 대부분의 경우, 괴물 마스터플롯은 무엇을 하지 말아야 할지를 보여줌으로써 인간 진보의 촉매제로 작용한다(이 점에 있어 괴물 마스터플롯은 이카로스처럼 다른 마스터플롯들과는 다르다). 테러 용의자를 인터뷰하는 형사든 버릇없게 구는 10대 자녀와 논쟁하는 부모든, 우리는 언제든 괴물 마스터플롯을 적용하고자 하는 욕구에 시달릴 수 있다. 하지만 이번 장에서 우리는 그렇게 해봐야 역효과만 난다는 사실을 배웠다. 우리의 목표가 범죄 용의자로부터 유용한 정보를 캐내는 것이든, 아이의 행동을 개선하는 것이든, 우리를 영웅으로, 상대를 악당으로 보는 괴물 서사를 추구한다면 실패할 수밖에 없다. 물론 쉽지는 않다. 경찰 면담자의 경우 몇 달의 훈련이 필요할 수 있다. 하지만 정말 목표를 달성하고 싶다면 괴물 마스터플롯에서 한 발 떨어져 다른 사람의 관점에서 상황을 바라봐야만 한다. 그들의 동기를 *이해하거나* 그들의 의견에 동의할 필요는 없지만 호기심을 가져야 한다. 그들은 왜 *자신이* 영웅이고 *우리*가 괴물이라고 생각할까?

마스터플롯이 인류 진보의 촉매제로 작용할 수 있는 세 번째 방식은 경계의 메시지, 즉 적기赤旗로 작용할 때다. 우리는 악당이 무고한 사람들을 괴물로 그리는 상황을 늘 경계해야 한다. 나치가 유대인을 '열등한 인간'으로, 혹은 기독교 아이들을 죽여 그들의 피를 의식에 사용하는 악마로 그렸던 것처럼 말이다. 이 같은 우익 수사법은 우려가 될 정도로 전 세계 곳곳에 퍼져있다. 2015년 데이비드 캐머런David Cameron 총리가 이민자를 "난민 떼"라 부르고[21] 2023년 미국 대통령 후보였던 도널드 트럼프가 이민자들이 "이 나라의 피를 오염시킨다고"[22] 하거나 상대 후보를 "해충"[23]이라 부른 건 상상도 할 수 없는 일이다. 하지만 이것이 현실이다. 단순히 유감스러운 단어 선택이라고 치부하기 쉽지만 괴물 마스터플롯 레시피는 이러한 행동이 왜 그토록 위험한지 알려준다. 이는 단순한 욕이 아니다. 서사를 프레이밍하는 행위다. (직설적으로 말해) 백인 미국인이 영웅이고 이민자가 괴물이라는 서사에 빠지면, 이 '영웅들'이 무장해서 '괴물'과 전쟁을 벌이는 게 논리적인 절차라고 생각하게 된다. 이는 공상적인 추측이 아니라 이미 일어나고 있는 일이다. 프라우드 보이즈(Proud Boys, 백인우월주의를 주장하고 이민과 페미니즘을 반대하는 미국의 극우단체-옮긴이), 오스키퍼(Oathkeepers, 미국의 극우 반정부 민병대. 미국 헌법을 수호한다고 주장하는 단체-옮긴이), 미국과 멕시코 국경을 순찰하는 애리조나 국경 정찰Arizona Border Recon 같은 무장한 자경단이 실제로 버젓이 활동하고 있다.²⁴ 인도주의 단체는 급수대가 파괴되는 사례를 여러 차례 목격했다. 국경 사막에서 길을 잃은 이민자들에게 이는 사형 선고나 다름없다. 하지만 괴물 프레이밍에서는 이 같은 왜곡된 논리가 타당하게 여겨진다. 영웅의 목표는 괴물을 죽이고 괴물에게 물 한 방울 주지 않는 것이다. 나치의 사례는 우리가 이 같은 괴물 서사 프레이밍을 왜 경계해야 하는지, 그들이 추악한 고개를 들 때면 왜, 언제, 어디에서든 이를 강하게 반대하고 나서야 하는 그 이유를 보여준다.

6장

반드시 이기고 싶은 대상이 있다면 불화 마스터플롯

찰스 트래스크Charles Trask와 애덤 트래스크Adam Trask는 정반대의 성격을 지녔다. 동생인 찰스는 무모하고 폭력적이며 아버지의 사랑과 존중에 목말라 있다. 형인 애덤은 다정하고 온화하고 지나칠 정도로 사람을 신뢰하나 권위적인 아버지를 별로 좋아하지 않는다. 군대에 입대했다가 제대 후에 농장의 떠돌이 일꾼으로 전전하던 애덤은 결국 가족 농장으로 돌아오고 워싱턴 D.C.에서 군사고문으로 일하던 아버지가 세상을 떠나며 형제에게 상당한 재산을 남겼다는 사실을 동생에게 전해 듣는다. 찰스는 말 그대로 돈을 농장에 갈아 넣었지만 애덤은 새로운 아내 캐시와 함께 캘리포니아로 날아간다. 캐시는 늘 다음번 상대를 물색하는 교활한 사기꾼 같은 여성으로 애덤과 캘리포니아로 함께 떠나기 전에 찰스와 하룻밤을 보내려고 수작을 건다. 찰스는 캐시에게서 자신의 성격적 결함을 보았던 터라 그녀를 믿지도 못하고 좋아하지도 않으면서 이에 기꺼이 응한다.

주머니가 넉넉해진 애덤은 최고의 농장을 물색해 매입한 뒤, 임신한 아내를 위해 자신만의 에덴동산을 짓는다. 캐시가 출산 직후 그를 떠나겠다고 솔직히 말했음에도 그 사실을 깜빡 잊은 채 말이다. 아니나 다를까 아이들(쌍둥이다!)이 태어나 이름을 짓기도 전에 캐시는 도망가려 하고 아담이 막아서자 그의 어깨에 총을 쏜 채 달아난다. 캐시는 큰 도시로 가서 매춘부가 되고 여자 포주의 환심을 사서 그녀의 명예 딸이자 상속인이 된 다음, 포주를 독살한다. 캐시가 떠난 후 극심한 우울증에 빠진 애덤은 쌍둥이 아들들의 이름조차 짓지 않고 방치한다. 애덤의 하인이자 중국인 리는 인근에 사는 애덤의 가난한 친구 새뮤얼 해밀턴에게 도움을 요청한다. 카인과 아벨이라는 이름은 운명을 시험하는 느낌이라 좋지 않다고 판단한 그들은 칼렙과 아론으로 결정한다. 독자는 아이들의 친부가 애덤인지 찰스(캐시가 하룻밤을 즐긴 상대였던 걸 기억하는가?)인지 끝내 알지 못한다● 여기까지 잘 따라오고 있는가? 그러길 바란다. 우리의 이야기는 아직 시작조차 하지 않았기 때문이다. 여기까지는 전부 회상으로 듣게 되는 과거 이야기다.

- 일부 논평가들이 주장하듯 찰스와 애덤의 아버지가 각기 다를 수도 있다. 물론 지금까지 전 세계적으로 '아버지가 다른 중복임신' 사례는 스무 건 정도밖에 되지 않기에 작가가 그렇게 생각했을 확률은 지극히 낮다.

진짜는 아론과 칼렙의 이야기다. 아론은 애덤(성경에 나오는 아벨)처럼 다정하고 온화하며 사람을 잘 믿고 제 어머니를 닮아 금발에 아름답다. 칼렙은 찰스(성경에 나오는 카인)처럼 무모하고 폭력적이며 음침한데다 제 어머니를 닮아 교활하고 잔인하다. 아론은 에이브라와 사랑에 빠지지만 그녀를 어머니의 대체용으로 보는 바람에 관계는 지속되지 못한다. 병상에 누운 새뮤얼 해밀턴은 애덤에게 캐시의 소재를 알리고, 애덤은 사창가로 찾아가 캐시(케이트로 이름을 바꿨다)를 만난다. 하지만 그녀는 그를 푸대접하고, 애덤은 그런 그녀를 원망하기보다 연민을 느낀다. 애덤은 아들들에게 사실대로 밝히지 않으며 어머니가 죽었다고 계속해서 믿게끔 내버려둔다. 하지만 칼렙이 밤에 동네를 돌아다니다가 우연히 그 사실을 알게 되고, 아론은 이 사실을 감당하지 못할 것이라 생각해 그에게는 비밀로 한다.

애덤이 냉장한 상추를 전국에 배송하는, 실패가 불 보듯 뻔한 프로젝트에 전 재산을 날려버린 뒤 칼렙은 아버지의 신뢰를 사기 위해 아버지가 잃은 돈을 다시 다 벌어들이겠다고 호언장담한다(아론은 고등학교를 우수한 성적으로 졸업한 뒤 스탠퍼드대학교에 입학하면서 이미 아버지의 신뢰를 얻었다). 교활한 칼렙은 새뮤얼 해밀턴의 아들 윌과 함께 자포자기한 현지 농부들에게 저렴한 가격으로 콩을 사들인 뒤 전쟁에 시달리는 유럽 국가를 대상으로 훨씬 높은 가격에 판매하는 사업을 시작한다. 계획은 성공하고 칼렙은 가족들이 다 같이 모인 추수감사절 자리에서 아버지에게 1만 5천 달러(약 2,189만 원)를 자랑스럽게 건넨다. 애덤은 더러운 돈이라며 받기를 거부하고 자신이 자랑스럽게 생각하는 아들은 칼렙이 아니라 아론임을 공공연히 밝힌다. 예상했겠지만 칼렙은 이에 원한을 품고 아론을 사창가에 있는 어머니에게 소개함으로써 복수한다. 이는 말 그대로 아론을 죽이게 되는데, 실의에 빠진 아론은 군에 입대하고 전쟁터에서 죽음을 맞이하기 때문이다.

아론이 칼렙을 용서하기는 너무 늦었지만 아버지인 애덤은 어떠할까? 이 모든 일이 일어나는 동안 애덤과 선한 이웃 새뮤얼은 애덤의 충성스러운 중국인 하인 리(결국 가족이나 다름없는 존재가 된다)와 함께 신학적 토론을 하고 있었다. 특히 그들은 아담과 이브(그렇다 그 아담과 이브다!)의 아들, 카인과 아벨에 관한 성경 이야기 속 진정한 도덕에 집착한다. 농부인 카인과 양치기인 아벨은 각각 채소와 양을 신께 제물로 바친다. 신은 아벨의 제물은 받고 카인의 제물은 질이 형편없다며 받지 않는다. 신은 카인이 화를 억제하지 못한 것을 보고는 머리를 차갑게 하라고 다소 시적인 경고를 한다. "네가 선을 행하지 아니하면 죄가 문 앞에 엎드려 있느니라. 죄가 너를 원하나 너는 죄를 다스려라/다스릴지니라." 이 같은 경고는 별 소용이 없었으니 질투에 사로잡힌 카인은 아벨을 죽이고 신은 카인이 정주定住하지 못하는 떠돌이 삶을 살도록 저주를 내린다.

리는 형제들과 함께 히브리어를 배웠다고 말하며 카인과 아벨 이야기의 영어 번역이 잘못되었다는 결론에 이른다. 미국 표준 번역에서처럼 신은 죄를 "다스려야 한다고" 혹은 킹 제임스 성경에서처럼

"다스릴 것"이라고 말한 게 아니라 다스릴 수도 *있다*고 말했다. 리의 주장에 따르면 중요한 히브리어 단어는 팀셸(timshel, '너는 할 수도 있을 것이다'라는 뜻으로 인간에게 선택의 기회를 주는 말-옮긴이)이다.[1] 애덤이 죽기 직전 칼렙에게 속삭인 말도 바로 이 단어였다. 너는 어머니의 길을 따르도록 운명지어지지도, 네가 저지른 죄에 속박될 필요도 없다. 너는 선택할 수 있다. 너는 문 앞의 죄를 거부할 수도 있다. "팀셸!" 그는 눈을 감고 잠이 들었다. 끝.

마스터플롯 레시피

존 스타인벡John E. Steinbeck의 《에덴의 동쪽》(카인이 신에게 추방당한 뒤 거주한 곳의 이름을 땄다)은 복수와 경쟁을 다룬 전형적인 불화 스토리다. 사실 스타인벡의 말마따나 《에덴의 동쪽》은 '아마도 가장 위대한 이야기'이자 '최초의 책'이다.[2] 스타인벡이 잘난 체하려는 게 아니다. 그가 하려는 말은 복수와 경쟁을 주축으로 하는 불화 마스터플롯은 인간 상태를 압축해서 보여주는, '인간이 경험하는 온갖 신경증의 기준'이라는 것이다. 《에덴의 동쪽》은 영화 〈탑건〉(오리지널과 2022년 속편 둘 다), 〈퀸카로 살아남는 법〉(오리지널과 2024년 리메이크 둘 다), 〈대부〉(특히 대부 2), 〈사랑의 슬픔 애수〉, 〈겨울왕국〉, 〈몬테 크리스토 백작〉, 〈록키〉, 드라마 〈베터 콜 사울〉, 〈성난 사람들〉 같은 다양한 이야기의 근간이 되는 불화 마스터플롯의 전형이다.

복수와 경쟁이 중심인 이 마스터플롯의 첫 번째 핵심 재료는 거의 **대등한 적수**다. 양측이 대등하지 않을 경우, 완전히 다른 마스터플롯이 된다. 다윗과 골리앗은 불화가 아니라 괴물 마스터플롯이다. 신데렐라와 새언니들은 불화가 아니라 약자 마스터플롯이다. 하지만 아론 대 칼렙, 마이클 대 프레도 코를레오네 형제(영화 〈대부〉의 두 등장인물—옮긴이), 안나 대 엘사 혹은 현실적인 사례로, 코카콜라 대 펩시는 대체로 대등한 싸움이다.

하지만 그렇다고 해서 이 두 경쟁자가 동일할 필요는 없다. 불화하는 둘은 클론도 일란성 쌍둥이도 아니다. 이 마스터플롯의 두 번째 핵심 재료는 서로의 **거울상**(음과 양)인 경쟁자다. 첫 번째 인물의 장점은 두 번째 인물의 약점이며 반대도 마찬가지다. 《에덴의 동쪽》에서 아론은 온화하고 나약하며 순진하다. 칼렙은 사악하지만 강하고 이기적일 정도로 똑똑하다. 〈탑건〉에서 매버릭은 성급하고 이기적이며 신뢰할 수 없는 데다 으스대는 걸 좋아하며 팀플레이와 거리가 멀다. 아이스맨은 쿨하고 관대하며 믿을 수 있고 책임감 있으며 협력할 줄 안다. 〈겨울왕국〉에서 안나는 명랑하고 태평하며 산만한데다 약간 말괄량이인 반면에 엘사는 냉정하고 진지하고 체계적이며 진부할 정도로 숙녀답다.

불화 마스터플롯의 세 번째 핵심 재료는 경쟁 구도가 정립된 뒤에 (보통 본격적으로 서로 맞닥뜨리기 전에 1막에서 한두 명의 경쟁자가 서로 만난다) 본래의 싸움 이상으로 **걷잡을 수 없이 번지는 상태**다. 넷플릭스 시리즈 〈베터 콜 사울〉은 두 형제 지미와 척의 불화를 그린다. 카인과 아벨, 찰스와 애덤, 칼렙과 아론, 안나와 엘사처럼 둘은 완전히 다르다. 척은 잘나가는 로펌에서 일하는 존중받는 파트너로 늘 잘 차려입고 다닌다. 반면 싸구려 넥타이를 매고 다니는 동생 지미는 통신판매법 학위가 있으며 본인도 경범죄를 저지르면서 경범죄자들을 변론한다. 둘은 처음에는 사이가 좋다. 지미는 정신적, 신체적 질환으로 바깥 출입을 하지 못하게 된 척을 돌본다. 처음에는 작은 충돌에 그치지만 시즌 3이 끝나갈 무렵 이 둘은 법정 싸움까지 가게 된다. 지미는 척을 속여 장광설長廣舌을 하게 만들고 이로써 척이 자신의 로펌에서 쫓겨나게 만든다. 하지만 형제의 공격은 서로를 향한 보복일 뿐이다. 애초에 왜 싸움을 시작했는지는 둘 다 잊은 상태다. 불화가 걷잡을 수 없어진다는 이 같은 비유는 넷플릭스 드라마 〈성난 사람들〉에서 논리적인 결론에 이른다. 세상 물정에 밝은 잡부 데니 조와 자의식이 강한 사업가 에이미 라우 사이에 벌어지는 불화는 데니와 에이미의 자동차가 주차장에서 거의 충돌할 뻔하면서 시작된다. 처음에는 그게 다였다. 하지만 시간이 흐르고 10화에서 데니와 에이미는 서로에게 각자 방화와 무장 강도죄를 덮어씌우려고 한다. 중간중간 발생하는 소소한 충돌 가운데 너무 심하다 싶은 건 없다. 하지만 종이 집게를 팔아 결국 집까지 마련하게 된 캐나다 블로거의 이야기처럼[3] 한 사건이 다른 사건을 불러오고 결국 두 주인공은 극단적인 결정을 내리게 된다.

다행히 불화 마스터플롯의 마지막 핵심 재료는 **화해와 구원**이다. 화해와 구원이 없으면 이카로스 마스터플롯이나 다름없다. 《에덴의 동쪽》에서 아론이 죽는 바람에 애덤이 아론을 대신해 칼렙을 용서하는 스토리는 다소 이례적이다. 하지만 대부분의 경우에서 구원은 경쟁자들이 힘을 합쳐 더 크고 무시무시한 적을 무찌르며 그 과정에서 서로를 존중하게 (때로는 원한을 품기도 하지만) 되는 방식으로 일어난다. 〈탑건〉의 클라이맥스에서 매버릭이 MiG 파이터 세 명을 총으로 쏘지만 결국 그를 구하는 건 아이스맨이다. 아이스맨이 마지막으로 쏜 한 발이 나머지 두 명을 달아나게 만든다. 디즈니의 〈겨울왕국〉에서 불화하던 자매 엘사(냉정하고 계획적이며 영리한)와 안나(따뜻하고 무고하며 순진한)는 아렌델의 왕위를 빼앗으려 한 한스 왕자의 음모를 저지한다. 〈성난 사람들〉의 9화와 10화에서 데니와 에이미는 서로를 절벽으로 내몰고 결국 음식도 물도 없고 핸드폰도 터지지 않는 곳에 좌초되면서 생존을 위해 힘을 합치게 된다. 마지막 장면에서 에이미는 데니가 의식을 잃은 채 누워 있는 병원을 찾아가 데니를 껴안는데 의식이 돌아오며 데니의 팔이 그녀를 안는 것처럼 보이기도 한다.

허구보다 기이한

2019년 슈퍼볼은 역대 가장 저조한 득점을 기록했다. 뉴잉글랜드 패트리어츠New England Patriots는 슈퍼볼 역사상 단 한 번의 터치다운으로 우승한 두 번째 팀이 되었고, 로스앤젤레스 램스LA Rams는 아예 터치다운을 한 번도 하지 못한 두 번째 팀이 되었다. 캘리포니아에서 열린 1994년 월드컵 결승만큼이나 흥미진진했다. 브라질과 이탈리아 둘 다 두 시간 내내 한 골도 넣지 못하다가 브라질이 페널티킥으로 이탈리아를 이긴 경기였다.

경기의 하프타임 공연은 더 최악이었다. 인종차별 반대 퍼포먼스인 무릎 꿇는 행위를 금한다는 NFL의 결정을 둘러싸고 논쟁이 있었던 터라 아무도 공연 섭외에 승낙하지 않았고 결국 마룬5가 그 자리에 서게 되었다(슈퍼볼 측은 아웃캐스트의 안드레 3000이 거절하자 다른 멤버인 빅보이가 게스트로 무대에 서도록 가까스로 설득했다).**4**

진짜 재미는 애틀랜타 시내 벽, 옥외광고판, 재활용품 쓰레기통, 전국 곳곳의 TV 화면에서 찾을 수 있었으니 그곳에서는 100년 된 전쟁이 펼쳐지고 있었다. 알다시피 애틀랜타는 코카콜라의 고향이다. 코카콜라의 경쟁자 펩시는 오랫동안 슈퍼볼을 후원하는 기업 중 하나였다. 코카콜라를 놀릴 기회를 놓치고 싶지 않았던 펩시는 애틀랜타 전역을 "슈퍼볼을 위해 누가 이곳에 왔는지 보라고", "펩시가 애틀랜타에 왔어. 얼마나 상쾌한지 몰라" 그리고 가장 비난적인 광고인 "이봐 애틀랜타, 슈퍼볼을 주최해줘서 고마워. 음료는 우리가 가져갈게" 같은 광고로 도배했다.●

코카콜라 대 펩시는 물론 불화 마스터플롯 가운데 단연 최고다. 온갖 핵심 재료가 넘친다. **대등한 적수?** 물론 코카콜라가 시장 점유율에 있어 늘 우위를 점하지만, 제품 자체만으로는 그 누구도 차이를 구별

- 슈퍼볼 TV 광고로 코카콜라는 "코카콜라는 코카콜라다"를 내보냈다(코카콜라에 들어가는 인공조미료 아스파탐처럼 달달하다). 1970년대 방영한 "나는 세상에 노래 부르는 법을 가르치고 싶어" 광고를 참고한 것으로, "다른 건 아름답다" 하지만 우리 모두 코카콜라를 즐길 수 있다는 요지의 광고였다. 이에 펩시는 기이한 방어 광고를 내보냈다. 고객이 코카콜라를 주문하자 직원이 "펩시밖에 없는데 괜찮아요?"라고 묻는다. 이에 스티브 카렐Steven Carell이 발끈하며, "강아지 괜찮아요? 어린아이의 웃음 괜찮아요?"라고 속사포를 내뱉고 곧이어 래버 릴존과 카디비가 능수능란한 랩을 과시한다.

할 수 없다. 그렇다. 여러분도 마찬가지다. 나의 첫 책《심리 지능 Psy-Q(싸이 큐)》를 홍보할 때 나는 런던에 있는 영국 왕립 과학 연구소에서부터 구글의 영국 본사, 헐에 위치한 식스폼 컬리지(대학교 진학을 위해 영국에서 16세 이상 된 학생들이 다니는 학교-옮긴이)에 이르기까지 수많은 장소에서 지원자를 대상으로 블라인드 시음 테스트를 진행했다. 지원자들이 안대를 쓰면 나는 각 음료 캔에 살균 처리한 금속 빨대를 꽂아 무작위로 그들 앞에 놓고는 음료가 콜라와 펩시 중에 무엇일지 맞춰보라고 했다. 이 실험을 한 사람 당 10번 진행했다. 통계학자의 확률을 뛰어넘기 위해서는 (통계학의 불가사의한 부분을 입증하기 위해서다) 10번 중 9번을 맞춰야 했다. 그리고 9번 맞춘 사람은 아무도 없었다. 사실 대게 중간쯤 시험을 중단해야 했다. 거만한 지원자가(잘 모르겠다고 대답한 지원자는 아무도 없었기에) 벌써 두 번이나 틀렸기 때문이었다. 나만 그런 건 아니다. 저명한 잡지 〈뉴런〉에 발표된 2004년 연구 결과에 따르면 사람들은 두 음료의 차이를 구분하지 못했을 뿐만 아니라 사람들이 선호한다고 말한 음료와 실제로 블라인드 테스트에서 그들이 선호한 음료 간에는 *아무런 관계가 없는* 것으로 밝혀졌다.[5]

거울상은? 당연히 있다. 코카콜라, 다이어트 콜라, 제로 콜라의 거울상은 펩시, 다이어트 펩시, 펩시 맥스다. 코카콜라 체리의 거울상으로는 펩시 와일드 체리, 환타, 스프라이트, 파워에이드, 몬스터의 거울상으로는 크러시/탱고, 스테리/세븐업, 게토레이, 락스타가 있다. 하지만 단순히 동등한 것만이 아니다. 아이스맨과 매버릭처럼 경쟁자는 서로를 반영하는 브랜드 정체성을 갖고 있다. 코카콜라는 전통적이고 가족 친화적이고 진짜며("The real thing") 보수적이기까지 하다. 펩시는 자신만만하고 불손하고 젊으며("신세대의 선택") 반체제적이기까지 하다. 마이클 잭슨을 비롯한 흑인들만 등장시켜 새로운 세대라는 슬로건을 선보인 펩시 광고는 1984년 당시 꽤 급진적이었다.

불화가 **걷잡아질 수 없어지는** 사태는? 최고치에 달했다. 소비자가 블라인드 테스트에서 두 기업의 주력 음료를 구별하지 못했던 사례가 정말 그랬다. 2004년 〈뉴런〉에 발표된 연구는 다소 오만한 표현인 '문화적으로 친숙한 음료에 관한 행동 기호' 다시 말해 '어떠한 콜라를 좋아하는지'가 실제로는 마음가짐에 달려 있음을 입증했다. 실험진은 피험자에게 어떠한 음료를 선호하는지 물은 뒤 표준 블라인드 시음 테스트를 시행했을 뿐만 아니라 참여자의 머리에 fMRI 뇌 스캐너를 연결한 뒤에 살짝 다른 시음 테스트를 진행하기도 했다. 피험자는 몰랐겠지만 그들 앞에 놓인 음료는 계속해서 코카콜라였다. 다만 코카콜라 로고가 그려진 컵에 받을 때도 있었고 아무런 로고도 없는 컵에 받을 때도 있었다. 피험자가 선호한다고 말한 음료와 그들의 뇌가 그들이 실제로 좋아한다고 알려준 음료는 어떻게 달랐을까? 코카콜라의 경우 피험자는 아무런 로고도 그려지지 않는 컵보다는 코카콜라 로고가 그려진 컵에 마실 때 맛있다고 느꼈다. 흥미롭게도 펩시의 경우는 아니었다. 아무런 로고가 그려지지 않은 컵에서든, 펩시 로고가 그려진 컵에서든 피험자는 똑같은 맛을 느꼈다. 이 결과는 코카콜라 대 펩시 경쟁이 걷잡을 수 없는 상태가 되어 컵 안에 든 음료의 상대적인 가치는 중요해지지 않았음을 보여준다. 하지만 이는 두 기업의 경우도 마찬가지다. 펩시의 2019년 슈퍼볼 빌보드 광고는 제품의 가치에 대해서는 아무런 언급도 하지 않는다. 대신 애틀랜타 전역에서 코카콜라를 찾아다니며 말장난을 친다. 펩시의 2020년 핼러윈 광고도 마찬가지다. 빨간색 '코카콜라' 망토를 걸친 펩시 캔을 보여주며 (코카콜라 전담 변호사를 조심하기를!) "무시무시한 핼러윈 보내시길요!"라고 말한다.

화해와 구원이라는 마지막 재료는? 코카콜라와 펩시는 불화를 잠시 제쳐두고 공통의 적을 무찌르기 위해 힘을 합칠 것인가? 절반쯤은 그런 듯하다. 40년 전, 이들의 광고는 무자비했다. 1982년 펩시 광고는 조롱하듯 말한다. "코카콜라는 자신이 진짜라고 말한다." 그런 다음 코카콜라 캔의 클로즈업 샷을 보여준 뒤 펩시가 한 실험을 소개하며 그 결과를 반짝이는 글씨로 보여준다. "전국의 더 많은 이들이 코카콜라보다 펩시를 좋아합니다." 오늘날 펩시가 코카콜라를 놀리는 수위는 조금 더 가벼워졌다. 자사의 제품이 더 뛰어나다고 소비자를 설득하려는 시도는 하지 않는다. 코카콜라는 펩시의 슈퍼볼 광고에 어떻게 반응했을까? 관용을 베풀었다. "우리는 큰 경기를 보러 이 도시를 찾은 모두를 환영합니다. 우리의 친구 펩시도 포함해서요."

코카콜라와 펩시의 화해는 부분적으로 마케팅의 일환이라고 볼 수 있다. 많은 사람이 오랫동안 믿어온 것과는 달리, 1999년 체계적 문헌고찰와 메타분석에 따르면 (정치적 광고일지라도) 경쟁자를 공격하는 소위 네거티브 마케팅은 특별한 효과가 없다고 한다.[6] 펩시의 "코카콜라는 자신들이 진짜라고 말한다"라는 광고에서 두드러진 것처럼 경쟁사의 제품, 심지어 슬로건을 사용하는 것 역시 현명해 보이지 않는다.

보다 사악한 동기도 있는 듯하다. 전 세계적으로 영국과 캘리포니아 일부 지역을 포함한 30개가 넘는 관할구역에서 설탕 함유량이 높은 음료에 이미 추가 세금을 부여하고 있다.[7] 저렴한 식료품에 찬성을! 은 이러한 종류의 세금에 반대하는 캠페인을 벌인다. '캠페인을 주관하는 단체는 시민, 기업, 커뮤니티 조직'으로 이루어져 있다고 주장하지만 오래전부터 이러한 캠페인의 가장 큰 자금 지원자는 코카콜라(2018년에 380만 달러)로, 별로 놀랍지도 않다. 펩시(280만 달러)와 닥터페퍼(100만 달러), 레드불(10만 달러) 역시 한배를 탔다.[8] 그렇다. 전형적인 불화 스토리처럼, 안나와 엘사처럼, 오랜 숙적은 더 큰 적수, 그들의 수익을 위협하는 법안에 맞서 싸우기 위해 힘을 합친 것이다.

이야기 뒤에 숨은 과학

불화 마스터플롯의 씨앗은 그 어떤 마스터플롯보다도 어린 시절부터 우리 안에 이미 깊이 뿌리내렸는지도 모른다. 사실 우리가 태어나기 전부터 그 씨앗이 심어졌을지도 모른다. 우리의 DNA 안에 내장되어 있을지도.

1970년, 영국 심리학자 헨리 타이펠Henry Taifel은 집단 간 충돌의 뿌리를 살펴보기 위해 획기적인 연구를 발표했다.[9] 타이펠은 먼저 (1990년대 전쟁에 휩싸인) 당시 유고슬라비아에 속했던 보스니아인들을 향한 적대감, 서인도 제도와 파키스탄, 인도에서 영국으로 온 이민자를 향한 반감(타이펠 자신도 폴란드 출신의 이민자였다)을 언급한다. 그런 다음 미국의 인종 갈등, 북아일랜드의 종교 분쟁, 벨기에의 언어

갈등을 논한다. 타이펠의 이론에 따르면 이러한 갈등은 언뜻 보면 인종, 종교, 언어를 둘러싼 것처럼 *보이지만* 사실 그 어떤 것에도 기인하지 않는다. 두 집단이 존재하면 어떠한 집단이든 필연적으로 충돌이 일어날 뿐이다. 타이펠은 이 이론을 하나의 서사로 규정하지 않았지만 우리가 앞서 살펴본 불화 마스터플롯의 핵심 재료가 이 이론의 바탕이 된다. 불화는 애초에 갈등을 일으키는 것 이상으로 걷잡을 수 없이 커져버린다는 사실이다.

이 이론을 시험하기 위해 타이펠은 브리스틸 학생들을 아주 사소한 기준으로 나누었다. 아이들에게 파울 클레Paul Klee와 바실리 칸딘스키Wassily Kandinsky의 추상화 사진을 보여준 뒤 어떤 그림을 선호하는지 물어본 다음, 두 그룹으로 나눈 것이다. 그게 전부다. 그는 결과를 조작한 것으로 드러난 1950년대의 로버스 동굴Robber's Cave 실험에서처럼 아이들 간에 갈등이 일어나도록 숲속 캠프에 보내진 않았다.[10] 그럴 필요가 없었다. 임의로 두 개의 팀을 만드는 것만으로도 충분했다.

이 실험에서 아이들은 서로에게 점수를 주었다. 이 점수는 나중에 돈으로 바꿀 수 있었다.• 이 점수는 점의 개수를 세는 사소한 임무에 대한 보상처럼 보였지만 이는 만들어낸 이유일 뿐이었다. 타이펠이

- 이 방법은 점수를 받는 사람이 제안된 할당량을 거부할 수 없다는 점에서 최후통첩 게임과 비슷하다.

진짜로 관심 있는 건 아이들이 점수를 할당한 방식이었다. 아이들은 다른 친구 두 명에게 점수를 주어야 했다. 자신과 같은 그룹에 속한 아이 한 명과 다른 그룹에 속한 아이 한 명이었다. 다시 말해 클레 팀에 속한 아이는 같은 팀에 속한 아이와 칸딘스키 팀에 속한 아이에게 점수를 줘야 했다. 누가 점수를 주었는지는 공개하지 않았다. 점수를 준 아이는 추상화에 대한 선호 말고는 다른 아이들에 대해 아무것도 몰랐다. 하지만 아이들은 다른 친구들에게 아무렇게나 점수를 줄 수 없었다. 일련의 선택지 중 선택해야 했다. (a)자기 팀원에게 8점, 상대편 팀원에게 7점 (b)자기 팀원에게 9점, 상대편 팀원에게 14점 등이었다. 아이들은 어떻게 점수를 나눠주었을까? 여러분이라면 어떻게 하겠는가?

자기 팀원과 상대편 팀원 간에 어떻게 나누는지에 관계없이 최대한 많은 점수를 나눠주는 전략이 있다. 당연히 아이들은 이러한 전략을 선택하지 않았다. 점수를 최대한 공평하게 나누는 전략도 역시 선택하지 않았다. 또 다른 전략은 자기 팀원에게 최대한 많은 점수를 주고 상대편 팀원은 신경 쓰지 않는 것이다. 하지만 아이들은 그 전략도 선택하지 않았다. 대신에 자기 팀원에게 주는 점수와 '상대편' 팀원에게 주는 점수 간의 *차이*를 최대화하는 악의적인 전략을 선택했다. 다시 말해 아이들은 다른 팀원에게 덜 줄 수 있다면 자기 팀원에게 주는 점수가 낮아지는 것을 감수했다. 불화를 일삼는 옹졸한 이웃처럼 아이들은 자기 집 장미를 기르는 대신 이웃집 장미를 짓밟았다. 그저 다른 아이가 자신과는 다른 예술가를 선호한다는 이유 때문이었다.

최소한 겉보기엔 그렇다. 물론 타이펠이 하고 싶은 말은 두 그룹의 불화가 사실은 현대 미술과는 아무런 관련이 없으며 집단 간에 즉흥적으로 발생한 경쟁 구도일 뿐이라는 점이었다. 타이펠의 연구를 살짝 비튼 최근 실험은 암울하게도 이러한 경향이 14개월 된 아기들에게서도 발견된다는 사실을 보여준다.[11] 이 실험에 참여한 아기들은 접시에서 간식을 선택할 수 있었다. 녹색 콩이나 그레이엄 크래커 중 하나였다. 아기들 앞에는 토끼 인형이 두 개 놓였는데, 첫 번째 인형은 자신과 '비슷해' 보였다. 예를 들어 아기가 그레이엄 크래커를 선택했다면 인형이 "음, 맛있어! 난 그레이엄 크래커가 좋아"라거나 "웩! 난 녹색 콩이 싫어"라고 말하는 식이었다. 아이가 녹색 콩을 선택한 경우, 반대였다. 두 번째 토끼 인형은 아이와 '다른' 인형이었다. 그 인형은 아이가 선택한 음식을 싫어하고, 아이가 선택하지 않은 음식을 좋아하는 인형이었다.

본격적인 실험에서 토끼 인형 두 마리는 공을 갖고 놀다가 갑자기 공을 놓치고 공은 반대쪽, 개 인형이 있는 곳으로 굴러가 버린다. 한 실험에서는 '도와주는' 개가 등장해 공을 물어서 잃어버린 토끼에게 가져다주었다. 다른 시험에서는 도와주는 개와는 다르게 생긴 '괴롭히는' 개가 등장해 공을 물어서 달아나버렸다. 실험진은 개 인형 두 개를 탁자에 놓은 뒤 아기더러 함께 놀 인형을 고르라고 했다. 아기들이 어떠한 개를 좋아하는지 측정하기 위해서였다.

14개월 된 아기들은 도와주는 개를 골랐을까 괴롭히는 개를 골랐을까? 아이들마다 달랐다. 앞서 아이들과 '비슷했던' 토끼와 '달랐던' 토끼를 기억하는가? 당연히 아이들은 자신과 '비슷한' 토끼를 도와준 개를 선호했다. 하지만 다소 교활하게도 아이들은 자신과 '다른' 토끼를 괴롭힌 개를 선호하기도 했다.

이 실험의 안타까운 결론은 태어날 때부터 순결한 평등주의자와는 거리가 먼 우리가 자라면서 잔인한 세상 때문에 더욱 타락한다는 사실이다. 우리는 태어날 때부터 (최소한 첫 몇 년이나 몇 개월 동안) 자신과 비슷해 보이는 사람을 좋아한다. 우리는 '자신과 비슷한' 타인을 돕거나 '자신과 다른' 타인을 괴롭히는 사람을 좋게 본다. 결국 스타인벡이 옳았다. 불화 마스터플롯은 우리의 DNA에 새겨진 '최초의 책'인 것이다.

영향 아래

불화 마스터플롯의 특징 중 가장 흥미로운 점은 이 책에서 소개하는 다른 플롯들보다도 우리 모두가 훨씬 더 많이 경험해봤을 플롯이라는 점이다. 《에덴의 동쪽》에서 등장인물들이 카인과 아벨 서사의 의의를 논할 때 리는 이렇게 말한다. "사람들은 자신에게만 관심이 있어요. 자신과 관련된 이야기가 아닌 경우는 귀 기울이지 않을 겁니다. 위대하고 오래가는 이야기는 우리 모두에 관한 이야기이며 그렇지 않다면 오래 가지 못한다고 봅니다. 기이하고 생경한 이야기는 흥미롭지 않아요. 아주 개인적이며 익숙한 이야기만이 흥미롭죠."

리는 우리 모두 어떤 식으로든 다른 사람과 경쟁하는 느낌을 받은 적이 있다고 지적한다. 형제가 있다면—카인과는 달리 형제를 죽이지 않았다는 가정하에—우리는 부모의 사랑과 관심을 받기 위해 경쟁해야 한다는 걸 곧장 깨닫는다. 이 같은 경쟁은 아이들의 서열이 낮아질수록 아이들의 평균 IQ가 아주 조금 감소한다는 연구 결과를 뒷받침해주는 듯하다. 예를 들어 첫째 아이의 경우 평균 IQ가 103 정도고 둘째는 101, 셋째는 99인 식이다.[12] 이러한 패턴이 나타나는 이유 중 하나는 부모의 관심을 받기 위해 형제들 사이에서 일어나는 경쟁 때문이다.[13] 첫째 아이에게는 보통 1~2년 정도 부모의 관심을 독차지하는 기간이 있다. 둘째 아이는 부모의 관심을 늘 형제와 공유해야 한다. 셋째 아이에게는 이미 두 명의 형제가 있고 그 뒤로 태어나는 아이 역시 마찬가지다. 형제간의 경쟁은 굉장히 현실적일 뿐만 아니라 예측 가능한 결과를 제공하는 사례이기도 하다.

하지만 리가 언급했듯 카인과 아벨의 이야기는 형제가 있는 사람뿐만 아니라 우리 모두가 공감할 수밖에 없다. 학교에서 우리는 선생님의 관심과 칭찬을 받기 위해, 우정을 차지하기 위해 다른 아이들과 경쟁해야 한다. 성인이 되어서도 상사의 관심과 칭찬을 받기 위해 경쟁할지도 모른다. 혹시 여러분은 승진을 위해 공식적인 경쟁에 몸담고 있지는 않은가? 형제들이 대부분 그렇듯 경쟁자가 우리의 친구일 때 상황은 더 악화될지도 모른다. 또 배우자의 사랑을 차지하기 위해서도 경쟁하지 않았던가? 물론 결혼할 상대가 다른 사람을 선택하거나 배우자가 다른 사랑을 찾아 우리를 떠나는 최악의 경우도 있다.

하지만 나쁜 소식만 있는 건 아니다. 불화 서사를 내재화함으로써 우리는 무의미하고 불필요한 충돌을 경험하게 되지만(자녀가 둘 이상인 부모라면 매일 목격하는 장면이다) 삶의 의미를 선사하는 무언가를 쟁취하려고 애쓰는 것도 바로 이러한 내재화 덕분이다.

스포츠를 예로 들어보자. 스포츠는 너무 일상적인 행위라 우리는 스포츠가 얼마나 기이한 활동인지 굳이 생각해보지 않는다. 말 그대로 전 세계적으로 수백만 명의 성인이 (분노에 휩싸여 고함을 지르거나 기쁨의 눈물을 흘리는 등) 붉은 티셔츠를 입은 누군가가 파란 티셔츠를 입은 누군가보다 얼마나 많은 공을 기둥 사이에 넣었는지 (혹은 링 사이에 넣거나 땅에 터치했는지) 여부에 전적으로 관심을 보이다니 정말 기이하지 않은가. 하지만 모든 스포츠, 특히 지리적으로 식별되는 팀에 기반한 스포츠가 현실적인 불화 서사를 해소하는 안전한 방법이라고 생각하면 이해가 된다(과거에는 전쟁이라는 훨씬 더 위험한 발산 수단이 담당했던 역할이다).

스포츠는 정교한 기술이나 뛰어난 기량을 감상하는 활동이 아니다. 그렇게 되면 금상첨화겠지만 스포츠는 그런 게 아니다. 수백 명의 축구 팬에게 리오넬 메시Lionel Messi와 크리스티아누 호날두Christiano Ronaldo가 출전하는 자선 행사 경기와, 그들이 응원하는 팀 대 라이벌 팀과의 결승전 가운데 뭘 볼지 물어보면 전자를 선택할 사람은 없다. 그들이 응원하는 팀의 실적이 아무리 끔찍해도 상관없다. 사실 끔찍할수록 경쟁은 더욱 치열해진다. 오늘날 멘체스터 시티Manchester City는 멘체스터 유나이티드Manchester United보다 레알 마드리드Real

Madrid를 이기는 데 더 혈안이 되어 있다. 번리Burnley 팬에게는 블랙번Blackburn을 이기는 것보다, 울브스Woves 팬에게는 웨스트 브롬West Brom을 이기는 것보다, 우리 입스위치 팬에게는 노스위치를 이기는 것보다 중요한 일은 없다.

스포츠 불화 스토리에는 온갖 핵심 요소가 들어 있다. 경쟁자들은 **서로의 거울상인 대등한 적수**다. 입스위치의 경쟁 상대는 지리적으로 훨씬 더 가까운 콜체스터가 아니라 노스위치다. 다소 거만하게 여겨질 수는 있지만 입스위치는 콜체스터를 편애하는 경향이 있다. 멘체스터 유나이티드의 경쟁 상대는 알트린챔Altrincham이나 스톡포트 카운티Stockport County가 아니라 멘체스터 시티다(멘체스터 시티가 잘 나가지 못할 때 멘체스터 유나이티드의 팬들은 리버풀과의 경쟁에 더 관심을 가졌다). 불화가 **걷잡을 수 없어지는** 사태는? 당연히 있다. 번리 대 블랙번 간의 경쟁(아마도 스포츠 세상에서 가장 오래된 적수일 것이다)은 1800년대 면직물 공장 노동자들로 창설된 축구팀들, 1900년대 초 FA컵을 거머쥔 팀들 간의 경쟁과는 차원이 다르며, 양 팀의 팬들이 북부와 서부 전역에 흩어져 있다 보니 번리나 블랙번에 살고 있는지 여부도 중요하지 않다. 이 바닥에서는 경쟁만이, 경쟁의 '끝'을 보는 것만이 중요하다. **화해와 구원**의 기회는 스포츠 세상에서는 드물지만, 경쟁팀들의 팬은 필요한 순간이 오면 힘을 합쳐 더 큰 적을 무찌르기도 한다. 일례로 멘체스터 유나이티드, 멘체스터 시티, 첼시, 토트넘, 아스날, 리버풀은 2021년 유럽 슈퍼리그 탈퇴에 반대하기 위해 뭉친 적이 있다.

사실 스포츠 경쟁은 인간의 보편적인 면모을 보여주는 완벽한 축소판이라, 과학자들은 스포츠 경쟁을 불화 마스터플롯의 주요 특징인 복수와 경쟁을 이해하기 위한 시험장으로 오랫동안 사용하고 있다.

'최후통첩 게임'은 그리 대단한 게임이 아니지만 '아니면 말고'라는 최후통첩을 특징으로 하는 것만은 확실하다. 두 사람이 게임에 참여한다. 그 둘은 받은 금액을 나눠 가져야 하지만 협상은 없다. (무작위로 선택된) 한 사람이 '제안자'의 역할을 맡아 어떻게 나눌지 제안한다. 다른 사람은 '응답자'로 제안을 받아들여야 한다. 동의한 비율대로 돈을 받거나 거부할 수 있는데 거부할 경우 둘 다 한 푼도 받지 못한다. 최후통첩 게임의 핵심은 (경제학자들이 오랫동안 가정한 사실과는 달리) 사람들이 돈과 관련된 문제에 있어 그다지 '합리적이지' 않다는 것이다. 다시 말해 사람들은 다른 고려사항을 제쳐둔 채 액수만 보고 어떠한 결정이 더 이익인지 판단하지 않는다. 그들은 다른 고려사항도 중요하게 생각한다.

예를 들어 10달러를 나눠 가져야 하는데 제안자가 90대 10을 제안했다고 치자. 자기가 9달러를 갖고 상대에게 1달러를 주는 것이다. '합리적인' 행동은 그 제안을 받아들이는 것이다. 아예 안 받는 것보다 1달러라도 받는 게 낫기 때문이다. 하지만 응답자는 거의 대부분이 제안을 받아들이지 않는다. 여러분이라면 그러겠는가? 당연히 안 그럴 것이다. 거의 모든 사람이 욕심쟁이 아무개를 책망하기 위해 1달러 정도는 '포기할' 가치가 있다는 데 동의한다. 한 무리의 연구진들은 인도의 가난한 마을 사람들이 겪는 빈곤을 이용해 판돈이 높은 최후통첩 게임을 실행했다. 두 사람이 나눠 가지게 될 돈은 현지 화폐 가치로 따지면 무려 1만 6천 달러(약 2천만 원)에 달했다.[14] 제안자의 제안은 90대 10이었다. 상대를 괴롭히려고 1,600달러(약 200만 원)를 거절할 응답자는 거의 없을 것이라 예상했기 때문이리라. 실제로 결과는 그러했고 24건 중 23건의 제안이 통과되었다(이 제안을 거절한 한 명의 참여자에게 존경을 표한다!)

하지만 이는 극단적인 사례다. '평범한' 사례, 즉 참여자가 10달러를 지불하는 상황에서 제안자가 75대 25를 제안할 경우, 약 75퍼센트의 응답자가 이를 받아들였다. 불화 마스터플롯을 연구하는 데 있어 최후통첩 게임은 훌륭한 실험인 셈이다. 이러한 유형의 연구 가운데 가장 유명한 연구, 다시 말해 미국 대학 축구 경쟁자들을 살펴본 연구로는 플로리다대학교(게이터스!), 웨인주립대학교(웨인 스테이트 워리어스!), 조지아대학교(불도그!), 일리노이대학교(일리니 파이팅!) 연구진들이 수행한 연구가 있다. 그렇다, 영국인들에게는 대학교 축구 경기가 우습게 들린다는 걸 안다. 영국의 대학교 축구 시합을 관람하는 사람은 유명인 두 명과 개 한 마리뿐이니까. 하지만 미국 대학교에는 9만 석을 자랑하는 웸블리 경기장보다도 훨씬 큰 경기장이 열 개나 있다.[15] 관람객이 가장 많았던 대학 축구 경기는 2016년 테네시 볼룬티어Tennessee Volunteers 대 버지니아 테크 호키스Virginia Tech Hokies 간의 경기로 자그마치 15만 7천 명이 이 경기를 관람했다. 미국 대학 축구는 그야말로 엄청나다.

미국 연구팀은 제안자와 응답자 둘 다 같은 대학 축구팀의 팬이거나 라이벌 팀의 팬인 상황에서 최후통첩 게임을 시행했다. 놀랄 것도 없이 제안자는 같은 팀을 응원하는 팬보다 경쟁 팀을 응원하는 팬에게 거의 10퍼센트 낮은 금액을 제안했다. 상대에 대해 전혀 알지 못하는데도 말이다. 하지만 더욱 놀라운 것은 응답자 역시 아주 비슷한 패턴을 보였다는 사실이다. *완전히 동일한 금액일지라도* 응답자는 경쟁 팀의 팬이 그러한 제안을 할 때 거절할 확률이 7퍼센트 가량 높았다. 우리가 익히 알고 있는 경제 신념과는 달리 사람들은 경쟁 팀의 팬을 괴롭히겠다는 이유만으로 자신에게 경제적으로 불리한 결정을 내리려고 했다. 물론 최후통첩 게임은 (미국) 축구와는 아무런 관련이 없으며 순전히 돈과 관련 있다는 점에서 경쟁 관계가 잘못되었다고 볼 수도 있겠다.

하지만 보다 깊은 차원에서 보면 경쟁 관계는 전혀 잘못되지 않았다. 스포츠를 둘러싼 경쟁 관계는 궁극적으로 스포츠 자체와는 아무런 관련이 없으며 집단을 둘러싼 경쟁 관계가 핵심이기 때문이다. 정치인들을 대상으로 한 2023년 연구가 이 사실을 뒷받침해준다. 같은 정당 사람과 경쟁 정당 사람 간에 이루어진 연구로[16] 결과는 대학 축구 연구 결과와 엇비슷했다. 상대가 경쟁 정당 소속일 경우 제안과 수용 비율이 8퍼센트 정도 낮았다. 벨기에, 캐나다, 독일, 스위스, 미국 등 출신 국가는 상관없었다. 다시 한번 말하지만 결론은 동일하다. 축구 팬이든 정당이든 기준이 뭔지는 중요하지 않다. 불화 마스터플롯은 걷잡을 수 없어지게 되어 있다.

하지만 희망은 있다. 스포츠나 정치 경쟁 관계가 그저 서사일 뿐이라면 우리는 서사를, 행동을 바꿀 수 있을지도 모른다. 2005년에 진행된 전형적인 연구에서[17] 맨체스터 유나이티드 팬들은 랑카스터대학교의 심리학부를 방문해 팬심에 관한 다양한 질문에 답하도록 요청받았다. 연구의 다음 단계에 참여한다는 빌미하에 다른 건물로 향하는 길에 맨체스터 유나이티드 팬들은 조작된 사고를 목격했다. 달리던 사람이 미끄러져 넘어져서는 땅에 누운 채 크게 다친 듯 발목을 붙잡고 있었다. 이 팬들은 선한 사마리아인처럼 그 사람을 도울 것인가? 이미 눈치챘겠지만 아파하는 사람이 맨체스터 유나이티드 티셔츠를 입고 있을 때도 있었고 그들의 가장 큰 적수인 리버풀 셔츠를 입고 있을 때도 있었다. 그렇다, 예상했겠지만 이 팬들은 상대가 같은 팀의 팬일 경우 13번 중 12번 정도는 그를 도왔지만 리버풀 팬일 경우 30퍼센트밖에 돕지 않았다.

우울하게 들리는가. 하지만 실험진들은 두 번째 연구를 진행했으니 이번에는 맨체스터 유나이티드의 팬에 관한 설문지 대신 축구 팬에 관한 설문지를 작성하게 했다. 실험의 나머지 부분은 동일했다. 참여자 모두는 맨체스터 유나이티드 팬이었고 달리던 사람은 맨체스터 유나이티드 셔츠를 입거나 리버풀 셔츠를 입고 있었다. 바뀐 거라고는 서사 프레임뿐이었다. '맨체스터 유나이티드 팬' 대신 '축구 팬'이라는 프레임이었다. 너무 그럴듯해서 믿지 못하겠지만 결과는 그랬다. 이 실험에서 '축구 팬들'은 맨체스터 유나이티드 팬뿐만 아니라 리버풀 팀의 팬에게도 거의 동일한 확률로 도움의 손길을 내밀었다. 서사를 바꾸면 정말로 인간의 행동을 바꿀 수 있는 것이다.

왜곡된 플롯

가장 강력하고 보편적인 마스터플롯 중 하나인 불화 마스터플롯은 남용되거나 오용되기 쉽다. 우리가 다른 예술가나 간식, 축구팀을 좋아하는 것 같은 사소한 일 때문에 상대에게 부정적인 행동을 저지른다면 자신이 속한 단체나 가족을 모욕하거나 살해하는 행위 때문에 한 사람의 일생은 물론 수세대에 걸쳐 불화를 일으키는 것도 당연하다.

현실적인 불화 사례를 보다 제대로 이해하기 위해 나는 웨스트런 던대학교의 갱단 국가 연구소National Centre for Gang Research에서 일하는 사이먼 하딩스Simon Hardings 교수를 찾았다. 단정하게 다듬은 턱수염, 테두리가 얇은 안경, 스코틀랜드의 부드러운 악센트가 돋보이는 하딩스 교수는 전형적인 갱단과는 정반대의 모습이었다. 그에게 이따금 유리하게 작용하는 부분이었다. 갱단원은 그와 기꺼이 대화를 나누려고 하는데 그 이유는 다음과 같았다. "나는 그들 세상에 속하지 않기 때문이죠. 그들이 나에게 하는 말이 다른 갱단의 귀에 들어갈 일은 없거든요." 갱단원이 비밀을 털어놓게 만들기 위해 그는 중산 계급이라는 점을 잘 이용하기도 한다. "이야기를 더 자세하게 듣고 싶으면 안경을 닦고 '거들먹거리는 교수 악센트로' 미안하지만 무슨 말씀이신지 전혀 모르겠네요'라고 말하면 된답니다.

하지만 하딩스 교수는 순진한 사람이 아니다. 1980년대 말, 멘체스터 불법 파티의 단골이었던 그는 키친(Kitchen, 악명 높은 흄 크레센트에 위치한 나이트클럽 겸 불법 건물)과 하시엔다Hacianda 같은 곳을 자주 들락거렸다. "회원 번호가 HAC36이었죠. 토니 윌슨(Tony Wilson, 영국의 기업인이자 방송인 – 옮긴이)이 저에게 줬어요." 그는 나에게 자랑스럽게 말했다. 이러한 하딩스의 경험은 가장 어려운 부분에서 위력을 발한다. 바로 인터뷰를 따내는 과정(그의 추정치에 따르면 5천 건이 넘는 인터뷰를 진행했다)이다. 길모퉁이에서 서성이며 갱단이 말을 걸어주기를 기대할 수는 없지 않은가. 그는 중개인(이따금 갱단원이기도 하다)에게 언제나 사비로 돈을 제공한다. 하딩스가 지불했던 가장 비싼 인터뷰는 660유로(약 99만 원)로 인터뷰이(악명 높은 염산 테러범)는 인근 호텔에서 공짜로 술을 제공해야만 인터뷰에 응하겠다고 했다. 하딩스는 '만약을 위해' 입구와 출구가 CCTV에 담기도록 약삭빠르게 조치해야 했다. 하지만 그만한 가치가 있었다. 인터뷰이가 '병 속에 담긴 고문torture in a bottle(염산을 가리키는 말-옮긴이)'이라는 기가 막힌 표현을 들려주었고 이로써 하딩스의 연구는 전 세계적으로 큰 조명을 받았기 때문이다. 이 인터뷰들은 그의 대표작 《길거리 카지노Street Casino》의 배경 자료가 되었다. 범죄학을 다룬 학술적인 작품치고는 굉장히 쉽고 재미있는 책이다.

하딩스와 이야기를 나누고 그의 책을 읽으면서 내가 정말 놀란 건 (돈이 중요한 역할을 했지만) 그들이 존중, 명성, 지위('거리 자본Street-capital'이라는 용어로 묶을 수 있다)를 얻기 위해 '이 게임'을 한다는 사실이었다. 생각해보면 중산층이라고 다를 바 없다. 그들은 직업, 집, 즐겨 마시는 수제 맥주, 그리고 정말로 중산층 중년 남자라면 타고 다니는 자전거에서 존중, 명성, 지위를 누린다는 점만 다르다. 잔뜩 겁에 질려 거리 폭력이 '무작위'인데다 '분별없다'고 말하는 중산층 논평가는 핵심을 놓치고 있다. 중산층의 지위 게임과 마찬가지로 '길거리 카지노'는 엄격한 규칙에 따라 이루어진다. 하딩스의 인터뷰를 살펴보자.

> 이들은 사람들과 어울리면서 배웁니다. 무엇이 명예이고 무엇이 명예가 아닌지, 무엇을 해야 하고 무엇을 하지 말아야 하는지 배우는 거죠. 우리가 학교에서 무엇을 해도 되는지 배우는 것처럼 말입니다. 그들은 설명할 필요조차 없어요.[18]

사교 예법이 수 세대에 걸쳐 이어지면 서면화되고 공식화되기 마련이다. 특히 악명 높은 사례로, 깊이 연구된 알바니아의 카눈Kanun이 있다. 이는 고대 관습법으로 공식적으로는 폐지되었지만, 일부 지역에서는 아직도 효력이 있다. 카눈의 핵심 개념은 코카 페르 코케 koka per koke, 즉 '눈에는 눈, 이에는 이'다. 다른 가문 사람이 우리 가문 사람을 죽이면 상대에게 복수해도 될 뿐만 아니라 의무적으로 그렇게 해야 한다. 따돌림을 받을 위험을 감수하고 다른 가문의 남성을 살해함으로써 자크마리아gjakmarrja, 즉 '유혈의 복수'를 감행해야 한다(카눈은 지독한 성차별주의자들로 여성은 그러한 대상에서 '제외되는' 게 아니라 '그럴 만한 가치가 있는' 대상으로 여겨지지 않았다). 자크마리아의 대상이 되면 평생 그 상태에 갇히게 된다. 아예 다른 나라로 떠나거나, 집 밖으로 나가지 않는 두 가지 선택밖에 없다. 규칙에 따라서 본인 집 안에 있는 사람은 죽이지 못하기 때문이다. 하딩스의 거리 갱단이 따르는 불문율도 동일하다. 누군가 그들을 '시험'하면 아주 사소한 공격일지라도 대응해야 한다. 하딩스는 이렇게 설명한다.

> '시선 충돌'이라는 게 있습니다. 누군가 다른 사람을 지나치게 오래 쳐다보는 거죠. 싸울 만한 상대인지 재는 것처럼 말이에요. SW9(런던의 브릭스턴 및 그 주변 지역으로 음식, 예술, 음식 문화가 발달한 활기찬 지역−옮긴이)에서는 '재기' 혹은 '견주기'라고 부른다. 이 같은 행동은…… 권위와 거리 자본에 둘 다에 도전하는 것으로 즉각적인 대응을 요합니다. 대응하지 않으면 '진 거'나 마찬가지죠. 부당

한 괴롭힘을 받아도 좋다고 대놓고 말하는 거나 다름없습니다.[19]

보다 진지한 시험은 당연히 더 진지한 대응을 요한다. 카눈처럼 런던 거리 갱단도 규칙에 따라 가문의 누군가를 살해할 수 있지만 (카눈보다 한 단계 더 나아가) 여성이라고 봐주지 않는다. "너를 잡을 수 없어서 대신 그 여자를 처리했다. 하지만 너도 반드시 잡고 말 거다. 언젠가 잡겠지만 당장은 찾을 수 없고 대신 네 여동생이 눈에 띄길래 본때를 보여줬다."[20]

명예를 기반으로 하는 이 같은 규칙은 잔인해 보일지 모르지만 효율적인 정부가 없는 때나 장소에서는 폭력을 예방하는 중요한 역할을 할 수 있다. 여러분이 고대 시골 알바니아에서 경쟁자를 살해하려 한다고 치자. 우리를 체포할 경찰도, 사건을 조사할 형사도, 재판을 열 법정도 없다. 여러분이 노리는 희생자는 형제가 없으며 몇 년 전 아버지도 세상을 떠났다. 여든다섯 살 된 노모만 있을 뿐이다. 노모가 무얼 하겠는가? 여러분은 상대를 쉽게 처리할 수 있다. 하지만 카눈이라는 규율이 있다면 우리가 노리는 희생자의 먼 친척이 여러분이나 여러분의 가족에게 복수해야만 할 것이다. 그렇게 생각하면 우리는 주저할 수밖에 없다. 복수의 의무성이 가장 중요한 것이다. 우리가 노리는 희생자의 먼 친척이 우리에게 복수해도 될 뿐이라면, 다시 말해 그게 하나의 선택이라면 굳이 나서지 않을지도 모른다. 그들 역시 희생자를 탐탁지 않게 생각했을지도 모른다. 희생자를 한 번도 만난 적이 없을

지도 모른다. 우리를 주저하게 만드는 건 그들이 그래야 한다는 사실, 그리고 틀림없이 그렇게 할 거라는 사실이다.

런던 거리 갱단 역시 마찬가지다. 경찰과 법원은 관할권이 있지만 밀고 금지법 때문에 실제로는 효력이 없다. 경쟁 갱단의 조직원은 체포되거나 기소될까(그럴 확률은 아주 낮다) 두려워 폭력적인 공격을 주저하지는 않겠지만 보복이 두려워 주저할지도 모른다(저 사람이랑 얽히지 마. 네 집 창문에 화염병을 던질지도 몰라).[21] 이 점에서 카눈 같은 명예 규율은 상호 확증 파괴MAD라는 냉전 시대 이론과 동일한 논리를 따른다. 적군은 우리가 뒤이어 그를 공격할 거라는 사실을 안다면 공격하지 않을 것이다. 상호 확증 파괴는 스탠리 큐브릭 감독의 〈닥터 스트레인지러브: 나는 어떻게 폭탄에 대한 걱정을 멈추고 사랑하는 법을 배웠나?〉에서 논리적인 결론에 이른다. 영화 속 미국 대통령은 소련이 '운명의 날 장치Doomsday Device'를 만들었다는 사실을 알게 된다. 핵 공격을 감지하는 즉시 지구 전체에 90년 동안 아무도 살 수 없을 만큼 강력한 폭탄을 터뜨리는 장치다.•

리퍼 장군의 명령으로 미국은 공격을 감행하고 이어 '운명의 날 장치'가 켜지면서 닥터 스트레인지 그리고 온 세상은 종말을 맞이한다. 이는 카눈 같은 명예에 기반한 시스템의 단점을 잘 보여준다. 이 같은

• 닥터 스트레인지는 풍자 문학이지만 소련은 정말로 이 장치를 만들었다. '죽음의 손Dead Hand'이라는 이 장치는 인간이 중단시키지 않는 한 자동으로 보복 공격을 감행한다.

시스템은 폭력을 막는 효과적인 수단이 될 수는 있지만 단 한 명의 악당 때문에 폭력이 꼬리에 꼬리를 물고, 최악의 경우 불화하는 양쪽 가족(혹은 최소한 모든 남자)이 전멸할 수 있다. 문제는 앞서 살펴본 허구적 불화처럼 피가 낭자한 불화는 걷잡을 수 없어진다는 데 있다. 애초에 왜 그러한 싸움을 시작했는지는 잊은 지 오래다. 최초의 살해는 너무 오래전에 일어난 일이라 지금 살아 있는 사람 중 희생자를 만난 적이 있는 사람이 아무도 없을지도 모른다. 오늘의 살해는 지난번 살해에 대한 자크마리아일 뿐이고, 지난번 살해는 그전에 일어난 살해의 자크마리아이며 이런 식으로 끝도 없이 이어진다. 마찬가지로, 런던 갱단의 풍경은 계속해서 바뀌고 있지만 브릭스톤Brixton과 펙햄Peckham 갱단들의 경쟁 관계는 자그마치 1970년대, 심지어 1950년대로 거슬러 올라간다.²²

유혈이 낭자한 불화는 멈출 수 있을까? 제2차 세계 대전 이후, 알바니아를 비롯해 카눈이 유효한 지역(오늘날의 몬테네그로, 코소보, 북마케도니아, 남시베리아, 유고슬라비아의 전 지역)은 러시아의 명령으로 공산주의 독재자 엔버 호자Enver Hoxha와 티토Tito의 지배를 받았다. 알바니아와 유고슬라비아 정부는 공식적으로 카눈을 금지하고 억제했다. 하지만 유혈 사태는 끝나지 않았다. 단지 휴면 상태일 뿐이었다. 일부 전문가의 주장에 따르면 일부 지역에서는 '점령군'에 대한 저항의 한 형태로 카눈을 유지했다고 한다.²³ 양 국가의 공산주의 정권이 1990년대 초에 무너지자 휴면 상태였던 불화가 다시 깨어났다.

유혈 불화를 해결하기 힘든 이유는 다른 누군가가 끝낼 수 없기 때문이다. 불화는 양가 혹은 두 거리 갱단 사이에 일어난다. 강력한 정부가 불화를 억누를 수는 있다. 자크마리아를 실행한 죄로 감옥에 가둘 수 있지만 막을 수는 없다. 정부가 우리를 대신해 우리의 적을 용서할 수는 없으며, 우리의 적을 대신해 우리를 용서할 수도 없다. 유혈 불화를 끝내는 유일한 방법은 양측이 그렇게 하겠다고 동의하는 것뿐이다. 불화 마스터플롯이 안겨준 교훈은 양측이 더 큰 적에 맞서 싸우기 위해 단결할 때만 불화가 종식된다는 것이다. 런던 거리 갱단에서는 이러한 일이 이따금 일어난다. 사이먼 하딩스은 《길거리 카지노》에서 사우스 런던에서 GAS갱이 어떻게 러버로 보이스Loughborough Bois, 머더 존Murder Zone과 합심해 펙햄, 털스 힐Tulse Hill, 스톡웰Stockwell의 갱단에 맞서 싸우는지 보여준다. 하지만 이러한 제휴는 일시적일 뿐이다. 더 큰 적에 맞서 싸우기 위한 온전한 화해는 영화에서나 일어나는 일이 아니던가?

유고슬라비아는 미국처럼 개별 주로 이루어진 연방공화국으로 수립되었다. 이 나라를 이루는 여섯 개의 주는 세르비아, 크로아티아, 보스니아헤르체고비아, 북마케도니아, 슬로베니아, 몬테네그로다. 아르마니아인이 대다수인 코소보는 세르비아 안에 자치주로 불안하게 자리 잡고 있었다. 유고슬라비아의 대통령 티토는 철권통치로 평화를 유지했지만 1980년 그가 사망한 뒤 코소보의 갈등이 고조되기 시작했고 수많은 세르비아인들이 코소보를 떠났다. 1990년, 새로운 세르비아 대통령, 슬로보단 밀로셰비치Slobodan Milosevic는 코소보의 자치 상태를 거부하고 아르마니아어를 사용하는 신문을 폐쇄했으며 아르마니아 교사, 의사, 우체국 직원을 해고했다.

여기 안톤 체타Anton Cetta라는 인물이 있다. 1995년 사망하기 직전까지 그는 서사에 파묻혀 살았다. 코소보 아르메니아 학문 연구소의 민속학과Department of Folklore in Kosovo's Institute of Albanian Studies를 이끈 그는 이 지역의 전통 설화를 집대성한 16권가량의 책을 출간했다. 체타 박사는 서사의 힘을 알았다. 불화를 야기하기도 하지만 불화를 치유하기도 하는 서사가 지닌 힘을. 1990년부터 체타 박사는 학생 500여 명과 코소보의 가정을 일일이 방문해 아르마니아인들에게 유혈 불화를 용서해달라고 했다. 그는 '화해의 전염'이라는 방법을 사용했다. 체타는 비교적 '쉬운' 사례부터 찾아보았다. 예를 들어 위협받은 사람이 집에 머물면서 자크마리아를 기다리고 있는 가운데 식어버린 불화가 있었다. 그는 화해를 중재한 다음, 이를 다음 집에 제시할 하나의 사례로 활용했다. 구두 계약만으로 화해가 이루어진 건 아니었다. 민속학자인 체타는 대단원의 막이 필요하다고 생각했다. 한때의 적이 다 함께 모여 성대한 파티를 여는 영화의 마지막 장면이 필요했다. 화해가 이루어질 때마다 전통 음악과 춤, 음식이 함께했다. 새롭게 화해한 가족뿐만 아니라 친구, 이웃, 현지 고위 관리도 이 파티에 참석했다. 대부분 비교적 소규모로 30명 정도가 참석했다. 하지만 가장 큰 파티는 10만 명이 넘는 사람이 참석하기도 했다(화질이 별로지만 유튜브에서 이 행사의 영상을 볼 수 있다[24]). 전부 50만 명이 넘어 코소보 전체 인구의 4분의 1이 화해에 동참했다. 1992년이 되자 1천 건에서 2천 건가량의 유혈 불화가 종식되었다. 1993년 무렵 코소보에서는 단 한 건의 살해도 기록되지 않았다.[25]

체타와 학생들은 코소보의 유혈 불화를 어떻게 거의 뿌리 뽑을 수 있었을까? 바로 서사 덕분이다. 평생 이야기에 집착해온 체타는 경쟁자들이 서로의 차이를 밀어둔 채 더 큰 적을 위해 힘을 합쳐야만 구원과 화해가 찾아온다는 걸 알았다. 이 경우 더 큰 적은 밀로셰비치와 세르비아 군대였다. 전문가들의 말처럼 "코보소의 다른 아르마니아인들을 상대로 유혈 불화를 추구하는 것은 저항군에 반하는 행위가 되었다.[26] 가족들은 피를 사면했다…… 젊음, 인류, 깃발의 이름으로."[27]

해피 엔딩

전반적으로 이번 장은 상당히 우울했다. 앞서 살펴봤다시피 불화 마스터플롯은 우리의 DNA에 새겨져 있다. 태어날 때부터 우리는 나와는 다른 사람을 경계하며 '나와 다른' 사람을 괴롭히는 이들에게 긍정적으로 반응한다. 우리는 어떠한 예술 작품을 선호하는지 같은 사소한 일을 두고도 **대등한 적수**이자 **거울상**인 반대편을 찾아 편을 가르고 싶어 한다. 우리가 자초한 불화는 **걷잡을 수 없어지며** 애초에 싸움을 시작한 이유가 뭔지도 잊은 채 계속된다. 스포츠에서의 불화는 귀엽게 봐줄 만한 수준이지만 런던이나 코소보 거리에서 일어나는 것 같은 끔찍한 불화도 굉장히 흔하다. 우리는 밀로셰비치 같은 더 큰 적을 처단하기 위해 이따금 차이를 제쳐두기도 하지만 이러한 불화는 자동으로 계속 이어지고 감당할 수 없어지기 때문에 런던 거리 갱단을 비롯한 많은 불화가 현실적으로 종식될 가능성은 없어 보인다.

그렇다고 완전히 암울하지만은 않다. 불화 서사는 보통 죽음과 파괴를 낳으나 인류 진보, 특히 과학적 진보를 위한 촉매제가 될 수도 있다. 나 자신의 커리어가 대표적인 예다.

우리 어머니는 이따금 나에게 물으신다. "벤, 네가 정확히 하는 일이 뭐니?" 음, 내 직함은 '교수'다. 대부분은 교수를 우아한 사람일 거라 생각한다. 학생들에게 번드르르한 철학을 가르치는 사람 말이다. 영화 <솔트번>의 첫 장면에서처럼 팔꿈치에 가죽 패치를 덧댄 트위드 재킷을 입고 오크 나무판으로 장식된 사무실에서 디캔터에 담긴 셰리 와인을 마시는 그런 모습? 그렇다. 학생을 가르치는 것이 나의 중요 임무 중 하나이긴 하다. 나는 인기 있는 심리학을 바탕으로 하는 '현실에서의 심리학'이라는 과정을 가르친다. 하지만 다른 교수들, 조교수, 부교수, 강사처럼 내가 주로 하는 일은 연구다.

나의 주 연구 분야는 아이들의 언어 발달이다. 내가 이렇게 말하면 대부분 내 연구가 언어나 읽기, 혹은 외국어 학습에서 문제를 겪는 아이들을 위한 일이라고 생각한다. 하지만 그런 것들과는 아무런 관련이 없다. 터무니없이 들리겠지만 지난 20여 년 동안 수백만 파운드의 자금이 들어간 나의 주된 연구는 자라나는 아이들의 모국어 학습법에 관한 이론을 제안하고 시험하는 일이다. 즉 영국에서 자라는 아이들이 어떻게 영어를 배우고 이스라엘에서 자라는 아이들이 어떻게 히브리어를 배우고, 과테말라의 키체족 아이들이 어떻게 키체 마야어를 배우는지 살피는 것이다(전부 내가 연구한 언어다).**28**

아이들이 언어를 배우는 방식을 둘러싼 대표적인 이론이 두 가지 있는데 양측은 (최소한) 1950년대 이후로 끊임없이 티격태격하고 있다. 두 이론을 살펴보기 위해 예시로 우리 딸이 두 살 때 한 질문을 살펴보자. "*뭘 엄마는 해?" 아, 너무 귀엽지 않은가. 하지만 여기서 잠깐! 문장 앞부분에 있는 별표가 보이는가? 이는 "조심해, 이 문장은 문법적으로 잘못되었어"를 의미하는 표준 언어학 기호다. 내 딸이 하고 싶었던 말은 당연히 "엄마는 뭐 해?"였다. 하지만 단어들의 위치가 바뀌어서 "*뭘 엄마는 해?"가 되고 말았다. 영어를 하는 아이들 대부분이 왜 이와 비슷한 실수를 저지를까? 아이들의 언어와 관련된 대다수의 것들이 그렇듯, 이 경쟁적인 두 이론은 서로 굉장히 다른 설명을 제시한다.

노암 촘스키Noam Chomsky는 현존하는 가장 유명한 학자로 가장 많이 인용되는 사람임이 분명하다. 아이들이 언어를 학습하는 방법에 관한 첫 번째 견해는 촘스키의 사고와 깊은 관련이 있다. 그렇기 때문에 다른 수많은 연구자를 열외로 취급하게 될 위험을 무릅쓰고 이 이론을 '촘스키적 관점'이라 부르겠다. 세부 사항은 일단 제쳐두고 이 이론에 따르면 아이들은 서술하고 그걸 질문으로 바꾸는 능력을 *타고 났다*. 이 과정은 2단계로 이뤄진다. 질문하는 단어를 앞으로 옮기고(1단계), '조동사'(여기에서는 is)의 위치를 옮기는 과정(2단계)이다.

서술: 엄마가 무엇을 한다 Mummy is doing what

→ 1단계: 무엇을 엄마는 하지? What Mummy is doing?

→ 2단계: 엄마는 무엇을 하지? What is Mummy doing

촘스키적 관점에 따르면 아이들이 "*뭘 엄마는 해?" 같은 실수를 저지르는 이유는 1단계 이후 앞으로 나아가지 못하기 때문이다. 아이들은 이 특정한 실수(가령 "해 뭐를 엄마가?"가 아니라)를 한다는 사실은 아이들이 의문문을 만드는 공식을 제대로 알고 있음을 (아이들이 *태어날 때부터* 올바른 규칙을 알고 있음을) 보여준다. 아이들은 그저 이따금 앞으로 나아가지 못할 뿐이다.

그게 촘스키적 관점이다. 이에 반하는 관점, 다시 말해 반촘스키적 관점은 우리는 태어날 때부터 언어의 규칙을 아는 게 아니라 들으면서 배운다는 것이다. 반촘스키적 관점에 따르면, 아이들이 "*뭘 엄마는 해?" 같은 실수를 저지르는 이유를 간략하게 설명하자면 "엄마+가+한다"라는 문장의 조합을 자주 들으며 ("**엄마가** 물건을 나른다", "**엄마가 할게**, 아가." "장난감은 네가 치워야 하는데 **엄마가 하고** 있네.") 문장 앞에 질문하는 단어만 넣으면 의문문이 된다고 생각하는 것이다.

무엇+엄마가 한다 What+Mummy is doing?

→ *무엇을 엄마가 하지? What Mummy is doing?

난해하게 들리겠지만 지난 수년 동안 어떠한 이론이 옳은지 혹은 최소한 진실에 가까운지 알아내기 위해 수많은 실험이 이루어졌다. 나 역시 그러한 실험을 수없이 해봤기에 잘 알고 있다.[29] 여러분에게 세부 사항을 전부 공유하지는 않겠지만 아주 간략하게 말해서 내 실험은 반촘스키적 견해를 지지한다(최소한 내 생각은 그렇다). 왜냐하면 아이들이 특정한 단어의 조합을 더 자주 들을수록 말할 때 실수를 저지를 확률도 더 높기 때문이다.[30] 실험 결과대로라면 아이들이 실수하는 이유는 내재화된 규칙을 적용하는 과정에서 앞으로 나아가지 못하기 때문이 아니라 주위에서 들리는 언어를 통해 배우기 때문이다. 반촘스키적 견해가 옳다는 뜻이다. 하지만 수많은 동료가 이 의견에 강하게 반대할 것이다.

사실 이론적, 실험적 견해 충돌은 내가 좋아하는 부분이다. 이론을 개발하고 이 이론을 바탕으로 예측하고, 이러한 예측을 시험할 실험을 구상하고 자료를 수집하고, 결과를 통계적으로 분석하고 설득력 있게 기록하고, 반대하는 평가자에게 반박하는 일을 나는 *정말 좋아한다*. 특히 내 이론이 옳고 다른 이들의 이론이 그르다는 결과가 나올 때는 기분이 끝내준다(이러한 싸움이 개인적인 게 아니라 직업적으로서의 것임을 확실히 하고 싶다). 코로나가 발발하기 전, 아이들이 태어나기 전, 해외 컨퍼런스에 정기적으로 참석할 때면 나는 늘 '적들'과 친구가 되어 어울리곤 했다. 그런데 이 적들과의 논쟁에는 불화 마스터플롯 레시피의 핵심 재료가 전부 들어 있다.

우선, 양측은 **대등한 적수**다. 어떠한 주장이 증거가 확실한지 학자들에게 물으면 분명 자신이 지지하는 관점이라고 말할 것이다. 그러니 이 방법은 별로 도움이 되지 않는다. 그런데 명망이나 위신 측면에서 보면 어느 한쪽도 우세하지 않다. 학자들은 비슷한 관점을 지닌 이들을 고용하는 경향이 있기에 대학로, 심지어 지리학적 영역별로도 지지하는 견해가 다르다. 대략 미국에서는 MIT, 하버드대학교, 뉴욕시립대학교 같은 동부 연안 학교들은 촘스키의 주장을 선호하는 반면 스탠퍼드대학교, 버클리대학교를 비롯해 캘리포니아대학교들은 대부분 반촘스키적 견해를 지지한다. 영국에서는 유니버시티컬리지 런던을 비롯한 인근 대학들은 촘스키를 선호하고 맨체스터, 리버풀, 노팅엄 등은 반촘스키를 지지한다. 아이비리그대학교와 옥스퍼드대학교 내에서도 의견이 갈린다. 양측의 비율도 꽤 균등하다.

둘째, 양측은 서로의 **거울상**이다. 반촘스키적 관점은 아이들이 발달 초기에 저지르는 실수들에 관해 설득력 있는 설명을 제시하지만 아이들이 결국 어떻게 성인의 언어 체계를 깨닫는지는 충분한 설명을 제공하지 못한다. 반면 촘스키적 관점은 성인의 언어 체계에 대해서는 아주 세부적으로 설명을 제시하지만 아이들이 초반에 저지르는 실수에 대해서는 제대로 설명하지 못한다. 양측은 《에덴의 동쪽》의 칼렙과 아론 혹은 〈탑건〉의 매버릭과 아이스맨처럼 각기 다른 성격을 지니기도 한다. '아이스맨'에 가까운 공식적이고 정확한 촘스키적 견해는 '매버릭'에 가까운 반촘스키적 견해가 '아무래도 상관없다'는 식의 비공식적이고 태평한 태도라며 비난한다. 물론 전혀 부당한 비난은 아니다.

셋째, 인정하기 살짝 부끄럽지만 촘스키적 관점과 반촘스키적 관점 사이의 싸움은 확실히 **걷잡을 수 없어지고** 있다. 핵심 주제에서 멀어진 지 오래다. 경쟁하는 이 두 이론을 시험하기 위한 실험을 고안하고 실행하고 보고하는 것이 나의 주 업무다. 이러한 이론들이 아이들의 언어 발달과 관련 있다는 사실은 거의 부수적인 부분이 되고 있다. 오해하지 말기를. 나는 이 주제가 정말 흥미롭다고 생각한다. 하지만 나의 커리어가 다른 방향으로 흘러갔더라면, 나는 아이들의 수학 능력 발달, 성인 얼굴 인식 작동 방식, 혹은 우리가 가짜 기억을 만드는 이유에 관해 경쟁하는 이론들을 개발하고 시험하는 데 기꺼이 만족했을 것이다.

여기서 잠깐! 불화 레시피의 마지막 핵심 재료를 기억하는가? 그렇다. **구원과 화해**의 대단원을 통해 적들은 결국 차이를 극복하고 공통의 목표를 위해 손을 잡는다. 내가 나이가 들어 물러진 건지 몰라도 아니면 불화 영화를 너무 많이 봐서 그런지 몰라도 나는 그러한 방향으로 가고 있다. (직설적으로 말해) 아이들이 언어를 배우는 방식에 관한 나의 관점을 지지하는 증거를 제공하기 위해 나는 여전히 실험을 계획하고 시행하지만 다른 관점을 공공연하게 반대하는 데에는 점차 흥미가 떨어지고 있다. 사실 내가 최근에 진행한 프로젝트(다섯 건이 넘는 실험과 컴퓨터 모델 결과)는 이러한 싸움을 완전히 배제한 채 같은 이론을 지지하는 두 개의 다른 관점을 대조했다. 코카콜라와 펩시의 사례에서 배웠듯, 소비자(내 경우 동료 학자들)는 부정적인 선전을 싫어하기 때문에 자신이 만든 제품의 장점을 강조한 뒤 그들이 그 맛을 좋아하기를 바라는 편이 더 나을 것이다.

하지만 어떠한 학자가 여러분에게 자신의 커리어 스토리가 지식을 추구하는 퀘스트 마스터플롯(2장), 복잡한 현상을 해결하는 언탱글드 마스터플롯(3장), 질병에 맞서 싸우는 괴물 마스터플롯(5)이라고 말한다면 곧이곧대로 듣지 말기를 바란다. 그들이 어떤 이야기를 전하든 그건 전형적인 불화 스토리의 시작일 테니까.

7장

모두의 응원과
사랑을 받고 싶다면
약자 마스터플롯

따뜻한 햇볕이 내리쬐는 곳에 오래된 전원주택 한 채가 있었어요. 수로가 전원주택을 감싸고 담장과 물가 사이에는 거대한 우엉 잎이 자랐죠. 이 안락한 곳에서 오리 한 마리가 둥지에 앉아 알을 품고 있었어요.

마침내 알 하나가 갈라지고 뒤이어 다른 알이 갈라졌죠. "삐약 삐약!" 아기 오리들은 알을 깨고 나와 울었어요. 늙은 오리가 지나가다가 엄마 오리에게 물었지요. "괜찮소? 이 알은 참 오래도 품고 있네." 엄마 오리는 말했어요. "얘는 나올 생각을 하지 않네요. 하지만 다른 아이들을 보세요. 참 예쁘지 않나요? 제 아빠랑 똑같이 생겼어요. 그나저나 애 아빠는 왜 코빼기도 안 보이는지." 드디어 마지막 오리가 알을 깨고 나왔어요. 그런데 얼마나 크고 못생겼는지! 다른 오리들은 그 오리를 보더니 이렇게 말했어요. "보세요! 드디어 나왔…… 휴 난 정말 다행이다! 이 녀석 정말 이상하게 생겼네. 도저히 못 봐주겠어!" 한 마리가 앞으로 돌진하더니 미운 오리의 목을 꽉 깨물었어요. "너무 크고 보기 흉해! 그러니까 너는 좀 맞아도 돼." 그 오리가 말했죠.

"정말 예쁜 가족이네." 늙은 오리가 말했어요. "딱 한 마리만 빼면 정말 예쁜데 말이지. 쟤는 좀 잘못된 거 같은데. 엄마가 예쁘게 좀 가꿔야겠어." "그건 좀 힘들 거 같네요." 엄마 오리가 말했어요. "못생긴 건 맞지만 성격은 괜찮아요. 수영도 곧잘 하고요. 다른 아이들보다 훨씬 더 잘해요."

하지만 불쌍한 오리는…… 형제자매뿐만 아니라 암탉과 뿔닭들에게도 물리고 밀치고 괴롭힘을 당했어요. 뿔닭은 돛을 올린 함선처럼 몸을 부풀린 다음, 미운 오리를 향해 날아올랐고 얼굴이 빨개질 때까지 고함을 쳤지요.

다음 날도, 그 다음 날도 마찬가지였지만 상황은 더 악화되었어요. 불쌍한 오리는 매일 괴롭힘을 당했지요. 형제자매들도 미운 오리에게 불친절하기는 마찬가지여서 계속해서 이렇게 말했어요. "고양이가 물어갔으면 좋겠네, 이 못생긴 오리야!" 엄마는 이렇게 말했고요. "아예 태어나지 않았으면!" 미운 오리를 보면 형제자매들은 쪼고, 닭은 밀치고, 새 모이를 주는 소녀는 발로 찼지요.

그래서 미운 오리는 달아났어요……. 집을 떠나 호수를 헤엄치고 호수 아래로 뛰어들기도 했죠. 하지만 못생겼다는 이유로 다른 동물들은 미운 오리를 무시했어요.

미운 오리가 추운 겨울 내내 견뎌야 했던 궁핍과 수난은 차마 이루 말할 수 없었죠. 미운 오리가 습지에, 갈대 사이에 누워 있는데 태양이 다시 비치기 시작했어요. 종달새가 노래하고 봄이 찬란한 모습을 드러냈죠……. 아, 싱그러운 봄이 시작되는 순간에는 모든 것이 얼마나 아름다운지요! 눈부시게 하얀 백조 세 마리가 덤불에서 나와 미운 오리 앞에 모습을 드러냈어요. 백조들은 날개를 퍼덕이고 수면 위에서 가볍게 헤엄쳤죠. 미운 오리는 아름다운 백조를 보고는 우울해졌어요.

"내가 저 우아한 새들에게 다가가면 감히 자기들한테 다가왔다며 때려죽이려 하겠지. 난 왜 이렇게 못생겼담! 하지만 상관없어. 오리들에게 쪼이고 닭들에게 맞고 새 모이 주는 소녀에게 발로 차이고 겨울 내내 굶주리느니 저들에게 죽임을 당하는 게 낫겠어." 미운 오리는 개울가로 헤엄쳐갔어요……. "죽이지만 않았으면!" 불쌍한 미운 오리는 이렇게 말하며 고개를 숙여 수면을 바라본 채 운명을 기다렸죠. 그런데 맑은 개울에서 미운 오리는 무엇을 보았을까요? 수면 위에 비친 미운 오리는 더 이상 칙칙하고 못생긴 회색 오리가 아니라 아름다운 백조였어요! 오리 둥지에서 태어난 건 중요하지 않았어요. 백조의 알에서 부화한다면 말이죠!

미운 오리는 그동안 견딘 수난과 궁핍을 크게 기뻐했죠. 덕분에 자신을 기다리고 있던 행복을 진심으로 느낄 수 있었거든요. 커다란 백조들이 미운 오리 주변으로 헤엄쳐오며 부리로 미운 오리를 쓰다듬었어요.

아이들이 정원으로 와서 빵 부스러기와 옥수수 알갱이를 물속에 던졌죠. 가장 어린 아이가 소리쳤어요. "처음 보는 백조다!" 그러고 손뼉을 치며 뛰어다니더니 더 많은 빵 부스러기를 물속에 던졌지요. 모두가 합창했어요. "저 백조가 가장 예뻐. 가장 어리고 너무 사랑스러워!" 나이 든 백조들은 미운 오리에게 고개를 숙여 인사했어요.

미운 오리는 스스로가 자랑스럽기보다는 그저 행복했어요. 마음씨 착한 오리는 거만하지 않으니까요……. 미운 오리는 날개를 파닥이며 날씬한 목을 들어 올리더니 마음속 깊이 외쳤어요. "미운 오리였을 때는 이런 행복을 꿈도 못 꿨는데."

한스 크리스티안 안데르센의 《미운 오리 새끼》[1] 중에서

여러분이 방금 읽은 이야기는 백 년도 더 되었다. 하지만 약자 마스터플롯 레시피는 이 이야기 자체만큼이나 오래됐다. 이러한 구조를 따르는 최초의 이야기 중 글로 남은 이야기는 기원전 0년으로 거슬러 올라간다. 그리스 지리학자 스트라보Strabo가 쓴 로도피스Rhodopis의 전설이다.

목욕을 하고 있는데 독수리가 로도피스의 샌들 한 짝을 하녀에게서 낚아채 맴피스 왕에게 가져갔다. 왕은 야외에서 법을 집행하고 있었는데 독수리가 머리 위로 날아와 샌들 한 짝을 그의 무릎 위에 내던졌다. 왕은 아름다운 샌들과 기이한 현상에 동요되었고 신하를 방방곡곡에 보내 그 샌들의 주인을 찾게 했다. 나우크라티스에서 발견된 그녀는 맴피스 왕에게 보내졌고 왕의 아내가 되었다.

스트라본의 《지리학》, 17권, 33[2]

로도피스Rhodopis는 물론 신데렐라 이야기의 가장 초기 버전으로, 이탈리아 버전 《체네렌톨라Cenerentola》는 1634년에 출간되었다. 그 후 1697년에 출간된 프랑스 버전 《상드리용Cendrillon》에는 호박 마차와 요정 대모, 그리고 평범한 신발이 유리 구두로 바뀌는 가장 중요한 내용이 추가되었다. 음침한 독일 버전 《아셴푸텔Aschenputtel》에서는 사악한 새언니들이 유리 구두에 맞추기 위해 발을 잘라낸 뒤 비둘기 때문에 눈이 멀게 된다. 유럽 버전만 있는 건 아니다. 중국의 《예 시안Ye Xian》, 일본의 《스미요시Sumiyosh》, 베트남의 《탐 앤 캄Tam and Cam》, 이란의 《더 문 브로우The Moon Brow》 등 사례는 넘친다. 이 마스터플롯의 개척자 중 한 명인 마리안 롤페 콕스Marian Roalfe Cox는 1893년에 자그마치 345개가 넘는 각기 다른 버전의 신데렐라 이야기를 한 권에 모아 출간했다.[3]

식자층이든 아니든, 구전 민화, 연극, 소설, 영화, 심지어 비디오 게임에서조차 똑같은 이야기를 반복해서 전한다. 〈알라딘〉, 《아서 왕》, 《휘팅턴과 고양이》, 《제인 에어》, 《데이비드 코퍼필드》, 〈바비〉, 《피그말리온》, 《찰리와 초콜릿 공장》, 〈요셉과 총천연색 꿈의 코트Joseph and the Amazing Technicolor Dreamcoat〉, 〈슬럼독 밀리어네어〉, GTA 4(액션 어드벤처 게임-옮긴이) 등 모든 이야기가 가장 흥미로운 이 마스터 플롯 레시피를 따른다.

마스터플롯 레시피

내가 약자 마스터플롯을 소개하기 위해 선택한 이야기, 한스 크리스티안 안데르센의 《미운 오리 새끼》(1843년 덴마크어로 처음 출간되었다)는 약자 레시피를 정말 잘 보여준다. 인간이 주인공인 약자 이야기는 호박 마차나 유리 구두 같은 마스터플롯과 관련 없는 소재들로 우리의 주의를 빼앗지만 안데르센은 가장 집약적인 형태로 약자 마스터플롯 레시피를 따른다. 불필요한 부분이 하나도 없다.

약자 레시피의 가장 중요한 재료, 이야기의 클라이맥스에 추가되어야 하는 재료는 **운명의 실현**이다. 현대적인 용어로는 '자아 찾기'다. 이야기의 시작에서 (아직은 아니지만 곧 그렇게 될) 우리의 영웅은 고귀함, 착한 심성, 청렴결백, 리더십 혹은 순수한 매력 등 위대함을 타고

났지만 아직은 드러나지 않는다. 이야기가 클라이맥스에 이를 때 이러한 본질적인 위대함이 영웅뿐만 아니라 주위의 모든 이에게 분명하게 드러난다. '미운 오리'가 전형적인 사례다. 미운 오리의 본질적인 위대함은 말 그대로 존재 자체가 백조라는 점이다. 흥미롭게도 전문가의 대부분이 '미운 오리 새끼'가 안데르센이나, 그의 친구이자 오페라 가수였던 제니 린드Jenny Lind라고 생각한다. 신데렐라의 경우 본질적인 위대함은 '굉장히 다정하고 상냥한 품성'으로 세상에서 가장 친절한 사람인 어머니에게 물려받았다.**4** 〈슬럼독 밀리어네어〉의 자말의 경우 겸손함, 투지, 지략이며,《찰리와 초콜릿 공장》의 찰리 버켓의 경우 관대함과 이타심이다(찰리는 매년 한 개뿐인 자신의 소중한 생일 초콜릿을 가족들과 나누는 아이다).

이 부분에 있어 약자 레시피는 괴물 레시피와 비슷하다. 물론 주요한 차이점이 두 가지 있긴 하다. 첫째, 약자는 강력한 괴물과 (심지어 비유적인 괴물과도) 싸우지 않는다. 불가항력적인 힘을 뚫고 성공을 쟁취하지만 그 과정에서 누군가를 죽여야 하는 건 아니다. 왕국을 위협하는 괴물은 없다. 그렇기에 괴물 레시피에서처럼 우리의 약자 영웅이 집단이나 부족 전체를 위해 행동에 나서야 할 필요는 없다. 그들이 이루는 궁극적인 승리는 개인적인 것이다. 두 마스터플롯을 나누는 두 번째 차이는 **운명의 실현**이라는 핵심 재료와 관련 있다. 괴물 이야기의 주인공은 뜻밖의 영웅이지만 본질적인 위대함은 없다. 운명의 필연적인 실현도 없다. '미운 오리 새끼'가 약자 스토리가 아니라 괴물 스토리였다면 미운 오리는 백조가 되지 못했을 것이다. 그저 이웃집 고양이로부터 오리들이 사는 연못을 지키는 평범한 오리로 남았을 것이다.

운명의 실현이라는 이 핵심 재료는 정말 중요하기 때문에 다른 핵심 재료들은 주로 이 핵심 재료의 맛을 내기 위한 부수적인 역할이다. 예를 들어 가장 뚜렷한 핵심 재료인 **초라한 시작**을 살펴보자.• 이 이야기는 왜 가난한 영웅(찰리 버킷, 자말 말릭, GTA 4의 니코 벨릭)에서 시작되어야 할까? 이들의 본질적인 위대함은 이야기의 클라이맥스에서 극적으로 드러날 때까지 감춰져 있어야 하기 때문이다. 곧 왕이 될 왕자가 왕족이 누리는 온갖 혜택을 누리다가 아버지가 세상을 떠나자 자연스럽게 왕위를 이어받는 스토리는 진짜 약자 스토리라고 할 수 없다.

또 다른 핵심 재료 역시 마찬가지다. '미운 오리 새끼'에서처럼 **어린 시절** 혹은 신데렐라, 찰리 버킷, 자말 말릭처럼 **영웅의 신생아 시절이 등장**하는 것이다. 이 재료 역시 운명의 실현이라는 맛을 내기 위해 필요하다. 영웅의 어린 시절의 모습은 나중에 드러나는 본질적인 위대함이 사실 주인공 안에 내내 있었음을 보여준다. "신데렐라는 선한 자질을 세상에서 가장 친절한 사람인 어머니에게서 물려받았다"라거

- 안데르센의 삶은 '미운 오리 새끼' 이야기에 꼭 들어맞는다. 그는 왕족임을 주장했지만 그의 아버지는 가난한 신발 제작자였고 어머니는 세탁부였다.

나 '착한 심성'과 '착한 기질'을 지닌 미운 오리 새끼는 신생아 시절의 재료가 아주 확실히 드러나는 사례다. 미운 오리 새끼는 처음에 알 상태로 등장하는데, 그 알은 오리알이라고 하기에 너무 크다. 이미 백조로서의 본질이 존재했기 때문이다. 약자 스토리에 등장하는 인간 영웅 역시 마찬가지다. 미운 오리 새끼가 백조임을 학습하지 않았듯 신데렐라, 찰리, 자말은 다정함, 이타심, 겸손함을 배우지 않았다. 그걸 타고났다. 이따금 성인인 영웅이 등장할 때도 있지만 그들은 여전히 어린아이 같은 면을 지닌다. GTA 4의 니코 벨릭은 성인이지만 배에서 막 내려 리버티 시티에 도착할 때는 막 알에서 부화한 양 순결한 모습이다.

운명의 실현이라는 맛을 내는 데 기여하는 또 다른 핵심 재료는 **못된 언니들**이다. 《신데렐라》와 《미운 오리 새끼》에서 이들은 말 그대로 언니들이다(미운 오리 새끼의 경우 닭, 농장 소녀, 심지어 엄마 역시 못된 언니 역할을 한다). 안데르센은 큼지막한 코, 커다란 발, 고운 노래하는 목소리, 연극을 향한 열정[5] 때문에 동급생들에게 놀림을 받았다. 《찰리와 초콜릿 공장》에서 못된 언니들은 공장 견학에 함께한 다른 아이들이다. 이 아이들 모두 욕심이 많은데다 이기적이다. 찰스 디킨스Charles John Huffam Dickens의 소설 《데이비드 코퍼필드》에서 못된 언니들은 데이비드의 잔인한 의붓아버지와 고모다. 〈슬럼독 밀리어네어〉에는 소년 길거리 갱단의 착취적인 리더 마망이 있다. 못된 언니들의 역할은 영웅의 긍정적인 성품을 강조하는 것이다. 이러한 성품은 **운명이**

실현되는 클라이맥스에서 드러난다. 못된 언니들은 우리의 영웅이 이타적일 때 이기적이고, 우리의 영웅이 관대할 때 심술궂게 행동하는 등 영웅을 돋보이게 하고 결정적으로, 영웅의 본질적인 위대함을 알아채지 못한다. 이 언니들은 너무 잔인하고 자만심이 강한 터라 신데렐라가 상냥할 뿐만 아니라 아름다울 수도 있다고 생각하지 못한다. 초콜릿 공장을 견학하는 다른 아이들은 너무 탐욕스럽고 이기적인 터라 찰리가 겸손하고 이타적일 수 있다는 생각도 하지 못한다. 미운 오리 새끼의 형제들은 너무 오리다운 터라 미운 오리 새끼가 백조가 될 수 있다고 생각하지 못한다.

운명의 실현 뒤에 곧바로 추가되어야 하는 마지막 재료는 **보상**이다. 이 재료의 주요한 기능 역시 **운명의 실현**이라는 맛을 내는 것이다. 신데렐라의 상냥하고 친절한 품성, 자말의 겸손함, 투지, 지략, 찰리의 관대함과 이타심, 혹은 미운 오리의 백조다움이 널리 알려지는 걸로는 충분하지 않다. 이러한 자질은 왕자와의 결혼, 퀴즈쇼, 백만장자가 되고 싶은 사람에서 잭팟 터뜨리기, 찰리 소유의 초콜릿 공장이나 엄청나게 많은 양의 빵과 케이크 등으로 보상받아야 한다. 그래야만 겸손한 약자가 그들의 운명을 오롯이 실현했다 할 수 있다.

허구보다 기이한

1485년, 리처드 3세(셰익스피어 연극에 등장하는 나쁜 인물)가 보스워스 전투Battle of Bosworth에서 패한 뒤 사망하면서 플랜태저넷Plantagenet 가문이 몰락하고 중세가 종식되었다. 리처드 왕의 사체는 벌거벗겨진 채로 말 등에 얹어졌고 주州 묘지에 아무런 격식 없이 매장되었다. 다다음 왕인 헨리 8세가 수도원의 해체를 명령했을 때 리처드 왕의 사체는 소어강에 던져졌다. 혹은 그렇다고들 한다.

    토요일 저녁. 비비씨 원BBC One. 황금 시간대. 속옷만 입은 남자가 동료들의 놀림을 받으며 스튜디오 조명을 받은 채 서 있다. 넷플릭스 시리즈 〈블랙 미러〉의 한 장면인가? 아니다. 보스워스 전투가 일어난 지 530년 일주일이 지난 2016년, 영국 축구선수에서 방송인으로 전

향한 게리 리네커Gary Lineker는 자신의 팀, 레스터 시티Leicester City가 프리미어 리그에서 우승하면 속옷만 입고 〈매치 오브 더 데이Match of the day〉 방송에 출연하겠다는 약속을 지킨 거였다.

리처드 3세의 시신은 2012년 레스터 주차장에서 발견되었고 마침내 2015년 3월 26일, 레스터 성당에 제대로 묻혔다. 그 지난주 토요일, 레스터 시티는 프리미어 리그에서 토트넘 홋스퍼Tottenham Hotspur에게 패배하면서 고작 승점 19점으로 리그 하위권에 머물렀다. 바로 이 시점에서 **영웅의 어린 시절이 등장**한다. 낮은 리그 실적에도 원재료, 본질적인 위대함은 내내 그곳에 있었다. 대표적인 득점 선수, 제이미 바디Jamie Vardy, 우승 타이틀을 거머쥔 시즌에 프리미어 리그 올해의 선수가 된 리야드 마레즈Riyad Mahrez, 용감무쌍한 골기퍼 카스퍼 슈마이켈Kasper Schmeichel은 처음부터 이 팀에 있었다. 하지만 이러한 위대함은 대부분 숨겨져 있었다. 당시에 아홉 경기만을 남겨둔 상태에서 레스터는 강등이 불 보듯 뻔했다. 하지만 이 도시의 가장 유명한 아들이 마침내 편안히 묻히면서 레스터는 아홉 경기 중 일곱 경기에서 우승했고 최종 우승자인 첼시에게만 패배했다.

다음 시즌이 시작될 때 레스터는 계속해서 이 기세를 몰아갔고 서른여덟 번의 경기에서 스물세 번 승리를 거머쥐며 고작 세 번만 패했다. 레스터는 시즌의 마지막 날 가까스로 몇 점을 따내면서가 아니라 확실한 10점 차이로 프리미어 리그 타이틀을 거머쥐었고 1억 파운드(약 1,782억 원)라는 엄청난 상금과 함께 프리미어 리그에서 승리한 몇 안 되는 팀이라는 보상을 얻었다.[6] 레스터의 시장을 비롯해 일간에서는 레스터의 부상을 리처드 3세의 공으로 돌렸다. 다른 이들은 구단주 비차이 스리바드하나프라브하Vichai Srivaddhanaprabha의 영향력 덕분이라 했다. 그의 면세 사업은 선수들의 유니폼 가슴에 새겨진 채 대대적으로 홍보되었다. 이름이 궁금한가? 킹 파워King Power다. 진짜로.

2015년과 2016년 레스터 시티가 프리미어 리그에서 우승한 것은 오늘날 팀 스포츠에서 약자가 우승한 가장 위대한 사례라는 데 대부분의 논평가가 동의한다. 축구에 특별한 관심이 없는 독자들이라면 시즌이 시작될 무렵 레스터 시티가 챔피언이 될 확률이 얼마나 낮았는지 이해하지 못할 것이다. 마권업자들이 자주 인용하는 확률, 5천분의 1조차 그들의 **초라한 시작**을 설명하기엔 역부족이다. 마권업자는 도박꾼이 돈을 쓰도록 확률을 제시하는 게 그들의 일이다. 확률이 굉장히 낮은 사건의 경우, 정확한 가능성을 계산하기보다는 그냥 구미가 당기는 숫자를 제시할 수밖에 없는데 5천분의 1은 이때 흔히 사용되는 숫자다. 이 숫자는 거의 모든 확률에 사용된다. 네스호Loss Ness 괴물을 잡을 확률에서부터 80대가 넘어서도 일하는 엘비스를 적발할 확률, 버락 오바마가 영국을 위해 크리켓을 할 확률에서부터 킴 카사디안이 미국의 차기 대통령으로 당선될 확률에 이르기까지.[7] 레스터의 강등과 관련해서는 보다 현실적인 확률이 제시되었다. 3분의 1이라는 데 모두가 동의했다. 레스터는 상위권이 아니라 하위권으로 시즌을 마무리할 게 누가 봐도 확실했다.

레스터의 **초라한 시작**을 잘 보여주는 또 다른 통계는 선수단의 경비다. 레스터 선수단의 경비는 5,400만 파운드(약 천억 원)였지만 영입에 가장 큰 비용을 지불해야 했던 선수 중 일부는 백업 선수였다. 대표 선수인 바디와 마레즈의 경우, 이적료가 각각 백만 파운드(약 18억 원), 35만 파운드(약 6억 원)로 구단이 선수들의 사기를 일으키기 위해 홈경기에서 팬들에게 무료로 나눠주는 응원 도구 비용보다도 적었다. 반면 이전 시즌에서 리그 우승을 거머쥐지 못된 언니, 첼시는 레스터 선수단의 전체 경비보다도 큰 비용을 단 한 명의 선수, 디에고 코스타Diego Costa에게 썼다(또 다른 못된 언니인 맨체스터 시티 소속 케빈 더 브라위너Kevin De Bruyne도 비슷하다). 하지만 이 숫자만으로 약자 스토리를 전부 설명할 수 없다. 예를 들어 2009년 바르셀로나 유러피언 챔피언 리그 우승 팀은 대부분 선수 선발에 아주 적은 금액을 쓰거나 아예 한 푼도 쓰지 않았지만(유명한 유소년 축구 아카데미, 라 마시아La Masia 출신들이었다) 그들은 확실히 약자가 아니다.

그렇다면 선수들 임금은? 이제야 말이 좀 통하네.《축구경제학Soccernomics》에서 사이먼 쿠퍼Simon Kuper와 스테판 스지만스키Stefan Szymanski는 구단의 임금이 성공을 예측하는 가장 정확한 수치임을 입증한다. 임금과 리그 순위 간의 상관관계는 거의 정확하다. 자그마치 90퍼센트에 달한다. 레스터가 승리를 거머쥐기 전, 열여덟 번의 시즌에서 승리한 모든 팀의 임금이 상위 3위였다. 그 해 레스터는 스무 개의 구단 중 16위(8천만 파운드, 한화로 약 1,400억 원)였다. 맨체스터 유나이티드가 2억 3,300만 파운드(약 4,000억 원)로 1위였다.

하지만 그들의 낮은 임금조차 레스터의 이야기가 얼마나 위대한지 제대로 설명하지 못한다. 외부인이 보기에는 레스터가 단순히 운이 좋았거나 계약을 잘한 걸로 느껴질 수 있다. 하지만 사실 리야드 마레즈는 6천만 파운드(약 천억 원)의 이적료를 내고 머지않아 맨체스터 시티로 이적했고 그곳에서 연봉이 천만 파운드(약 185억 원)까지 올라갔기 때문이다. 레스터가 최고의 선수를 먼저 채갔다고 생각할 수 있다. 하지만 이는 사실이 아니다. 마레즈와 은골로 캉테N'Golo Kante를 제외하고 레스터 선수 중 주요 프리미어 리그 선수를 떠올리기란 쉽지 않다.

레스터 시티의 프리미어 리그 우승이 팀 스포츠에서 가장 위대한 약자 스토리인 이유는 신데렐라와 마찬가지로 자신에게 충실했기 때문이다. 그들이 지닌 본질적인 위대함, 결국 운명의 실현을 가져온 이 위대함은 전통에 맞서는 경기 방식이었다.[8] 그 무렵 프리미어 리그에서 우승한 다른 팀들은 느리고 현란한 기술에 치중했다. 공을 차지하고 있는 동안 평균 4.5번의 패스를 하며 초당 1미터의 속도로 적진의 골대로 돌진했다. 이 기준에서 레스터는 프리미엄 리그 우승자 가운데 엄청난 아웃라이어(평균치에서 크게 벗어난 예외적 존재-옮긴이)였다. 평균 패스는 2.5번이었고 적진의 골대까지 초당 2미터라는 번개 같은 속도로 돌진했다. 레스터의 속도와 박력은 그들이 지닌 본질적인 위대함이었다.

하지만 레스터 시티의 성공에는 또 다른 중요한 재료가 있으니 이는 약자 마스터플롯 그 자체다.

이야기 뒤에 놓인 과학

처음에는 모두가 레스터의 리그 순위가 급등한 것이 우연이라고 생각했다. 하지만 시즌이 계속되어도 2위권을 벗어나지 않자 약자 스토리가 자리 잡기 시작했다. 그렇다. 레스터 시티는 엄청난 약자로 시즌의 문을 열었지만 이제 정말로 큰 변화가 일어나고 있었다. 그들은 단 한 시즌 만에 아웃사이더에서 최고의 자리에 오르게 된 것이다.

자기충족적인 예언 효과('기대 효과')가 심리학 연구는 물론 전혀 상관없는 연구 분야에까지 등장하고 있다. 가장 유명한 사례는 플라시보 효과다. 예를 들어 항우울제가 기분 좋게 만든다고 생각하면 설탕만 들어있는 알약에 불과할지라도 실제로 기분이 좋아진다는 것이다. 우리의 기분을 좋게 만든 건 기분이 좋아질 거라는 기대, 자기충족적인 예언뿐이었는데도 말이다. 약이 우리를 속여서 실제로 그렇지 않은데 그렇게 생각하게 만드는 것이 아니다. 2022년에 진행된 메타분석 결과 가짜 항우울제는 진짜 항우울제와 상당수 같은 뇌 부위에 영향을 미치는 것으로 밝혀졌다.[9] 플라시보 효과는 스포츠에서도 적용된다. 2019년 체계적 문헌고찰 결과 플라시보 보충제는 선수들이 빨리 달리거나 자전거를 타거나 역기를 들어 올리는 데 도움이 되는 것으로 나타났다.[10]

자기충족적인 예언 효과가 특히 자주 목격되는 분야는 교육이다. 예를 들어 2020년 독일에서 진행된 연구에서 연구진들은 학급 교사에게 학생들의 읽기와 수학 점수를 매겨달라고 요청했다.[11] 그런 다음 학생들에게 읽기 및 수학 시험을 보게 해, 실제로 그들의 성적을 교사가 생각하는 학생들의 성적과 비교했다. 교사의 예측과 실제 성적이 일치하는 학생들도 있었다. 하지만 교사의 생각보다 더 잘한 학생들도 있었고 더 못한 학생들도 있었다. 학기가 끝날 무렵, 학생들은 표준 읽기 및 수학 시험을 다시 치렀다. 결과는 놀라웠다. 교사가 과대평가한 학생들은 예상보다 높은 성적을 보였고, 교사가 과소평가한 아이들은 낮은 성적을 보였다. 물론 학생의 실제 능력과 노력 여부도 중요했다. 하지만 교사의 기대는 자기충족적인 예언의 대표적인 예시라 할 수 있다. 교사가 우리의 수학 성적을 더 높게 평가할 경우, 교사의 기대를 충족하기 위해 우리는 능력을 최대치로 발휘하는 것이다.

2015년, 2016년 프리미어 리그 타이틀 전에서도 비슷한 일이 일어났다. 레스터 시티의 매니저와 선수뿐만 아니라 경쟁 팀의 마음속에도 약자 서사가 자리 잡기 시작한 것이다. 레스터가 발렌타인 데이에 아스널에게 패배한 경기가 대표적인 예다(앞서 말한 세 번의 패배 중 한 번이었다). 홈구장 탈의실에는 아스날 선수들이 자축하는 셀피와 영상이 떠돌았다. 대표적인 하위권 팀이 아니라 타이틀 경쟁자를 막 이기기라도 한 분위기였다. 레스터 선수들은 독일의 초등학생들처럼 생각했다. 잠깐, 저렇게 기뻐할 정도로 우리가 강하다고 생각하잖아. 저들의 말이 맞을지도 몰라. 우리는 차기 프리미어 리그 챔피언이 될지도 몰라.

가장 중요하게도 이 약자 서사는 세 번째 그룹도 사로잡았다. 심판이었다. 오해하지 말기를. 레스터 시티가 프리미어 리그에서 우승할 자격이 없다고 말하는 게 아니다. 정반대로, 눈곱만한 예산으로 화려한 상대를 무찌른 그들은 승리를 누릴 자격이 넘친다. 그런데 5천분의 1의 확률, 5천 400만 파운드라는 선수단 경비 외에도 덜 알려진 통계가 하나 더 있다. 2015년과 2016년, 레스터 시티는 프리미어 리그 시즌에 가장 많은 페널티를 받았다. 열세 건으로 이례적으로 높은 수치였다. 예를 들어 레스터의 주요 적수인, 토트넘과 아스널은 각각 다섯 건과 두 건의 페널티만 받았다. 레스터 선수 가운데 고상하게 말해 페널티를 얻는 재주가 있는 선수가 한 명 있기는 하다(상대편 팬들은 덜 고상하게 말하지만). 하지만 약자 스토리에 빠져버린 심판은 레스터 시티가 하부리그에서 발탁한 제이미 바디를 조금도 봐주지 않았다. 바디가 다이빙(상대의 반칙을 유도하기 위해 고의로 넘어지는 행위-옮간이)을 했다며 옐로카드를 주었던 심판은—그 경기에서 그에게 두 번째 주어진 옐로카드였다—연장 기간이 다 끝나갈 무렵 재빨리 레스터 시티에게 굉장히 의문스러운 페널티를 주었고 그리하여 레스터 시티는 시즌의 마지막 주요 단계에서 가치 있는 무승부를 기록하게 된다.

페널티 자체가 차이를 가져온 건 아니었다. 페널티가 주어지지 않은 경우도 세 번 있었고 레스터가 이미 챔피언이 된 경기에서 페널티를 받은 경우도 두 번 있었으며 한 번은 그들이 어쨌거나 진 게임에서 주어졌다. 중요한 건 페널티가 의미하는 바였다. (레스터의 약자 스토리에 의식적으로 기여하려 하지는 않았겠지만) 심판은 치명적인 타격을 가하기 전에 확실히 해야 했을 것이다. 경기마다 심판은 아슬아슬한 경기 판정을 십수 건은 내린다. "이게 페널티인가?" 이뿐만 아니라 "오프사이드인가?", "프리킥인가?" 같은 결정을 말이다. 백지 한 장의 차이 때문에 심판은 무의식적으로 극도로 조심하게 된다. 무일푼에서 벼락부자를 꿈꾸는 모두의 계획을 뒤집지 않도록 말이다.

자기충족적인 예언 효과만이 여기에 영향을 미치는 유일한 심리 효과는 아니다. 레스터 시티가 그들의 운명을 깨닫는 데 도움을 준 관련 효과는 심리학 용어로 현상 유지 편향이다. 수많은 실험 연구 결과 다양한 가설적인 선택지 가운데 (예를 들어 전기 공급 계약[12]) 선택해야 할 때 절반이 넘는 참여자가 실험자가 '현상 유지'라고 정한 옵션을 선택하는 것으로 밝혀졌다. 그러한 설정이 완전히 가설인데도 말이다. 다시 말해 '유지'하는 대신 '바꾸는' 데 큰 노력이 들어가지 않는데도 말이다. 따라서 '레스터가 정말로 이긴다'는 생각이 그 시즌에 현상 유지가 되자 심판은 그걸 심리적으로 거부할 수 없었다. 그 게임의 승패에 당연히 아무런 판돈을 걸지 않았음에도 말이다.

또 다른 관련 있는 편견은 위험 회피다. 간단히 말해 불확실성에 노출될 때 우리는 보통 덜 위험해 보이는 선택을 한다. 레스터 시티의 제이미 바디가 반칙을 범한 것이 페널티인지 50대 50으로 결정을 내리기 힘든 상황이라고 치자. 레스터와 상대 팀 둘 다 그 시즌에 우승을 노리고 있지 않다면 어떠한 판단을 내려도 딱히 위험하지 않다. 자신의 직감을 믿어도 좋다. 하지만 약자 마스터플롯의 영향이 점차 강해지는 시즌에는 레스터 선수들, 그들의 적, 축구 팬, 우연한 목격자, 전문가, 신문 편집자, 심지어 심판 자신조차도, 페널티를 주지 않으면 엄청난 위험이 발생할 수 있다고 생각하게 된다(축구 역사상 가장 미움받는 사람이 될 위험). 뭣하러 그렇게 하겠는가?

영향 아래

레스터 시티의 말도 안 되는 프리미어 리그 우승은 약자 서사가 무의식에 뿌리내릴 때 무슨 일이 일어나는지 잘 보여주는 사례다. 그렇다면 누군가 인간의 행동을 의식적으로 바꾸기 위해 약자 마스터플롯을 의도적으로 사용한다면 어떤 일이 일어날까?

시트레인 IPA은 백만장자 투자 은행가 사이먼 쿠퍼가 이미 블루오션인 시장에 뛰어들기로 결심하면서 시작되었다. 쿠퍼는 페일 에일(pale ale, 상면발효식 맥주의 한 종료 – 옮긴이)의 팬이 아니었으며 알코올음료를 딱히 좋아하지도 않았다. 하지만 그는 소비자들이 IPA에 조금 더 비싼 값을 기꺼이 지불하려 하는데, 주요 시장을 점령한 브랜드가 아직 없다는 사실을 간파했다. 지인에게 전부 연락을 돌리는 등 인맥을 총동원해 쿠퍼는 2억 달러(약 2,800억 원)의 착수금을 모을 수 있었다. 초기 판매는 다소 부진했지만 예상 범위를 벗어나지 않았고, 시트레인은 그럭저럭 버티다가 2028년 처음으로 수익을 냈다.

이러한 이야기를 들어본 적이 있는가? 최근에 등장한 브랜드들의 창립 스토리처럼 보이지만 이 음료는 실제로 존재하지 않는다. 온라인 브랜드 이름 생성기를 이용해 내가 만들어낸 기업이다.[13] 시트레인 IPA가 실제로 존재한다면 이 기업의 장광설은 아마도 다음과 같을 것이다.

시트레인 IPA는 2008년 경제 위기 속에서 탄생했다. 대학 졸업 후 직장을 구할 수 없었던(**영웅의 어린 시절 등장**) 사이먼 쿠퍼는 리얼 에일(real ale, 전통적인 방식으로 만들고 저장한 맥주−옮긴이)을 향한 꿈을 펼치기로 마음먹고는(**곧 실현될 운명**) 어머니의 부엌에서 소량의 IPA를 양조하기 시작했다(**초라한 시작**). 시트레인의 독특한 맛은 금세 입소문을 탔고 머지않아 메가브루어리 인터내셔널(**못된 언니들**)이 매각 인수를 제안했다. 멘체스터의 거대한 공장에서 시트레인을 양조하겠다는 MBI의 계획이 마음에 들지 않았던 사이먼은 그들의 제안을 거절했고, 2024년 내셔널 리얼 에일 소사이어티가 시트레인을 영국에서 가장 맛있는 맥주로 선정하면서 보상을 받았다(**운명의 실현**).

약자 마스터플롯 레시피는 신제품에 입힐 이야기가 필요할 때 기업이 가장 자주 찾는 서사다. 내가 만들어낸 위 사례가 너무 억지 같다고 느껴진다면 진짜 이야기와 한번 비교해보자.

전설에 따르면 프랭키 줄리아니는 열 살이었던 1924년, 부모님과 함께 시칠리아를 떠나 뉴욕 엘리스섬에 도착했다(**영웅의 어린 시절 등장**). 가족은 리틀 이탈리아에 사는 친척의 집에 얹혀살았다(**초라한 시작**). 아버지는 고향에서 돈은 거의 가져오지 않았고(**보다 초라한 시작**) 열정만 넘치도록 가져왔다(**곧 실현될 운명**). 가족이 1년 만에 레스토랑을 연 것도 당연했다. 엄마의 집밥 요리와 특별 소스 덕분에 레스토랑을 찾는 단골이 늘어났다(**운명의 실현과 보상**). 1953년, 아버지가 은퇴하자 프랭키는 오랜 친구 베니와 함께 사업을 물려받았다(**운명의 실현**).¹⁴

과연 '전설'이다. 사실 영국에서, 레스터의 가장 유명한 주차장에서 엎어지면 코 닿을 거리에 프랭키 앤 베니Frankie & Benny's 레스토랑을 연 건 시티 센터 레스토랑(현재는 레스토랑 그룹 PLC)이다. 뉴욕에는 프랭키 앤 베니가 없으며 영국 외에는 그 어떤 곳에도 없다. 그의 뒷이야기는 의심쩍어 보이지만 최소한 리처드 3세는—실제로 존재했다는 점에서—진짜 역사적 인물이었다. 프랭키 앤 베니 레스토랑의 벽과 메뉴가 정확히 누구의 얼굴로 도배되어 있는지 모르겠지만 프랭키 줄리아니나 옛 친구 베니의 얼굴은 확실히 아닐 것이다.

진짜 이민자 가족의 성공담을 원한다면 워즈니악의 이야기를 들어보자. 스티브 워즈니악Stephen Wozniak은 옛 친구 스티브 잡스와 함께 이제는 세상에서 가장 큰 기업이 된 애플을 만들었다. 캘리포니아, 로스 알토스 2066 크리스트 드라이브에 위치한 잡스 엄마의 차고에서 말이다. 이 차고는 현재 시의회에서 공식적으로 유적지로 지정했다.[15] 하지만 워즈니악은 이와 관련해 2016년 이렇게 말했다.

> 우리는 차고에서 제품을 논의한 적이 단 한 번도 없습니다. 제품을 구상하지도, 제품의 특징에 대해서도 말하지도 않았죠. 다른 장소에서 수없이 했는데도 사람들은 우리가 차고에서 수많은 사람과 둘러앉아 그렇게 했다고 생각합니다. 아닙니다.[16]

오, 왜 안 그러겠는가? 잡스의 차고는 보통의 차고가 그렇듯 '집'에 부착되어 있다. 겉보기엔 차고와 공통점이 많지만 집은 의자, 화장실, 부엌, 바깥세상과 이어지는 전화선 같은 편의 시설이 포함된 구조물이다. 워즈니악의 가족에게도 소위 '집'이 있었으니 누구도 딱히 꼬집을 수 없는 이유로 스티브 엄마의 차고보다는 제품 개발 회의에 적합했다. 특히 찌는 듯이 더운 캘리포니아 여름 날씨에는.

그렇다면 차고 신화는 도대체 어디에서 생겨났을까? 40년 전 스티브 잡스와 스티브 워즈니악은 이미 **초라한 시작**이라는 약자 마스터플롯 재료의 중요성뿐만 아니라 시각적이고 촉각적이며 심지어 후각적인 이미지에 그 이야기를 심는 법을 간파했다. 태양의 열기가 차고 문에 반사되고 콘크리트에서는 엔진오일 냄새가 스멀스멀 올라오는 등, 해가 질 무렵 캘리포니아의 교외 차고는 마치 〈이티〉의 한 장면처럼 보인다. 워즈니악은 이렇게 말한다.

> 차고는 우리를 가장 잘 대변하죠……. 우리는 완제품을 차고로 가져가 시연한 뒤 매장으로 다시 가져가 팝니다.[17]

차고는 애플의 전체 작업 과정을 상징하는 단 하나의 비유다. 대부분의 기업이 완제품을 직접 매장으로 옮기지만 애플은 차고로 우회해 제품 본체에 쿨한 아웃사이더 이미지를 살짝 입힌다. 애플의 1997년 "다르게 생각하라" 광고도 마찬가지다. 이 광고의 슬로건은 "IBM처럼 생각하라"라는 IBM의 싱크패드 광고를 향한 직접적인 도전장이었다.

> 우리 주위에는 미친 사람들이 있습니다.
> 사회 부적응자.
> 반항아.

말썽꾼.

둥근 돌 사이에 낀 모난 돌.

대중들의 믿음과는 달리 스티브 잡스는 광고 문구를 직접 쓰지 않았다. 사실 광고 제작 감독의 말에 따르면, 잡스는 이 문구를 보고 처음에는 "광고 에이전시의 대실수"라고 말했다.[18] 하지만 그 문구가 자기 엄마의 차고 문으로 시작하는 영상의 다음 장면으로 완벽하다는 걸 결국 깨달았다고 한다. 이 광고는 밝은 색상의 아이맥 G3가 출시되기 전 그 기반을 닦아주었다. 그전에도 없었고 앞으로도 없을 이 컴퓨터는 애플의 재탄생뿐만 아니라 오프라인 음반매장의 종식을 의미하기도 했다. '플라워 파워Flower Power' 아이맥 G3 광고는 더 스미스The Smiths의 〈How Soon is Now?〉가 몽환적인 그런지 풍으로 흘러나오는 가운데 "MP3이여 굿바이. CD를 태우자. 빠르게"라고 촉구한다.

2000년대 중반에 등장한 "나는 맥이야", "나는 PC야" 광고는 새로운 광고라기보다는 옛 광고의 새로운 챕터에 가까웠다. 맥Mac은 약자에 아웃사이더이고 PC는 못된 언니들, 더 맨The Man, 다시 말해 권력층이다. 80개가량의 광고가 만들어졌지만 본질은 동일했다.

PC 아이튠iTunes이 꽤 괜찮다는 걸 인정해.

맥 고마워! 모든 맥에 딸려오는 아이라이프iLife의 다른 기능들

	도 꽤 괜찮아.
PC	[소심하게] 나도 꽤 괜찮은 앱이 많이 있어. 계산기…… 시계…….
맥	나는 팟캐스트랑 영화 제작 같은 재미있는 활동을 즐겨하지.
PC	[방어적으로] 이봐, 나도 재미있는 활동을 한다고. 근무 시간 기록표, 스프레드시트, 그래프.

이 현명한 광고의 저격 대상이 된 마이크로소프트의 빌 게이츠는 사실 잡스와 배경이 아주 비슷하다. 둘 다 고등학교 시절 어설프게 컴퓨터를 분해한 경험이 있는 데다 PC를 향한 열정을 추구하기 위해 대학을 중퇴했다. 차이가 있다면 만유인력의 법칙을 거스른 애플은 사다리를 타고 가장 높은 곳에 오른 뒤에도 약자만의 유머를 포기하거나 수위를 완화하지도 않았다는 점이다. 2020년에 선보인 맥 광고는 표면적으로는 독특한 음악 제작 기능으로 시선을 끈다. 어떻게 보면 순수한 허풍이다. PC에서도 프로툴즈ProTools 소프트웨어를 시행할 수 있는 데다 애플의 개러지밴드(GarageBand, 애플에서 제작한 무료 음악 창작 소프트웨어-옮긴이)는커녕 로직 프로(Logic Pro, 애플에서 제작한 전문가용 녹음 소프트웨어-옮긴이)를 사용하는 전문가는 찾기 힘들 것이다. 하지만 다르게 보면 이 광고는 핵심을 정확히 파고든다. PC를 사용할 전문 음악가도 거의 없을 것이기 때문이다. 애플의 시가총액은 PC 제조업체를 전부 합친 것보다도 높지만 애플은 여전히 쿨한 약자

이미지를 풍긴다.

특히 마이크로소프트와 비교할 때 애플의 이야기가 전하는 교훈은, 서사가 반드시 독특하거나 진짜이거나 심지어 진짜라고 믿어져야 오래 살아남는 건 아니라는 점이다. 공감을 사기만 하면 된다. 맥이나 아이패드를 사는 사람들은 자신들이 거대 기업(마이크로소프트)에 반항한다고 생각하지는 않는다. 그들은 애플과 마이크로소프트의 가치가 '거기서 거기'라는 걸 잘 알고 있다.[19] 하지만 그들은 애플에게 약자 서사가 있음을 알고 있으며 모두가 그 서사에 공감한다는 사실도 알고 있다. 2015년, 2016년 레스터 시티의 약자 이야기처럼 모두가 믿고 싶어 하는 서사다. 미국 교수인 친구에게 왜 미국의 가난한 학생들조차 대학교 과제 정도는 충분히 할 수 있는 저렴한 PC 대신 맥을 사려고 안달하는지 이유를 물은 적이 있다. 친구는 이렇게 답했다. "미국에서 PC는 공화당원이나 쓰는 거야." 애플의 이야기가 전하는 교훈은 마스터플롯, 설령 아무도 믿지 않는 마스터플롯일지라도 컴퓨터나 훨씬 더 큰 무언가를 팔기 위해 심지어 공화당조차 똑똑하게 이용할 수 있다는 사실이다.

왜곡된 플롯

이번에 소개할 약자 이야기의 주인공은 억만장자 사업가다. '사업 감각' 덕분에 어마어마한 부를 자수성가로 이룬 사람이다. 트럼프는 확실히 기민했다. 그는 정부 지원을 받는 주택 건설 계획에서 기회를 노릴 줄 알았다. 그의 작업 방식은 시장에서보다 훨씬 유리한 조건으로 연방 주택 관리청에서 주택 건설 대출을 받아 굉장히 낮은 비용으로 주택을 건설하는 거였다. 트럼프는 차익을 챙기는 데 그치지 않았으며 다른 데에도 돈을 투자했다. 비윤리적이었냐고? 음, 여러분의 도덕론에 달려 있다. 불법이냐고? 아니다. 은행 및 통화 상원 위원회Senate Committee on Banking and Currency는 실제 아파트 건설에 드는 비용보다 2백만 달러(약 29억 원) 더 많은 돈을 대출받았다며 그를 기소하려 했으나 법률 위반 건은 발견되지 않았다. 미연방 주택 관리청 조사 기관의 법무 자문위원인 사이먼과 호머 케이프하트 의장 사이에서 트럼프 특유의 거들먹거림과 엄포가 두드러지는 아래 기록은 재미있는 읽을거리다.[20] 트럼프는 당연히 청문회에 3시간 늦게 도착했다…….

사이먼 트럼프 씨, 1조항의 건설비가 얼마였죠?

트럼프 선불 이자가 포함된 실제 비용을 말씀드려야 하나요?

호머 의장 실제 비용 외에 다른 비용이 있나요? 하나의 비용만 있는 거 아닙니까?

트럼프 차이가 있습니다, 의장님.

사이먼 1조항 건설을 위해 당신이 다른 사람에게 지급한 모든 돈을 알아야겠소.

호머 의장 지출한 총액이 얼마였죠?

트럼프 건설 기간 동안 땅에 부과된 부동산세는요? 건물에 붙은 이자는요?

호머 의장 당신은 금액을 알고 있지 않소. 지출한 총액을 그냥 말해주시오.

트럼프 비치 헤이븐 아파트 1, 건설비 일정표 전부 합쳐 401만 5,783달러(약 57억 원)입니다.

사이먼 선서했으니 정확해야 합니다. 그 비용을 썼다는 뜻이죠?

트럼프 아니에요, 설명해드리겠습니다, 사이먼 씨.

사이먼   당신이 쓴 돈이 얼마입니까?

호머 의장   당신이 정말로 쓴 돈을 말해주시오. 설계비나 건축비처럼 당신이 내지 않은 수수료 말고요. 몇 달러 몇 센트가 들었죠? 제발 말해주시오.

사이먼   362만 7,332달러(약 51억 원)입니까?

트럼프   건축비를 빼면 대략 그렇게 되겠네요. 건축비는 우리가 직접 감당했으니까요.

사이먼   건축비를 냈나요?

트럼프   우리가 감당했다니까요. 보통 건축비를 지급해서 처리하는 일을 우리가 직접 했다는 말입니다. 그러니까 우리가 그 비용을 가져가야지요. 우리가 그 일을 했으니까요.

사이먼   자기 집 잔디를 깎을 때 다른 사람에게 비용을 받나요?……당신이 건물을 소유하고 있죠, 맞나요?

트럼프   재단사가 직원을 시켜 정장을 만들게 하면 정장의 가격은 X 달러가 됩니다. 재단사가 직접 정장을 만들었다고 해서 옷을 싸게 팔 순 없죠. 옷의 가격은 옷을 만든 직원에게 지급한 비용과 같습니다…….

이러한 대화가 계속 이어지지만 결국 그들은 트럼프의 손을 들어주었다.

트럼프는 막대한 부로 무엇을 했을까? 그는 자식을 버릇없게 키웠다. 무려 10억 달러(약 1조 4천억 원)를 아들들에게 나눠주었다.[21] 그중 한 명인 도널드 트럼프, 나중에 미국 대통령이 되는 그는 4억 달러(약 5,800억 원)를 받았다. 잠깐, 혹시 그 도널드가 자수성가한 사람이라고 생각했는가? 아니다, 그건 그의 아버지 프레드Fred였다. 물론 도널드는 현명한 투자를 하기도 했지만—특히 모두가 철수할 때 맨해튼 부동산에 투자했다—엄마와 아빠라는 은행의 도움을 조금 받기도 했다. 1990년 70개 은행에서 받은 10억 달러(약 1조 4천억 원)에 달하는 긴급 구제는 말할 것도 없다.[22] 여러분이나 내가 10억 달러를 빚졌다면 스스로 천재 사업가라고 주장하며 세상을 설득하기는 힘들었을 것이다.

도널드 트럼프는 아니었다. 온갖 단점에도 불구하고 트럼프 주니어는 서사의 힘을 알았다. 그는 인기 있는 TV쇼, 〈어프렌티스〉에서 약자에 자수성가한 사업가 역으로 등장하는 것만으로 자신이 진짜배기임을 대중에게 설득하기 충분하다는 걸 깨달았다. 그는 2016년 대선에서도 이 수법을 반복해 '기득권'인 힐러리 클린턴에 맞서 싸우는 용맹한 약자로 자신을 프레이밍했다.

이러한 활동이 의미가 있을까? 그렇다. 2016년 그가 대선에서 승리한 뒤 진행된 설문 조사 결과 트럼프가 부자로 태어나지 않았다는 잘못된 믿음 덕분에 그의 지지율이 5퍼센트 포인트 증가한 것으로 나타났다(초라한 시작이라는 재료).[23] 1년 후에 진행된 후속 연구에 따르면 그의 진짜 뒷이야기를 공개하자 공화당 내에서조차 도널드의 공감력과 사업 능력에 관한 지지율이 9퍼센트에서 10퍼센트 하락한 것으로 나타났다.

아주 적은 차이만으로 선거의 판도는 뒤집힐 수 있다. 2016년 선거에서 트럼프는 사실 그 어떤 당선자보다도 큰 차이로 일반 투표(대통령 후보의 선출처럼 일정 자격이 있는 선거인이 하는 투표-옮긴이)에서 *패배*했다는 사실을 잊지 말자. 그 사건이 주는 교훈은 가짜임을 알면서도 약자 서사에 동의하는 척하는 건 단순한 즐거움에 그치지 않는다는 사실이다. 그러한 서사가 사실이 아니라는 걸 알면서도 속는 척해버리면 그러한 서사가 자칫 증식할 수 있다. 민주당 정치인과 지지자들은 대체로 기꺼이 웃어넘겼다. "도널드 트럼프라고? 진심이야? 맙소사." 이러한 험담은 트럼프의 약자 서사에 반영되어 그가 원하는 대로 스스로 프레이밍하게 만들었다. 여당에 무시당하는 작은 남자로 말이다.

이 글을 쓰는 지금, 트럼프는 2024년 공화당 대선후보가 되었다(이 책이 한국에서 출간되는 지금, 트럼프는 또다시 미국의 대통령이 되었다-옮긴이). 트럼프는 본인이 당선된다면 첫날은 독재자가 되겠다고 말했다.[24] 2021년 1월 6일에 일어났던 사건(대선 결과를 인정하지 않은 트럼프 지지자들이 미국의 국회의사당을 일시 점거한 1·6사태-옮긴이)을 생각해 사리 분별한 수많은 논평가는 트럼프가 재임할 경우, 미국의 민주주의는 끝이라고 평했다. 그러한 일이 일어나면 트럼프가 〈어프렌티스〉

에서 이름을 알리고 힐러리 클린턴에게 이기기 위해 이미 사용했으며 바이든 대통령을 이기기 위해 그가 분명 또다시 사용할 약자 서사 탓으로 돌릴 수 있으리라. 부디 내가 경고하지 않았다고 말하지 말기를.

해피 엔딩

약자 레시피를 따르는 이야기는 영웅의 **운명이 실현**되는 순간 클라이맥스에 달한다. **어린 시절의 영웅**에게 확실히 존재했던 본질적인 위대함—고상함, 착한 심성, 순결함—이 드디어 모두에게 드러난다. 밑바닥에서, **못된 언니들**에게 무시당하고 이용당하던 **초라한 시작**과는 전혀 다르다. 영웅은 마침내 보상받는다. 왕국의 열쇠 혹은 아름다운 왕자(공주)의 마음을 얻는다.

약자 마스터플롯은 언제나 모두의 지지를 받기 때문에 부당하게 이용되기 쉽다. IPA에서부터 치킨윙, 애플의 맥 컴퓨터에서부터 우익 정치에 이르기까지 온갖 것을 파는 데 이용될 수 있다. 하지만 진짜 약자 이야기가 확고히 뿌리 내리면 훈훈한 결과가 탄생할 수 있다. 어마어마한 확률을 뚫고 프리미어 리그에서 우승을 달성한 레스터 시티처럼, 혹은 조티 미시라Jyoti Mishra의 이야기처럼 말이다.

이 책을 구상할 무렵 나는 더비에 위치한 조티 박사의 집을 찾았다(우연히도 레스터 가에서 40킬로미터 밖에 떨어져 있지 않았다). 모든 약자 이야기가 그러하듯 그는 자신의 어린 시절 이야기로 말문을 열었다. 여섯 살 때 조티의 어머니는 학급 친구들을 초대해 조티의 생일 파티를 열어주기로 했다. 어머니는 인도 간식을 만들지 않았다. '정상적'이며 이 사회에 '속하는' 가족처럼 보이고 싶었기 때문이었다. 어머니는 감자칩, 초콜릿 핑거, 파티링(다양한 색상의 아이싱을 입힌 도넛 모양의 비스킷-옮긴이), 흰 빵으로 만든 샌드위치를 준비했다. 하지만 아무도 파티에 오지 않았다. 학급 친구들에게 따돌림당하고 부모님의 뒤를 이어 의사가 된 누나의 그늘에 가려졌던 조티는 전형적인 약자였다. "저는 늘 아웃사이더였어요. 그 어디에도 속한 적이 없었죠." 그는 나에게 이렇게 말했다. "그러다 보면 자연스럽게 약자 이야기에 끌리게 됩니다. 제가 만화를 좋아한 이유이죠. 어린 시절 제가 가장 좋아한 만화는 스파이더맨이었습니다. 스파이더맨은 아이언맨이랑은 달랐거든요. 실수도 하고 잘못된 일도 저지르죠. 사랑에 빠지고 결석 같은 사소한 일들을 걱정하는 인물입니다."

하지만 본질적인 위대함은 처음부터 있었다. 컴퓨터('학교에서 괴짜인 아이들이 결국 이기는 스토리')와 음악을 향한 열정이었다. 이 둘을 합치는 방법만 알면 되었다. 1990년대 중반이 되자 그 방법이 생겼다.

지금에 봤을 때야 아주 엉성한 기술이었지만 조티는 돈을 모아서 타스캠688 4트랙 녹음기와 이뮤이맥스2(E-Mu Emax Ⅱ)를 구입했고 그걸로 루 스톤Lew Stone과 몽세뇨르 밴드Monseigneur Band의 1932년 곡 〈My Woman〉에서 트럼펫 연주 부분을 추출했으며, 브레이크 비트(드럼을 이용한 춤곡 리듬 — 옮긴이) 샘플 CD에서 루프(계속 반복되는 음향 — 옮긴이)를 추출했다. 어색하고 허술한 반주지만 조티는 아웃사이더라는 존재에 대해, 자본주의 세상에서의 마르크스주의자, 레즈비언을 사랑하는 남자에 대해 노래했다. 화이트 타운White Town이라는 밴드 이름("흑인이나 아시아인은 그게 무슨 의미인지 나에게 물은 적이 없었지")과 앨범 《Woman in Technology》에는 아웃사이더이자 약자인 그의 신분이 의도적으로 반영되어 있다.

조티의 앨범은 영국 싱글 차트에서 1위에 올랐고 미국에서는 자그마치 5위에 올랐다. 그가 받은 보수는? 왕국의 열쇠였다. 조티가 나에게 계란 올린 빵을 준비해준 그 부엌은 순전히 앨범 속 곡들 중 〈Your Moman〉의 저작권료로만 지어진 거였다.[25]

조티의 이야기는 약자 마스터플롯 레시피가 인간 진보의 촉매제가 될 수 있음을 보여주는 강력한 예시다. 그가 약자 스토리에 딱 들어맞기만 한 건 아니다. 레스터 시티처럼 조티는 의식적으로 약자 레시피를 이용해 스스로에게 영감을 주었다. 그는 약자임을 노래했다.

그렇다면 평범한 우리는? 딱히 아웃사이더도 아니고 약자도 아닌 우리 말이다. 마스터플롯 레시피에서 우리는 무엇을 취할 수 있을까?

멜빈 러너Melvin Lerner 교수가 1980년대에 출간한 《공정한 세상에 대한 믿음: 근본적인 착각The Belief in a Just World: A Fundamental Delusion》이라는 전형적인 사회 심리학 도서에서 답을 찾을 수 있다.[26] 25년에 걸쳐 광범위한 문화를 살펴본 이 연구는 단 하나의 결론을 도출한다. 반대되는 온갖 증거에도 불구하고 우리 대부분은 선한 사람에게는 좋은 일이 일어나고 나쁜 사람에게는 안 좋은 일이 일어난다고 믿는다는 것이다. 물론 이성적인 자아는 '공정한 세상'에 관한 믿음이 합리적이지 않다는 걸 잘 알고 있다. 하지만 우리의 무의식적인 태도와 생각을 보면 우리는 그러한 믿음을 떨쳐버리지 못하는 듯하다. 예를 들어 한 전형적인 연구에서[27] 참여자들은 강도 사건이 일어난 뒤 강도가 잡힌 경우와, 잡히지 않았으며 앞으로도 그럴 일이 없을 거라는 이야기를 들었다. 연구진들은 참여자들이 다양한 임무를 수행하고 질문지를 작성하게 했다. 그들의 무의식적인 변화를 알아보기 위해 설계된 임무와 질문지였다.

놀랍게도 강도가 아직 잡히지 않은 상태라는 이야기를 들었을 때 사람들은 희생자를 부주의하고 무책임한 사람으로 평가했다. 공정한 세상을 믿는 사람들이 보기에, 희생자가 *아무런* 잘못이 없다면 범인이 잡히도록 온 우주가 도와야 할 터였다. 또한 사람들에게 강도가 아직 잡히지 않았다고 말했을 때, 그들은 자신을 다음 범죄의 희생자로 볼 확률이 낮았다. 공정한 세상을 믿는 이들은 희생자가 자신의 불행에 최소한 일부분 책임이 있다고 생각했다. 그렇기 때문에 내가 조심하고 계속해서 좋은 사람답게 행동하면 그러한 일은 나에게 절대로 일어나지 않을 것이다(라고 사람들은 생각하는 것이다). 2014년 신경과학 연구는 심지어 공정한 세상을 향한 믿음이 뇌의 어느 부위에 존재하는지까지도 정확히 찾아냈다.[28] 공정한 세상을 확고히 믿는 참여자들은 일반적인 질문을 던졌던 실험 결과와 마찬가지로, 비윤리적인 행동(이 연구에서는 회사 크리스마스 파티 때 찍은 동료의 외설스러운 사진으로 그 동료를 협박하는 이야기)을 볼 때 촉발되는 뇌 부위가 더 확실히 활성화되는 것으로 나타났다.● 모두가 마음속으로는 공정한 세상을 어느 정도 믿긴 하지만 누군가는 그걸 절대적으로 믿는 터라 옳지 않은 일이라면 무엇에든 '민감하게 반응'하는 것이다.

우리는 공정한 세상을 왜 믿는 걸까? 이에 반하는 증거가 매일 등장함에도 불구하고 말이다. 러너의 주장에 따르면, 우리가 아침에 눈을 뜨는 건 그러한 믿음 때문이다. 우리는 최선을 다하면 우리의 노력이 직업적이든, 사회적이든, 사랑이든 성과를 내리라 믿을 수 있어야 한다. 그게 사실이 아닐 경우, 모든 것이 혼돈 그 자체라면 굳이 왜 그런 노력을 기울이겠는가? 약자 이야기는 인류 진보의 촉매제다. 인류가 존재하기 위해 반드시 필요한 믿음과 비슷하기 때문이다. 무에서 시작해 강자를 무찌른 레스터 시티와 조티 미시라가 없는 세상은 우리가 살고 싶은 세상이 아니다.

● 뇌섬엽과 체성감각피질

8장

삶과 죽음에 의미를 찾고 싶다면 희생 마스터플롯

북미 대륙에 세워진 판엠Panem이라는 주권국은 미국의 워싱턴 D.C.처럼 반독립적인 12개 지구와 정부가 직접 운영하는 중앙 연방 직할지로 이루어진다. 이 국가의 핵심 도시에 자리한 정부, 캐피톨Capitol은 평화유지군을 이용해 각 지구를 철권통치하며 막대한 세금을 부과한다. 몇 년 전, 13번 지역이 캐피톨을 상대로 반란을 일으켜 핵무기를 조금 확보했고 그리하여 13구역은 독립하면서 정부와 불가침 조약을 맺었다. 하지만 다른 12개 지구에서 발생하는 반란을 진압하기 위해 계속해서 반란에 실패한 척해야 한다. 반란을 더욱 저지하기 위해 정부는 매년 '헝거게임'이라는 대회를 개최한다. 매년, 12개 구역은 열두 살에서 열여덟 살 사이의 남자아이와 여자아이를 각각 한 명씩 뽑아 TV로 생중계되는 죽음의 싸움에 출전시켜야 한다(아테네 도시가 미노스 왕에게 미노타우로스의 제물로 매해 일곱 명의 소년과 소녀를 바쳐야 했던 그리스 신화와 비슷하다. 결국 미노타우로스를 죽인 테세우스는 자진해서 제물이 되기로 한다).

영화는 74번째 헝거게임에서 시작된다. 막 열두 살이 된 프림로즈 에버딘Primrose Everdeen이 12구역의 여자 출전자로 뽑히자 열여섯 살 된 언니 캣니스Katniss는 동생을 대신해 출전하고 12구역의 남자 출전자 피타Peeta와 함께 게임에 참여한다. 그들은 가장 큰 경쟁 대상을 곧 알아보는데, '커리어'로 알려진 이들은 부유한 1구역과 2구역 출전자로 어린 시절부터 혹독한 훈련을 받았다. 헝거게임은 엄청나게 인기 있는 TV 프로그램이기도 해서 출전자들은 사전 인터뷰를 해야 한다. 피타는 이 인터뷰에서 캣니스를 사랑한다고 말하지만 캣니스는 카메라 앞이라 그렇게 말했을 뿐이라 생각한다. 게임에서 승리하려면 부유한 스폰서가 많아야 하는데 무기와 식량 따위를 제공하는 스폰서들은 로맨스를 정말 좋아하기 때문이다.

경기가 시작되자마자 참가자 절반이 죽지만 캣니스는 가까스로 목숨을 부지해 숲에 숨어든다. 1구역과 2구역의 커리어들은 전부 살아남고, 피타는 그들과 한 팀이 된 듯하다. 나무 위에 숨어 있던 캣니스는 11구역 출신인 열두 살 여자아이, 루Rue와 친구가 된다. 둘은 커리어들 위에 벌집을 떨어뜨려 한 명을 죽게 만든다. 다른 커리어들은 달아나지만 피타는 캣니스가 벌에 쏘인 것을 보고는 남아서 그녀를 돕는다. 알고 보니 피타는 처음부터 캣니스의 편이었고 커리어들과 한 팀이 된 건 캣니스에게서 그들을 떨어뜨려 놓기 위해서였다.

루가 커리어의 손에 사망하자 루가 속한 구역 사람들이 폭동을 일으킨다. 대통령이 또 다른 폭동을 염려하자 게임을 진행하던 세네카 크레인Seneca Crane은 규칙을 바꿔 같은 구역 출신이라는 전제하에 공동 1등을 허락한다(시청자 역시 스폰서들과 마찬가지로 로맨스를 좋아하기에). 미끼를 문 캣니스는 (패혈증으로 죽어가고 있던) 피타를 찾고 이로써 캣니스와 피타, 마지막 커리어인 카토Cato 사이에 마지막 결전이 펼쳐진다. 카토는 화살과 활로 무장한 캣니스가 자신을 쏘지 못하도록 피타에게 헤드록을 건다. 하지만 똑똑한 피타는 자신의 피를 이용해 카토의 손에 X를 그리고 이 힌트를 눈치챈 캣니스는 카토의 손에 화살을 쏜다. 그의 손아귀에서 풀려난 피타는 그를 죽인다.

이제 캣니스와 피타만이 살아남았지만 공동 1등 규칙은 당연히 계략에 불과했다. 그게 무슨 의미가 있겠는가? 그리하여 사랑에 빠진 이 둘은 둘 중 하나가 죽을 때까지 싸울 수밖에 없다. 피타는 캣니스에게 자신을 쏘라고 한다. "승리자를 뽑아야 이 게임이 끝난다고." 하지만 캣니스에게 괜찮은 생각이 있었으니, 함께 독이 있는 산딸기를 먹고 죽자는 거였다. 이는 이중 속임수로, 승자가 없는 경기는 두 명의 승자가 있는 경기보다 더 최악이다. 세네카는 한발 후퇴한다. "신사 숙녀 여러분, 74번째 헝거게임의 승자를 발표합니다!" 그 대가로 세네카는 이후 방에 갇히게 된다. 독이 든 산딸기와 함께.

내 앞에 부착된 작은 기내용 화면으로 캣니스와 피타가 서로를 껴안는 장면이 흘러가고 승무원들이 내 기내식 쟁반을 치우는 동안 나는 목메었음을 인정하지 않을 수 없다.

마스터플롯 레시피

희생 마스터플롯의 레시피는 세 가지 핵심 재료로 이루어진다. 첫 번째 재료는 명확하다. 희생이란 우리의 영웅이 **중요한 무언가를 포기할 준비가 되어 있음**을 의미한다. 보통, 가장 유력한 대상은 영웅의 목숨이다. 영웅은 다른 사람을 살리거나 돕기 위해 말 그대로 목숨을 바친다. 이러한 궁극적인 희생은 〈라스트 모히칸〉, 〈디보션〉, 〈라이언 일병 구하기〉, 기술미를 자랑하는 샘 멘데스Sam Mendes 감독의 〈1917〉 같은 영화나 〈나사렛 예수〉, 멜 깁슨의 〈패션 오브 크라이스트〉 같은 종교 영화(앤서니 버지스Anthony Burgess와 공동 집필했다) 혹은 장수 TV 시리즈 〈더 초즌〉에서 종종 목격된다.

하지만 현실 사례에서 곧 살펴보겠지만 전 세계적인 차원에서 보면 소소해 보이는 희생―시간, 독립 혹은 행복의 희생―조차 개인적으로는 큰 대가를 치르는 일일 수 있다. 어떤 면에서 개개인이 자신의 삶을 포기하는 일이기도 하다. 내가 이 핵심 재료의 단어를 아주 조심스럽게 골랐다는 점을 알아주기 바란다. 영웅은 자신의 삶을 혹은 무엇이든 포기할 *준비*가 되어 있어야 한다. 일이 예상대로 진행되지 않더라도 희생의 의미가 희석되지는 않는다. 공교롭게도 캣니스는 헝거 게임에서 죽지 않았다. 하지만 동생을 대신해 스물네 명의 경쟁자와 함께 죽음의 싸움에 출전하기로 자원했다. 따라서 100퍼센트 확실하지는 않지만 일어날 *가능성이 아주 높은* 죽음을 받아들인 것이다. 사실 캣니스는 자신의 삶을 한 번이 아니라 두 번 희생했다. 세네카 크레인이 그들의 행동을 저지해주기를 바라며 피타와 함께 독이 든 산딸기를 삼키기로 결심했을 때가 두 번째다. 창세기에서 아브라함 역시 아들을 희생시킬 준비가 되어 있음을 명확히 밝힌다. 신이 마지막 순간에 결정을 번복하기 전까지.

> 여호와께서 말씀하셨습니다. "네 아들, 네가 사랑하는 외아들 이삭을 데리고 모리아 땅으로 가서 내가 네게 지시하는 산에서 그를 번제물로 바쳐라."
> 그들이 하나님께서 말씀하신 곳에 이르자, 아브라함이 그곳에 제단을 쌓고 나무들을 쌓아 올렸습니다. 그런 다음 자기 아들 이삭을 묶어 제단 위에, 쌓아 놓은 나무 위에 눕혔습니다. 그런 다음 아브

라함이 손에 칼을 들고 아들을 죽이려고 했습니다. 그때 여호와의 천사가 하늘에서 아브라함을 불렀습니다. "아브라함아, 아브라함 아!" 그가 대답했습니다. "제가 여기 있습니다." 천사가 말했습니다. "그 아이에게 손대지 마라. 그에게 아무것도 하지 마라. 네가 네 아들, 곧 네 외아들까지도 내게 아끼지 않았으니 이제 네가 하느님을 경외하는 것을 내가 알았노라."[1]

이 스토리는 해리 포터 시리즈의 마지막 이야기《해리 포터와 죽음의 성물》과 비슷하다. 우리는 해리의 엄마가 아들을 살리기 위해 자신을 희생했다는 사실을 이미 알고 있다. 이제 해리가 볼드모트가 건 죽음의 저주를 자진해서 받아들일 차례다. 해리 포터는 (진짜로 죽지는 않지만) 죽을 준비를 하며 죽음을 기다린다.

두 번째 재료에서 상황이 살짝 까다로워지는데 이 재료는 다소 민감한 **의무**라는 사안이다. 이 핵심 재료의 비밀은 소금 한 꼬집처럼 **딱** 올바른 양을 취하는 것이다. 너무 큰 의무가 수반되면 희생하는 게 아니다. 거부할 권리가 없기 때문이다. 물론 어떤 사람에게는 이삭의 아버지처럼 그럴 권리가 있을 수 있다. 반대로 너무 낮은 의무에서도 희생은 없다. 만약 헝거게임이 순수하게 지원자로 이루어진다면 지원을 하는 사람은 이기적인 목적 때문에 나설 것이다. 죽음을 향한 동경이 있거나 기어코 영광을 바랄 것이다. 해리 포터는 볼드모트가 건 죽음의 저주를 취하도록 강요되지 않았다. 하지만 그렇게 해야 볼드모트를 무찌를 수 있다는 걸 알았기에 거부한다면 꽤 이기적으로 보일 터였다. 희생하는 영웅은 의무에 매여 있다. 반드시 의무를 받아들여야만 하는 건 아니지만 그렇게 하도록 되어 있다. 그 누구도 그들에게 강요하지 않지만 영웅을 포함한 모두가 그들이 그래야 한다고 생각한다.

세 번째 재료는 **(반)가족관계**다. 전형적인 희생 스토리에서 우리의 영웅은 말 그대로 가족 구성원을 위해 자신의 삶을 포기해야 하며 그럴 준비가 되어 있다. 캣니스가 동생을 위해 그랬듯, 릴리 포터가 아들 해리를 위해 그랬듯. 이따금 가족 구성원의 정의는 조금 더 확장되어 사랑하는 사이가 되기도 한다(캣니스와 피타는 결국 결혼해서 아이를 낳는다. 그녀의 두 번째 희생은 미래의 가족 구성원을 위한 셈). 이따금 이 정의는 훨씬 더 확장되어 현재 혹은 미래 가족 구성원이 아니지만 종교나 군대에서 '형제'라고 부르는 사람까지도 포함한다. 라이언 일병의 '형제' 캡틴 존 밀러와 그의 병사들이 대표적인 예다. 라이언의 진짜 형제 세 명은 이미 전쟁에서 사망했기 때문이다. 지금은 이 마지막 시나리오에 대한 말을 아끼겠다. 이야기 뒤에 놓인 과학에서 자세히 살펴보겠다. 과학을 이해하기 전에 우선 허구적인 희생은 잠시 제쳐두고 현실적인 사례를 살펴보도록 하자.

허구보다 기이한

현실 세계의 희생이 캣니스의 희생만큼이나 극적이거나 심지어 더 극적일 때가 있다. 캣니스는 동생을 대신해 죽을 준비를 하지만 그래야 할 필요는 없는 것으로 밝혀진다. 나중에 살펴보겠지만 동료를 대신해 전선에서 목숨을 던지는 수많은 병사는 운이 없었다. 하지만 현실 세계에서 벌어지는 대부분의 일이 그렇듯, 현실에서 일어나는 희생 스토리는 대체로 단조로울 뿐만 아니라 지루하기까지 하다. 할리우드 블록버스터감은 아닌 게 분명한 이야기를 하나 살펴보자.

모두에게 리니('지니'와 운을 맞춰 발음해야 한다)로 알려진 아이린 힐Iren Hill은 채플 세인트 레오나드Chapel St Leonards라는 해안마을에서 자랐다. 집은 해안가 바로 앞에 있어, 해안으로 이어지는 모래 언덕에서 내려다보이는 집이었다. 학업 성적이 뛰어났던 리니는 졸업한 뒤 노팅엄Nottingham으로 가서 교사가 되기 위해 교육을 받는다. 교사는 1940년대 영국에서 자란 젊은 여성이 얻을 수 있는 최고의 직업이었다. 크리켓으로 유명한 이 도시에서 리니는 매일 아침 트렌트 다리Trent Bridge를 건너 도시 중심부에 위치한 대학교로 향했다. 노팅엄은 중간 크기의 영국 도시였고 지금도 그렇지만 해안마을 출신의 이 어린 소녀에게는 엄청나게 큰 도시처럼 느껴졌다. 리니는 초창기 자동차 중 하나인 수입차 메탈루르지크Métallurgique를 끌고 다니는 약국 체인점 부츠Boots의 창립자, 제시 부츠Jesse Boot를 종종 보기도 했다. 이 모든 게 미래의 한 장면처럼 느껴졌다. 그리고 실제로도 많은 면에서 그랬다. 당시에는 결혼하지 않은 여성이 집을 떠나 사는 것이 거의 전례가 없었기에 리니는 자신이 누리는 자유를 즐겼다.

하지만 자유는 오래 가지 않았다. 리니의 아버지 윌이 심각한 병에 걸리고 만 것이다. 리니는 집으로 돌아가 아버지를 간호할 것인가? 그녀는 그렇게 했다. 리니는 마을에서 일자리를 구했으며 동네에서 'A씨' 혹은 '톰씨'로 불리는 회계사의 가정부로 일했다(그의 이름은 어니스트였다). 리니의 주요 임무는 A씨의 아픈 아내, 마가레트를 간병하는 일이었다. 1940년, 마가레트가 59세의 나이로 세상을 떠났다. A씨는 자신의 가정부에게 "아내로서 계속 머물 생각이 있는지" 물었다. 몇 년 후 그녀는 태연하게 이 이야기를 전했다. 이토록 로맨틱한 제안을 누가 거절하겠는가? 두 사람은 1942년 10월에 식을 올렸다. A씨가 예순 살이 된 직후였다. 고작 서른 살이었던 리니는 자신보다 나이가 2배나 많을 뿐만 아니라 자기 아버지보다도 나이가 많은 사람과 결혼했다.

리니의 부모는 딸의 결혼식에 의구심을 내보였을까? 설령 속으로는 그랬더라도 겉으로는 전혀 티를 내지 않았다. 어머니 메이May는 일기에 이렇게만 썼다. "수요일, 결혼식은 별 탈 없이 진행되었다…….검붉은 새틴 크레프 드레스에 남색 모자와 신발을 신은 리니는 아주 아름다웠다." 어머니는 케이크와 음료에 대해서도 썼는데 "전쟁 기간이라 아이싱으로 쓸 설탕이 부족했음에도 훌륭했다", "지니(리니의 동생)과 나는 커피를 싫어해서 차를 마셨다" 정도였다. 피아노 연주 실력을 깎아내리기 위해서이긴 했지만 딸의 남편을 딱 한 번 언급하긴 했다. "힐슨은 톰에게 그의 연주에 맞춰 노래할 수 없다고 노골적으로 말했다." 하지만 사위가 자기보다도 나이가 많은 사실은 아무리 염려가 되더라도 언급하지 않았다. 뒤이은 가정적 합의는…… 평범하지 않았다. 리니는 새로운 방갈로의 침대를 남편이 아니라 동생 지니와 썼다. A씨가 잠자리하고 싶을 때는 침대 거울에 물방울로 잠자리를 의미하는 메모를 써서 남긴 뒤 옆방에서 기다렸다.

방문은 생산적이었다. 1958년 어니스트가 사망할 무렵 리니는 2명의 자녀를 길렀다. 톰(아버지의 별명을 물려받았다)과 마가레트(아버지의 전부인의 이름을 물려받았다!)는 아버지가 세상을 떠났을 때 고작 열세 살과 아홉 살이었다. 리니는 남편에게서 어떠한 도움도 거의 받지 못했는데 이제는 아예 혼자서 아이들을 키워야 했다. 그녀는 아무런 불만 없이 그렇게 했고 아이들은 잘 자라 리버풀과 에섹스에 위치한 대학교에 진학해 각기 전기 공학과 정치학을 공부했다. 대학교를 졸업한 뒤 톰 주니어는 영국 남동부에(입스위치 근처) 정착했고 마가레트 주니어는 북동쪽에(미들브로우 근처) 정착했다. 리니는 여전히 동부에 살고 있었기에 가운데에 위치해 있었다. 하지만 그녀의 희생은 아직 끝나지 않았다. 톰과 그의 아내는 리니더러 근처로 이사 와서 손주들을 돌봐달라고 했다. 리니는 그렇게 했다. 너무 늙어 힘에 부칠 때까지 손주들을 돌본 다음 요양원으로 들어갔다. 나는 일주일에 한두 번 할머니를 방문하곤 했다. 할머니의 장례식은 가족들끼리 조촐하게 했다. 목사는 할머니의 이름을 내내 '린'이라고 발음했다.

행복한 순간도 있었겠지만 리니의 삶은 다른 사람을 돕는 희생 그 자체였다. 할머니 스스로 점들을 연결할 수 있는지 없는지에 관계없이—알츠하이머 병세가 짙어지면서 점점 더 힘들어졌기에—그녀도 어느 정도 알았을 것이다. 할머니는 한 번도 대놓고 말한 적이 없지만 계속해서 넌지시 말하긴 했다. 삶에서 무언가를 놓쳤다는 느낌, 할머니가 얼마나 많은 것을 포기했는지 우리가 알아주지 않는다는 느낌. 물론 나는 20세기 중반의 삶이나 가족, 사회가 어떤지 전혀 몰랐고 할머니의 이야기는 나에게 건너서 전해졌다. 하지만 표면적으로는 희생 마스터플롯의 전형적인 실제 사례처럼 보인다. 리니는 다른 사람을 위해 중요한 무언가, 이를테면 자신의 야망, 자신의 행복 추구 등을 포기했다. 이 이야기에는 딱 알맞은 양의 **의무**가 있다. 아무도 할머니에게 아픈 아버지를 돌보라고 강요하지 않았으나 **가족**이 걸려 있었기에 거절하는 건 상상도 할 수 없었을 것이다. 할머니는 자의였을까, 누가 그녀를 떠밀었을까? 그녀의 희생은 자유로운 선택이었을까? 그렇지 않다면 그건 진짜 희생일까? 의무란 정확히 무엇이며 의무는 진짜 혹은 심지어 가짜 가족에 의해 어떻게 생겨나는 것일까?

전문가의 의견을 들어볼 필요가 있다.

이야기 뒤에 숨은 과학

프로드샴Frodsham 마을은 이 마을이 낳은 가장 유명한 아들, 테이크 댓Take That의 게리 발로우Gary Barlow처럼 별다른 특징은 없지만 쾌적한 곳이다. 2024년 영국의 작은 마을들이 그렇듯 시내 중심가에는 저렴한 슈퍼마켓, 담뱃가게, 중고품 가게가 즐비하다. 나는 그곳에서 드럼스틱 한 세트와 〈프로메테우스〉(블루레이)를 산다. 로큰롤과 우주 바깥세상 탐험은 이 마을의 커피 체인점, 코스타Costa — 간판 위에 붙은 배너가 여전히 말해주듯 예전에는 '침대의 땅Land of Beds'이었다 — 에서 아메리카노를 홀짝일 때 카페의 풍경은 내가 생각한 것과는 거리가 멀다. 금요일 오전 10시, 카페는 매우 붐빈다. 은퇴자들, 잔뜩 지쳐 보이는 젊은 엄마들 사이로 정장 차림의 기이한 중년 남자가 노트북을 충전하려고 콘센트를 찾고 있다. 카페의 풍경은 자살 폭탄 테러범을 떠올리기에 전혀 적합해 보이지 않는 곳이다.

내가 여기에 온 이유가 바로 그거다. 자살 폭탄 테러범. 나의 인터뷰이, 존 콜Joh Cole 교수가 느긋하게 걸어 들어온다. 부드러운 남서부 악센트를 지닌 그는 금발에 턱수염, 카페 바깥으로 퍼붓는 여름비에도 반바지 차림이다. 그는 더블 에스프레소를 주문한 뒤 늦어서 미안하다고, 최근 희생 서사에 대한 논의로 동료들의 비난을 사고 있다고 설명한다.

콜은 자살 폭탄 테러범을 연구하는 미국 내 최고 전문가로, 《순교Martyrdom》라는 책을 썼다. 나는 '희생'이 자살 폭탄 테러범을 설명하는 올바른 용어인지, 올바른 서사적 프레임인지 묻고 싶었다. 서부 미디어에서 희생은 확실히 지배적인 서사가 아니다. 서부 미디어는 (그럴 만도 하지만) 자살 폭탄 테러범을 사악하고 정신 나간 사이코패스 혹은 세뇌된 얼간이로 본다. 콜은 내 질문에 질문으로 응했다. 누군가 내 자식을 성추행하면 어떻게 하겠냐고. 그는 자기라면 상대를 두들겨 팰 거라고 말했다(나는 고개를 끄덕였지만 사실 폭력을 행사하는 성격은 아니라 법 체제를 이용해 복수할 것 같다고 속으로 생각했다. 물론 실제로 그 일을 당하기까지는 자기가 어떻게 반응할지 아무도 모를 일이다). 그는 계속해서 이렇게 말했다. "그리고 당신 아내는 당연히 그 자식을 죽이려 하겠지요. 아내도 막아야 합니다." 역시나 나는 그 말에 100퍼센트 동의할 수는 없었지만 그가 하려는 말의 요지를 이해했다. 클리셰cliché이긴 하지만 모든 부모가 아이들을 위해 자신의 삶을 포기할 것이다. 자신의 아이를 학대한 사람을 죽인 뒤 감방에서 평생 썩거나 법적, 의학적으로 가능할 경우, 필수 장기를 아이들에게 기증함으로써 말이다.

자식을 위해 자신의 삶을 포기하는 게 '희생'일까? 무엇을 의미하느냐에 달려 있다. 자신의 삶을 포기함으로써 다른 사람이 살 수 있다면 그건 희생이 맞다. 하지만 자기 자식, 자기가 낳은 자식이라면 '희생'은 올바른 단어가 아니다. 자기 자식을 위해 자기 삶을 포기하는 것은 매일 반복하는 육아에 불과하다. 늦잠을 자는 대신 아이를 학교에 등교시키는 일, 원하는 곳에 있을 수도 있지만 아이들을 위한 안전한 놀이터로 향하는 일, 혹은 전 세계적으로 거의 모든 부모가 그렇듯, 그리고 나의 경험에 기인하자면 자기는 굶더라도 아이를 잘 먹이는 등의 일들은 희생처럼 느껴지지 않는다. 우리는 아이를 우선으로 하도록 유전적으로 설계되었기 때문이다. 우리는 이타주의 때문이 아니라 이기심 때문에 아이들에게 밥을 먹인다. 우리는 아이들이 만족할 때 기분이 좋고, 아이들이 정크푸드를 달라고 징징대는 것 때문이 아니라 정말로 배고플 때 기분이 안 좋다.

우리는 자녀를 위해 삶을 희생한다. 하지만 이러한 희생의 서클은 어디까지 확장될까? 캣니스는 동생을 위해 삶을 포기했다(혹은 자신의 목숨을 두고 24대 1이라는 확률로 도박을 했다). 리니는 아버지, 동생, 남편, 자식, 손주를 위해 자신의 삶을 최소한 자신의 커리어와 독립을 포기했다.

그렇다면 대가는 무엇일까? 생물학자 J.B.S. 할데인J.B.S. Haldale에게 동생을 위해 자기 삶을 포기하겠느냐고 질문했다. 이 이야기의 출처는 불분명하며, 힐데인이 아닌 존 메이너드 스미스John Maynard Smith일 수 있다.[2] 그는 이렇게 말했다고 한다 "아니요, 하지만 나는 두 형제나 여덟 명의 사촌을 위해 기꺼이 내 삶을 희생하겠소." 진짜든 아니든, 이 대답에는 중요한 통찰력이 담겨 있다. 자기 자식처럼 형제자매는 우리와 대략 유전자의 절반을 공유한다. 사촌은 4분의 1일, 팔촌은 8분의 1이다. 우리가 자식을 위해 삶을 포기하는 건 당연하다. 우리는 그러고 싶어 하도록 유전적으로 설계되었다. 하지만 유전적 관계가 멀어질수록 유전에 기인한 욕구가 약해진다.

진짜 **가족**이 희생 마스터플롯의 핵심 재료인 이유다. 이는 생물학적 욕구일 뿐이다. 그렇다면 가짜 가족은? 인간은 생물학적이지만은 않다는 데서 답을 찾을 수 있다. 우리는 문화, 법, 전통, 사회, 과학과 기술을 이용해 이 같은 생물학적 욕구를 불러일으킬 수 있다. 예를 들어 현대 산업 사회에서 말 그대로 최대한 많은 여성을 임신시키며 다니는 사람은 (거의?) 없다. 다른 종의 수컷이 그렇듯 '순수한 생물학적 욕구'에 따라 행동한다면 그렇게 될 것이다. 사회는 그를 비난할 것이고 법은 그에게 양육비를 지급하게 할 것이며 과학과 기술은 그에게 피임 기구를 주거나, 포르노를 줄 것이다.

자살 폭탄 테러범에게도 비슷한 일이 일어난다고 콜 교수는 말했다. 그들은 사회, 문화, 전통, 그리고 종교로 너무 단단히 결합해 있어 기꺼이 목숨을 바칠 대상을 같은 목적을 공유한 '형제들'로까지 확장한다. 종교(영국 국교회처럼 전혀 급진적이지 않은 종교 포함)에서 숭배자들끼리 서로를 형제라 부르고 서로를 그렇게 생각하도록 장려하는 것도 우연이 아니다. 수녀들은 말 그대로 '자매'라고 불리지 않는가.

그렇다면 자살 폭탄 테러범은 '희생'하는 것일까? '희생'을 순전히 *타인*의 기분을 좋게 만들기 위해 하는 이타적인 행위가 아니라 자기 자식을 먹이고 옷을 입히는 일처럼, 유전적 친족을 도움으로써 자기 *자신*이 기분 좋아지기 위한 일이라고 본다면 '그렇다.' 우리는 모두가 자신이 속한 집단/세계를 조금씩 넓힌다. 거리에서 괴로워하는 사람을 보면, 특히 그들이 어딘가 우리와 비슷해 보이면 돕지 않겠는가? 자살 폭탄 테러범은 다른 사람들보다도 이 범위를 더욱 넓게 확장할 뿐이다.

하지만 콜 교수는 재빨리 덧붙였다. 자살 폭탄 테러범만 그런 건 아니다. 영국의 빅토리아 크로스Victoria Cross나 조지 크로스George Cross 같은 무공 훈장은 형제를 구하기 위해 자신의 목숨을 바친 병사들에게만 주어진다(그렇다, 병사들도 서로를 '형제'라고 부르게끔 되어 있다). 예를 들어 2001년에서 2002년 사이 아프가니스탄 전쟁에서 이러한 메달을 받은 병사들의 절반가량이 사후에 이 메달을 수여 받았다. 그들은 형제를 위해 정말로 목숨을 바쳤기 때문이다. 자살 폭탄으로 선량한 시민을 죽거나 다치게 하는 사람과 다른 이들을 살리려다 사망한 사람들이 도덕적으로 대등하다고 말하려는 게 아니다. 목숨을

바치는 사람의 입장에서는, 광범위한 의미의 형제들을 돕기 위해 자신의 삶을 희생하는 잠재적인 동기가 같다는 점이 중요하다.

콜 교수 덕분에 우리는 **가짜 가족**이 **중요한 무언가**, 보통 자신의 삶을 **포기할 준비가 되어 있는** 동기가 되는 이유를 확실히 알게 되었다. 하지만 다른 재료는 어떠할까? **의무**감은? 말 그대로 '의무라는 도덕적 심리'[3]에 관한 책(사실은 특집 기사)을 쓴 심리학자 마이크 토마셀로Mike Tomasell의 말을 들어보자.

토마셀로는 침팬지가 의무감을 느끼지 않는다는 사실을 지적한다. 그들은 집단으로 사냥에 나서지만 한 침팬지가 제대로 일을 하지 못한다고 해서 다른 침팬지로부터 꾸짖음을 받거나 사과하지는 않는다. 그들은 집단에 충성할 필요가 없다. 사냥이 끝나면 전리품을 나눌 의무도 없다. 우두머리 남성 침팬지가 원하는 만큼 가져가고 다른 침팬지들은 남은 걸 나눠 가진다.

진화의 과정에서 오늘날의 인간을 닮은 최초의 영장류가 등장하면서 그들은 구성원이 적극 협조하며 각자 특정한 역할을 맡을 때 효율적으로 사냥을 할 수 있다는 사실을 깨달았다. 넌 사냥감에 몰래 접근해, 난 덤불에 숨어 있다가 기습할게. 그러면 쟤가 창을 던지고 등등. 그 대가로 모두가 동일한 양의 고기를 얻는다. 이러한 최초의 협력에서 우리는 최초의 의무감도 엿볼 수 있다. 네가 맡은 책임을 다하지 않으면, 즉 나는 덤불에 숨어 있다가 먹잇감을 급습하는데 너는 창을 던지지 않는다면, 날 실망시키는 거야. 나는 너한테 뭐라 할 자격이 있고 네 몫의 전리품을 조금 혹은 모조리 가져갈지도 몰라.

아직까지 우리는 한 명 혹은 소수의 사람에게만 명백하게 헌신해야 하는 데서 비롯된 의무에 대해서만 이야기하고 있다. 그렇다면 우리가 한 번도 만나지 않은 사람들에게로 확장되는 무언의 의무는 어떠할까? 토마셀로는 15만 년 전 초기 인류는 훨씬 더 큰 집단을 이루며 살기 시작했으며 따라서 그전과는 달리 집단에 속한 모든 사람을 알아볼 수가 없었다는 점을 언급한다. 자기 집단 사람을 알아보는 이 같은 능력은 굉장히 중요한데, 다른 부족 사람들이 무장할 경우 위험할 수 있기 때문이다.

해결책은 공유 문화다. 공유하는 노래, 춤, 옷, 말하는 방식 등이다. 개개인은 이제 특정한 방식으로 옷을 입고 행동해야 한다. 그렇게 하기를 거부하는 사람은 위험한 외부인으로부터 보호하는 시스템을 조금씩 갉아 먹음으로써 집단 모두를 위험에 처하게 만드는 것이다. 따라서 그들은 따돌림을 당하거나 아무리 겉보기에 경미한 위반(예를 들어 부족 춤을 익히지 못하는 것)을 저질렀더라도 벌을 받아야 한다. 모두가 한목소리를 내게 만드는 데에는 실질적인 혜택도 있다. 낯선 이들끼리 사냥을 할 때는 '일하는 방식'을 모두가 이해하고 있을 때 일하기가 훨씬 더 쉬워진다. 진화 초기에 훨씬 작았던 사냥 집단에서와 마찬가지로 규칙대로 한다면 사냥이 끝난 뒤 공정한 양을 배분받기를 기대할 수 있다. 이제 규칙을 준수하는 일뿐만 아니라 이 규칙을 지키지 않는 이들을 나무라는 것도 모두의 이익인 셈이다.

이러한 과정이 15만 년 동안 지속된다고 생각해보자. 집단의 규모가 점점 커지고 공통의 문화 규범, 즉 우리만의 방식이 점점 더 정교해지면서 우리는 현대 사회에 이른다. 사회의 다른 구성원들이 규칙을 지키는 한 우리는 그들을 공정하고 공평하게 대해야 할 의무가 있다. 상대가 완전한 이방인일지라도 그들을 대할 때 규칙을 지켜야 한다. 어린아이들조차도 알고 있는 사실이다.[4]

서로 만난 적 없는 네 살짜리 아이 두 명이 실험의 일환으로 사탕을 얻기 위해 협력해야 하는 게임을 하면 거의 언제나 사탕을 공평하게 나눠 갖는다. 실험자가 게임을 바꿔서 한 아이가 다른 아이보다 더 많은 사탕을 받는다고 정해버리면 두 아이 모두 항의한다. 사탕을 더 많이 받는 아이는 보통 공평한 배분을 위해 최대한 많은 사탕을 다른 아이에게 건넨다. 사탕을 받는 것 같은 중요한 일에서만 그런 건 아니다. 아이들은 규칙이 완전히 임의적인 게임을 할 때 실험자가 '잘못된' 방식으로 게임을 진행하면 미친 듯이 반발한다. 전혀 중요하지 않은데도 말이다. 네 살짜리조차 아무리 임의적일지라도 우리가 규칙과 관습을 따라야 한다는 사실을 안다.

그것이 바로 희생 마스터플롯의 두 번째 핵심 재료인 **의무**다. 하지만 이 같은 사소한 사례에서 누군가 자신의 삶을 희생해야 한다고 느끼는 시나리오로 어떻게 훌쩍 건너뛸 수 있을까? 우리는 사탕을 공평하게 나누는 것처럼 낯선 사람에게 어느 정도 의무감을 갖지만, 이러한 의무에는 그들을 위해 목숨을 바치는 일까지는 포함되지 않는다.

앞서 자살 폭탄 테러에 관해 인터뷰를 나눴던 존 콜 교수는 이에 관해 답을 이미 주었다. 우리는 자기 자식을 비롯해 가까운 가족을 위해 목숨을 포기할 준비가 되어 있도록 유전적으로 설계된 것이다. 어떤 집단은 그들이 사실 서로의 가족이라고 구성원을 설득함으로써 그들이 희생하게 만든다. 그렇다면 마지막 퍼즐 조각은 집단이 목숨을 바칠 정도의 유대감을 가진 가짜 가족 관계를 어떻게 구축하는지 이해하는 것이다.

옥스퍼드 인류학자 하비 화이트하우스Harvey Whitehouse[5]가 제안한 대표적인 이론에 따르면 '융합(한 사람의 정체성을 집단과 통합하는 것)'은 사람들이 엄청난 경험, 특히 정신적 외상을 초래하는 경험을 함께 할 때 일어난다. 화이트하우스는 런던, 마드리드, 뉴욕에서 일어난 세간의 이목을 끈 테러 공격 생존자를 대상으로 한 연구를 언급한다. 이 연구에 따르면 자신의 경험을 떠올리고 이야기를 나눌 경우, 나중에 실시된 설문조사에서 국가를 위해 기꺼이 목숨을 바치려 하는 것으로 나타났다. 연구진들은 이러한 융합 뒤에 놓인 생물학적 메커니즘을 밝히기까지 했다. 2014년 브라질 월드컵 기간에(독일이 우승했다), 연구진들은 브라질 팬들이 실시간 경기를 시청하는 동안 그들을 심장박동 수와 코르티솔―스트레스와 관련된 호르몬―수치를 측정하는 장비에 연결했다. 이 실험 결과, 경기를 보는 동안 심장박동 수와 코르티솔 수치가 높을수록 팬들은 자신이 지지하는 집단과 더 많이 '융합'된 것으로 나타났다.

물론 이러한 유형의 연구는 축구 시합에 지는 것처럼 낮은 수준의 트라우마와 설문지로 측정되는 가상의 융합 수준만을 측정한다. 그리하여 화이트하우스는 2011년 아랍의 봄 (Arab Spring, 중동과 북아프리카에서 일어난 반정부 시위들-옮긴이) 당시 정부에 대항하기 위해 처음으로 무기를 든 리비아 시민들을 직접 인터뷰를 했다. 이는 굉장한 외상을 초래하는 경험이었다. 화이트하우스가 인터뷰한 모든 이들이 가족과 친구를 잃었고 자신들도 죽을 위험에 처한 적이 있었다. 화이트하우스는 그들에게 물었다. 자신이 '융합'될 확률이 가장 높은 집단을 하나만 골라야 한다면 누구를 선택하겠는가? 대부분의 반란군은 가족 대신 함께 싸운 동료를 선택했다. 중요한 사실은 직접 싸움에 나서지는 않고 싸움에 나서는 사람들에게 군수 지원을 한 자원봉사자의 경우는 그렇지 않았다는 점이다. 이 '통제 집단' 참여자들은 가족을 선택하는 경향이 있었다. 전쟁터에서 거의 죽을 뻔한 외상을 초래하는 경험이야말로 집단 구성원을 하나로 '융합'하는 것이다. 화이트하우스는 미국 베트남 참전자들과의 인터뷰에서도 동일한 패턴을 발견했다. 더 큰 시련을 견딘 참전자들일수록 도움이 필요한 동료 참전 용사를 위해 기꺼이 재정적인 희생을 치르려 했다. 달갑지 않은 신고식을 경험한 대학 남학생회와 여학생 클럽 회원들, 벨트로 채찍질을 당한 적이 있는 브라질 주지츠 선수들 역시 마찬가지였다.

이 연구는 인류학자들을 오랫동안 괴롭혔던 질문에 대한 답을 제공한다. 전 세계적으로 왜 그토록 많은 부족(길거리 갱단과 심지어 대학교 클럽도)들이 매질, 채찍질, 신체 훼손, 손톱 제거, 수면 박탈, 굶주림을 수반하는 고통스러운 '통과 의례'를 시행하는 걸까? 아이러니하게도 그러한 체벌을 가하는 건 궁극적으로 부족이라는 사실을 감안할 때, 이러한 트라우마를 함께하는 경험은 집단을 하나로 묶어줘 서로를 정말로 가족이라고 (혹은 리비아 반란군의 경우처럼 가족보다 더 가깝다고) 생각하게 만드는 것이다.

긴 여정이었지만 우리는 희생 마스터플롯 뒤에 놓인 과학의 핵심에 드디어 다다랐다. 희생은 타인을 향한 의무감 때문에 무언가 중요한 것을 포기하는 것(보통 자기 삶)이다. 이러한 의무감은 그 타인이 가족이라는 생각에서 비롯된다. 그들이 정말 가족이기 때문이거나 종교, 전쟁, 공통의 트라우마를 통해 가족 같은 관계를 형성하게 되었기 때문이다.

희생의 진정한 특징을 진지하게 생각해본 사람은 없겠지만 모두가 마음속으로는 알고 있다. 최근까지 전 세계적으로 사회, 문화, 법을 지배했던 모든 종교가 희생을 최우선시하는데 어떻게 안 그럴 수 있겠는가? 기독교의 핵심 신조는 예수가 우리를 위해 자신의 삶을 희생했다는 것이다. 우리는 아브라함이 아들을 희생하려 한 기독교 이야기의 중요성을 이미 살펴보았다. 우리가 아마도 알지 못하는 건, 나처럼 여러분이 기독교 환경에서 자랐다면 이러한 사건이 이슬람교에서는 더 중요하다는 사실이다. 이슬람교에서는 이 같은 희생을 가장 큰 축제, 이드 알 아드하('희생의 축제')로 기린다. 순교는 기독교와 이슬람뿐만 아니라 유대교, 자이나교(인도 계통의 종교 및 철학-옮긴이), 신도(일본의 전통 종교-옮긴이), 바하이교(페르시아인 바하올라가 창시한 종교-옮긴이)에서도 중요하다.• 생각해본 적이 있듯 없든, 우리 모두 희생 마스터플롯을 마음속으로 직관적으로 이해한다. 곧 살펴보겠지만 우리는 이러한 지식을 잘 활용하지 못해 암울한 결과를 맞이하기도 한다. 내가 암울하다고 말한 결과는 인류의 임박한 멸종을 말한다. 하지만 우리는 이 지식을 진정으로 영웅적인 노력에 이용하기도 하는데…….

- 전 세계 주요 종교 가운데, 목숨을 건다는 차원에서 희생을 강조하지 않는 유일한 종교는 힌두교와 불교다. 하지만 이 종교들도 타인에게 봉사하는 일의 중요성을 강조한다.

영향 아래

1945년 초, 연합국이 히틀러를 궁지로 몰아넣는 동안 끔찍한 실험이 절정에 달하고 있었다. 서른여섯 명의 남자가 체중의 4분의 1을 잃을 만큼 굶주리며 정신적, 심리적 고통에 시달리고 있었다. 하지만 이 실험은 각종 인체실험으로 악명 높은 나치 장교 요제프 멩겔레Josef Mengele가 시행한 것이 아니었으며 이 남자들은 전쟁 포로도 아니었다. 놀랍게도 이들은 미네소타 기아 실험[6]에 '실험 대상'으로 자진한 것이었다. 이 실험(말 그대로 헝거게임)의 목적은 기아를 경험한 포로들을 도울 최고의 방법을 알아내는 것이었다. 1945년 전에는 극단적인 기아를 경험한 이들에 대해 알려진 바가 거의 없었다. 하지만 과학자들이 기아를 치료할 최고의 방법을 찾아내려면 그전에 통제된 실험

조건 아래에서 기아를 유도해야 했다.

연구진들이 참여자를 충분히 찾지 못해 애먹었을 거라 생각할 수 있겠지만 그렇지 않았다. 추정치는 저마다 달라도 역사가들은 최소한 200명의 남성, 아마도 많게는 400명이 자진하고 나섰다고 추정한다. 게다가 이 남자들은 잘 속는 사람도 아니었다. 연구 초반에 진행된 의무 지능 테스트 결과에 따르면 이 지원자들의 IQ는 상위 5퍼센트 내였다. 인생을 포기한 노인도 아니었다. 참여자의 평균 나이는 스물두 살이었고 신체 상태도 건강하고 몸무게는 73킬로그램 정도였다. 평균 신장 180센티미터 치고는 꽤 호리호리한 편이었다.

이 지원자들은 누구였을까? 미국이 제2차 세계대전에 참전했을 때 스물네 살에서 마흔다섯 살 사이의 모든 성인 남자는 징병의 대상이 되었다. 그런데 적격자 가운데 약 5분의 1이 '양심적 병역 기피자'였다. 많은 이들이 '겁쟁이'라고 조롱받았지만 이들은 단순히 싸우고 싶지 않아 하는 사람들이 아니었다. 양심적 병역 기피자임을 입증하려면 병역을 금하는 진짜 도덕적 혹은 종교적 신념을 입증해야 했다. 실제로 이는 양심적 병역 기피자의 대다수가 '평화 교회'의 회원이었음을 의미했다. 프렌즈(퀘이커 교도), 메노파(재세례파 교회의 한 파-옮긴이) 혹은 기독교형제단이었다. 정부는 대중이 이 양심적 병역 기피자들이 수월하게 병역을 기피했다고 생각하기를 바라지 않았다. 그래서 교회들과의 협정을 통해 시민 공공 서비스를 설립했고, 이에 따라 양심적 병역 기피자들은 '국가적으로 중요한 일'을 해야 했다.

이 일은 보통 달갑지 않거나 위험하거나 둘 다였다. 일부 양심적 병역 기피자들은 산불을 진압했다. 다른 이들은 정신 병원에서 일했다. 미네소타 기아 시험에 참여한 서른여섯 명처럼 의학 연구에 자진해서 참여한 이들도 있었다. 여기에서 핵심은 *자진했다*는 것이다. 나치가 포로의 하루 평균 칼로리 할당량을 10분의 1보다도 낮게 제한한 참혹한 바르샤바 게토Warsaw Ghetto 연구와는 달리, 미네소타 기아 실험 참여자들은 지원자들이었다. 게다가 그들이 꽤 똑똑한 사람들로 전부 심리 선별 테스트를 통과했다는 사실을 잊지 말자. 그들은 자신이 무슨 경험을 하게 될지 잘 알았다. 그들은 왜 그렇게 했을까? 종교적 신념과 다른 남자들을 돕겠다는 진실한 소망 때문이었다. 지원자들이 반응한 지원 광고는 완벽하게 그들을 겨냥했다. 굶주린 아이들 사진 아래 "여러분이 굶어서 이 아이들이 더 잘 먹게 만들겠습니까?"라는 질문이 있었다. 메노파를 비롯한 다른 평화 교회들의 근본이 되는 성경 구절을 일부러 인용한 거였다. 마태복음 25장 35절, "내가 굶주릴 때에 너희가 먹을 것을 주었고."

굶는다는 건 어떨까? 나는 상상하기조차 힘들다. 미네소타 기아 실험 이야기를 들을 때 마침 나는 막 다이어트를 시작한 참이었다. 180센티미터에 84킬로그램의 나는 NHS BMI 계산기에 따르면 공식적으로 과체중이었다. 그래서 아슬하지만 '건강한 몸무게' 카테고리에 속하도록 80킬로그램으로 낮추겠다는 목표를 세웠다. 마지막으로 이 원고를 살펴보고 있는 지금, 나는 목표를 달성했다. 5주 동안 아침과 점심을 식사 대용 음료로 바꾸고(이따금 사과나 오렌지를 먹기는 했다) 간식과 음료는 절대 금했다. 비슷한 다이어트를 해본 사람이라면 내가 늘 배고팠고 짜증을 달고 살았으며 입 냄새가 지독했으리라는 걸 알 것이다. '케톤증(신체가 탄수화물 대신 지방을 연료로 사용하는 상태-옮긴이)' 때문이었으리라. 하지만 나는 미네소타 지원자들의 경험을 발톱만큼도 따라가지 못했다. 나는 몸무게의 5퍼센트를 줄였지만 미네소타 지원자들은 *25퍼센트*를 줄여야 했다.

이들이 하루 1,500칼로리라는 목표를 달성했다는 사실을 알면 깜짝 놀랄지도 모르겠다. 비교적 관대해 보이는 이 할당량은 나의 식이요법과 크게 다르지 않다(영국의 국민 의료 보험NHS에서 권고하는 표준 칼로리는 남성의 경우 하루 2,500칼로리, 여성의 경우 2,000칼로리다). 차이점이 있다면 미네소타 지원자들은 하루에 5킬로미터씩 매주 35킬로미터를 걸어야 했다. 게다가 이러한 루틴을 24주 동안 유지해야 했다. 담배와 물은 무제한으로 공급되었고 블랙커피도 처음에는 무제한이었으나 나중에는 하루에 9컵으로 제한되었다. 많은 이들이 엄청난 양을 마셔댔기 때문이다.

체중 감량이 미치는 영향은 전문가들의 예측보다 훨씬 더 심각했다. 1945년 무렵에는 끔찍한 기아에 시달리는 사례가 많으나 최악의 영향은 전쟁과 기근의 불확실성에 기인했지, 기아 자체 때문만은 아니었다. 반면 지원자들은 '계속해서 의학적 관찰 대상이 되었고 일이 틀어지면 실험 대상에서 제외된다는 사실을 알았다'고 《사람과 굶주림Men and Hunger》**7**에서 말한다. 이 책은 연구가 끝난 뒤 급하게 결과물을 모아 발행한 것으로 국제 구호원을 위한 간략한 가이드였다. "이들은 폭격을 당한 건 아니었습니다. 그들은 6개월의 기아 상태가 끝난 뒤 더 많은 음식을 먹을 수 있으리라는 걸 확실히 알았습니다. 그들의 식량 배급은 정치적 우여곡절과는 상관없었습니다."

그 사실은 중요하지 않았다. 신체 변화는 이미 충분히 안 좋았다. 평균 맥박수는 절반으로 떨어졌다(보통 60bpm에서 100bpm인데 가장 낮은 경우 28bpm이었다). 백혈구 수는 30퍼센트 감소했다. 머리카락과 손톱이 빠졌고 멍이 치유되는 속도도 느려졌다. 지원자들은 늘 한기를 느꼈으며 옷을 여러 겹 껴입었다. 햇볕을 받으며 누워 있었고 엄청 뜨거운 음식이나 음료를 원했다. 늘 피로했다. 지원자 중 한 명인 샘 레그Sam Legg는 이렇게 말했다.

> 다른 실험 참가자와 걷고 있었죠. 기아 상태여서 피곤했어요. 우리는 교차로에 다다르면 진입로를 찾곤 했죠. 그래야 도로에서 보도로 이어지는 계단을 오르지 않을 수 있었거든요.

하지만 신체 변화보다 더 최악인 건 심리적인 변화였을 것이다. 이들은 음식에 집착하게 되었다. 한 남자는 요리책을 100권이나 모았다. "새벽 5시까지 잠도 안 자고 요리책을 공부했어요. 푹 빠진 나머지 책을 손에서 내려놓을 수 없었죠."

실험이 끝난 지 한참이 지난 후에도 한 남자는 늘 시나몬 롤 사진을 지갑에 넣어 다녔다. 모두가 성욕을 잃었고 어떤 이들은 음식과 물을 섞어 희석해 소화가 더디고 먹는 데에도 더 오래 걸리도록 만들었다(그들은 그걸 "국으로 만들기"라고 불렀다). 다른 이들은 소금과 후추를 매우 쳐서 먹었다. 그들은 특히 다른 이들의 기이한 식습관을 볼 때 무의식적으로 짜증을 냈다.

> 감정을 드러내는 데 점점 더 솔직해졌어요……. 특히 식사 자리에서 말이죠. 저는 자리를 박차고 나가버렸어요. 다른 지원자에게 그렇게 시끄럽게 접시를 핥아먹는 걸 봐줄 수 없다고 말하면서 말이죠. 빌어먹을 젖소 같다고 말했어요.

환각에 빠지는 이들도 있었다. 샘 레그Sam Legg의 경우 나무를 자르고 있다가 불현듯 고기를 자르는 모습을 상상했다. 일부러 그랬는지는 그조차 몰랐겠지만, 그는 어쨌든 손가락 3개를 잘라버렸다. 레그는 계속해서 실험에 참여하게 해달라고 간청했고 다행히 그럴 수 있었다. 프랭클린 왓킨스Franklin Watkins라는 남자는 식인을 꿈꾸며 돈을 빼앗긴 뒤 음식을 훔치다가 연구에서 제외되었다.

지원자들이 겪은 끔찍한 고통에도 불구하고 실험은 성공적이었다. 연구진들은 기아의 영향뿐만 아니라 보다 유용하게도 기아에 시달린 사람들이 회복하는 데 필요한 도움에 관한 값진 정보를 얻었다. 이 연구를 관장한 안셀 키스Ancel Keys는 회복 단계에서 너무 갑자기 너무 많은 양의 음식을 섭취할 경우 위험할 거라 생각해 처음에는 하루 2,200칼로리로 시작했다. 우리가 보통 섭취하는 수준이었다. 놀랍게도 이 정도 칼로리로는 지원자들의 몸무게가 전혀 늘지 않았다. 몇 달 동안 하루에 4,000칼로리 정도는 공급해야 한다는 사실이 밝혀졌다 (물론 대부분 몇 주 동안 하루에 1만 칼로리를 섭취해야 안정적인 수준에 이르렀다).

또 다른 중요한 시사점은 희망 사항과는 달리 특효약은 없었다는 사실이다. 굶주렸던 사람들에게 특별히 고단백질 식사를 주고, 비타민이나 광물질 첨가제를 주거나 비위관(콧구멍을 통해 위에 액체 음식물을 삽입하는 유연한 관—옮긴이)을 통해 음식을 주는 일은 도움이 되지 않았다. 중요한 건 칼로리의 양이었다. 또 다른 중요한, 하지만 문제인 결과는 회복 단계에서 신체는 (손상된 근육과 장기를 회복하기 위해) 근육보다 지방을 더 빨리 축척했고 결국 지원자들은 보통 복부 지방이 연구 전보다 40퍼센트 많아질 때까지 먹어야 했다는 사실이다.

이 실험은 왜 그토록 성공적이었을까? 영웅적인 지원자들—그들은 언제든 그만둘 수 있었다는 점을 기억하기 바란다—이 희생 마스터플롯의 요구사항을 전부 충족했기 때문이었다. 그들은 당연히 **아주 중요한 무언가를 포기**했다. 신체적, 정신적 웰빙이었다. 하지만 그들은 도덕적 **의무감** 때문에 이 일을 하기도 했다.

"이 실험은 저의 인생 경험을 완전히 뒤바꾸어놓았어요. 제가 여태 껏 했던 일 중 가장 중요한 일이었죠."

위즐리 밀러 Wesley Miller

"우리 대부분이 좋은 일을 했다고 생각할 거예요. 우리가 이 일을 해서 정말 좋고 덕분에 우리는 더 나은 삶을 살게 되었습니다."

샘 레그

손가락을 자른 뒤 실험에서 쫓겨날 위험에 처했을 때 샘이 한 답변은 의무감으로 점철되어 있다.

제발 계속할 수 있게 해주세요. 남은 평생 사람들은 저더러 전쟁 때 뭘 했냐고 물을 거예요. 이 실험은 그 질문에 대해 제가 영예로운 대답을 할 수 있는 기회예요.

이러한 의무감은 어디에서 기인할까? 가짜 가족이라는 감각이다. '징병을 피한 겁쟁이'라고 박해받았던 남자들이 끔찍한 실험을 견디면서 하나의 가족이 되었다는 사실이다. '친족'의 범위를 온 인류, 그리고 (그들의 교회라는 이름으로) '프렌즈' 혹은 '형제단'으로 확장하게 만든 종교적 신념이다. 다시 말해 희생 서사다.

왜곡된 플롯

바람직하게만 사용된다면 희생 마스터플롯은 생명을 구할 수 있다. 하지만 잘못 사용될 경우 목숨을 앗아갈 수 있다. 지구에 살고 있는 모든 남성, 여성, 아이의 삶을 말이다. 이 책을 쓰고 있는 지금 우리는 기록이 시작된 이후 가장 더운 달을 보내고 있다. 이번 달에는 기록을 다시 한번 깰 것 같다. 여러분이 이 책을 읽고 있는 시점에는 두말할 필요도 없이 기록이 또다시 깨졌을 것이다. 확실한 사실을 말해주겠다. **우리는 전부 죽을 것이다.** 모두가 이 사실을 알고 있다. 하지만 다음 장에서 보다 자세히 살펴보겠지만 아무도 대처하고 있지 않다.

왜 그럴까? 내가 보기에 가장 큰 문제 중 하나는 기후 변화가 희생 서사로 프레임 되어왔다는 사실이다. 우리가 어떠한 희생을 하는지 살펴보자.[8] 우선 일상에서 자신이 얼마나 친환경적으로 행동하는지 스스로에게 점수를 줘보자. 1부터 5까지로, 환경을 지키는 데 아무런 노력도 기울이지 않을 경우 1점이고 할 수 있는 모든 일을 하고 있다면 5점이다. 이건 여러분의 '의도' 점수이다. 이제 '행동' 점수를 매겨보자. 아래 제시된 행동을 여러분은 얼마나 자주 하는가? 역시 1부터 5까지로 점수를 매긴 뒤, 평균 점수를 내보자. 1은 전혀, 5는 항상이며, 점수를 전부 합친 뒤 10으로 나누면 평균 점수가 나온다.

환경을 지키는 행동	전혀 1	가끔 2	보통 3	주로 4	항상 5
불 끄기					
난방을 켜는 대신 옷을 껴입기					
포장을 생각해 물건 구매 자제하기					
장바구니 들고 다니기					
대중교통 이용하기					
걷기					
재활용 화장지 구매하기					
비행 자제하기					
TV를 보지 않을 때는 꺼놓기					
양치할 때 수도꼭지 잠그기					

평범한 사람이라면 의도 점수(대부분 4점)가 행동 점수(대부분 2~3점 사이)보다 1, 2점 높을 것이다. 우리는 최선을 다하고 있다고 생각하

지만 실은 대부분이 그렇지 않은 것이다. 최소한 우리가 생각하는 것보다 훨씬 더 적게 행동한다.

죄책감을 느끼기 전에 알아야 할 사실이 있다. 기후 변화 문제를 해결하기 위해 개인들이 희생해야 한다는 서사는 자연스럽게 생겨난 게 아니다. 이러한 변형된 희생 서사는 꽤 의도적으로 생겨났다. '탄소 발자국'이라는 말을 들어봤을 것이다. 일상에서 우리가 생산하는 탄소의 양을 의미한다. 자동차를 모는 일에서부터 호주산 와인을 마시는 일에 이르기까지 말이다. 여러분은 탄소 발자국이라는 개념이 거대 석유 업체, 구체적으로 말하면 BP(예전에는 브리티시 페트롤륨British Petroleum이라 불렸다)에서 고용한 광고 회사가 만들어낸 용어라는 사실을 모를 것이다.[9] 이 개념은 화석 연료 기업의 입장에서 아주 유용하다. 개인에게만 초점을 맞추다 보니 기업을 책임에서 해방시켜주기 때문이다. "혜성 문제를 해결하기 위해 **당신은** 어떠한 노력을 하고 있나?(개인 희생 서사다)" 사실 우리 개개인이 탄소 발자국을 지니는 유일한 이유는 우리가 모는 자동차에서부터 우리가 마실 와인을 수입하는 비행기에 이르기까지 모든 것이 BP와 그들의 동류들이 판매하는 연소 가스와 석유로 가동되기 때문이다. BP를 비롯한 거대 석유 업체들이 100퍼센트 재생연료로 전환하면 우리의 탄소 발자국은 자연스레 0이 될 것이다.

그렇다면 그들은 그렇게 할까? 할리우드는 그렇게 생각하지 않는다. 사실 인류가 살아남지 못하는 혜성 충돌 영화 〈돈 룩 업〉에서 혜성을 파괴하는 임무는 혜성에서 희토류 원소를 채굴하려는 사기업에게 맡겨진다(이 기업의 억만 장자 CEO는 야당의 주요 기부자다). 두말할 필요도 없이 이 계획은 뜻대로 풀리지 않는다.

BP를 비롯한 동족들에게는 편리한 서사겠지만 우리가 마스터플롯에 관해 배운 사실에 의하면 모두에게 일상에서 작은 희생을 하라고 요청하는 것은 기후 변화를 해결하는 *최악의* 방법이라 할 수 있다. 희생 마스터플롯에서 미네소타 기아 실험이든, 〈헝거게임〉이든, 〈해리 포터와 죽음의 성물〉이든, 우리 할머니의 이야기든 우리는 다른 이들을 향한 의무감 때문에 크고 중요한 무언가(보통 자신의 삶)를 포기해야 한다. 그들이 '가족'이라는 느낌 때문인데 이 느낌은 외상을 초래하는 공통된 경험에 기인한다. 지구를 구하기 위해 '희생'하라는 서사에는 이 핵심 재료가 전혀 들어 있지 않다.

첫째, 사람들에게 요구되는 희생이 너무 작고 사소하다. 불 끄기, 장바구니 들고 다니기 등. 채식주의자가 되거나 비행을 포기하는 것 같은 큼지막한 희생도 대의를 위해 목숨을 바치는 건 고사하고 환각 상태에 이를 때까지 굶는 희생에 비하면 아무것도 아니다. 문제는 이러한 개인적인 희생이 비효율적일 뿐이라는 데 있지 않다. 물론 비효율적인 것도 사실이다. 최근 보도 결과에 따르면 1988년 이래로 전 세계적인 이산화탄소 배출량의 70퍼센트를 책임지는 게 고작 100개 기업이라고 한다.[10] 문제는 양치할 때 수도꼭지를 잠그는 것 같은 사소한 희생은 사람들이 이를 의미 있는 방법이라며, 희생 서사로 받아들이기에 너무 사소하다는 것이다. 사람들이 수도꼭지를 잠그지 않는 이유는 너무 힘들어서가 아니라 너무 *쉬워서다*. 희생 마스터플롯이 마법과도 같은 효과를 내려면 우리는 무언가 크고 의미 있는 일을 하고 있다고 느껴야 한다.

기후 변화 문제에 희생 마스터플롯을 적용할 때 우리가 불행한 결말을 맞이할 수밖에 없는 두 번째 이유는 **의무**라는 재료가 없기 때문이다. 1930년대 사회적 관행은 우리 할머니가 교사가 되고 싶은 열망을 제쳐두고 병든 아버지를 돕기를 *요구했다*. 여동생을 향한 캣니스의 사랑은 헝거게임에 동생 대신 출전할 수밖에 *없게 했다*. 자산 폭탈 테러범/카미가제 비행사/영웅적인 군인/리비아 반란군/미네소타 기아 실험 참가자들이 대의에 헌신한 것은 희생을 할 *의무가 있다고* 느꼈기 때문이었다. 지구를 구하기 위해 우리에게 요청되는 희생에는 이러한 의무감이 전적으로 결여되어 있다. 사실 최악은 우리는 희생을 하도록 '요청되지도' 않는다는 사실이다. 우리는 의무감을 거의 느끼지 못하기 때문에, 또한 개인의 자율성에 집착하기 때문에 이러한 희생은 그러고 싶으면 따라도 좋은 단순한 *제안*으로 제시된다. 하고 싶지 않아도 괜찮은 것이다. 전부 개인의 책임이자 선택이다. 의무감은 전혀 없다.

이러한 의무감이 왜 결여되었을까? 이는 지구를 구하기 위해 이런 식으로 접근하는 방법이 희생 마스터플롯의 요구사항을 준수하지 못하는 마지막 이유와 연결된다. 우리는 가족 혹은 외상을 초래하는 공통의 경험으로 가족과 같은 관계가 되거나 유대감을 형성한 타인을 위해 이러한 희생을 하는 거라는 느낌을 전혀 받지 못한다. 장기적으로 봤을 때 우리가 해야 하는 희생은 피로 맺어진 나의 가족을 위한 것이어야 한다. 우리의 아이가 아니라면 우리의 손주, 혹은 증손주를 위한 일이어야 한다. 그런데 이건 너무 먼 미래의 이야기인 데다 너무 추상적이고 광범위하며 이론적이다. 여러분은 지금 당장 자식의 삶을 구하기 위해 자동차를 평생 포기하겠는가? 당연히 그럴 것이다. 누군들 안 그러겠는가? 그렇다면 (다른 이들도 만약 그렇게 한다면) 여러분의 손주를 비롯해 다른 이들의 수많은 자식을 위해 자동차를 평생 포기하겠는가? 왜 그래야 하는데? 그래서 내가 얻는 게 뭔데? 아이러니하게도 기후 변화가 만연해지고 많은 이들이 말 그대로 지옥 같은 경험을 함께 겪으면 그들은―최소한 하비 화이트하우스의 이론이 옳다면―서로를 위해 기꺼이 희생하려 할 것이다. 물론 그때는 이미 너무 늦었겠지만.

해피 엔딩

희생 마스터플롯에서 우리의 영웅은 다른 이들을 향한 의무감에서 중요한 무언가, 대게 자신의 삶을 포기할 준비가 되어 있으며 보통 그렇게 한다. 이 의무감은 영웅이 희생을 하게 만드는 이들이 말 그대로 피로 맺어진 혈육이거나 전쟁, 종교, 혹은 외상을 초래하는 공통의 경험(사회가 생물학을 끌어들이거나 융합한 사례)으로 유대감을 형성한 가짜 가족이기 때문에 생겨난다.

희생 마스터플롯과 인류의 관계는, 이 책에 등장하는 다른 마스터플롯보다도 더 많이 걱정스럽고 복잡하다. 희생 마스터플롯은 인류 진보의 촉매제일까, 브레이크일까?

어떻게 보느냐에 달려 있다. 존 콜 교수의 자살 폭탄 테러범 사례로 돌아가 보자. 앤드류 실케Andrew Sillke가 〈자살 폭탄 테러 이해하기: 심리학적 통찰력, 역사적 교훈〉이라는 논문에서 물었듯[11] 여러분이라면 1943년에 자살폭탄 조끼를 입고 히틀러를 죽였겠는가? 루돌프 크리스토프 폰 거스도르프Rudolph-Christoph von Gersdoff에게는 이 질문이 가설적인 질문이 아니었다. 그는 정말로 자살 조끼를 입고 히틀러를 죽이려 했다. 폰 거스도르프는 퓨즈가 타들어가는 가운데 히틀러에게 가까이 다가갔다. 폭탄은 10분 후에 터지게 되어 있었는데 안타깝게도 히틀러가 예상 밖으로 몇 분 만에 행사장(러시아 무기 전시장)을 떠나면서 그의 계획은 좌절되었다.

폰 거스도르프가 성공했더라면 나치는 실케가 지적했듯 그를 강요받았거나 '급진주의화되어 자살한, 세뇌당한 미치광이'로 묘사했을 것이다. 하지만 이러한 행동이 '합리적이고 받아들일 만하며, 자신을 희생하려는 그의 의지에는 엄청난 개인적인 용기가 반영되어 있다'는 나의 의견에 대부분 동의할 것이다. 역사에는 비슷한 사례가 많다. 1913년 엡섬 더비Epsom Derby 경주에서 왕의 말 앞에 자신을 던진 여성 참정권 운동가 에밀리 데이비슨Emily Davison은 (당시에 대부분의 사람이 그렇게 봤듯) 정신적인 문제가 있는 자살 광신도였을까, (오늘날 대부분의 사람이 그렇게 보듯) 용감한 자유의 전사였을까?[12] 궁극적으로 정치 명분을 위해 자신을 희생하는 것이 인류 진보의 촉매제인지 브레이크인지는 특정한 정치 명분에 관한 개인적인 견해와 그러한 명분이 인류 진보를 상징하는지에 달려 있다.

나의 할머니가 한 희생 역시 마찬가지로 골치 아프다. 우리 사회가 이러한 희생을 장려할 경우 그것은 진보인가, 그렇지 않은가? 역시 관점에 달려 있다. 누군가는 할머니의 행동을 고결하게 볼 것이고 그녀의 삶이 의미 있다고 말할 것이다. 다른 누군가는 할머니가 자신의 행복을 추구하지 않음으로써 자신은 물론 심지어 타인에게도 피해를 입혔다고, 그녀의 삶은 다른 사람을 위한 본보기가 되어서는 안 된다고 말할 것이다. 기후 변화의 사례에서 살펴봤듯 부적절한 희생 서사는 인류 진보가 아니라 인류의 멸종을 위한 촉매제가 될 수 있다.

하지만 미네소타 기아 실험에 참여한 용감한 지원자들의 사례를 보면 올바른 정황에서는 희생 마스터플롯이 정말로 인류 진보를 위한 촉매제가 될 수 있음을 알 수 있다. 이 실험은 기아의 영향과 치료를 과학적으로 이해하는 데 있어서 정말 인류의 진보를 촉진했기 때문이다. 실험 결과가 안겨준 통찰력은 지금까지도 여전히 유용하게 사용되고 있다.

오늘날 대부분의 사회, 특히 서양에서는 자율성, 개인의 행복, 인생을 마음껏 즐기기 같은 가치에 큰 중점을 둔다. 나의 할머니가 한 것 같은 희생은 당연히 이제 한물간 이야기다. 그리고 모든 것을 감안할 때 그건 바람직한 일일지도 모른다. 하지만 그러한 희생을 그저 한물간 이야기 취급하다가는 중요한 가치를 놓칠 수 있다. 대부분의 전문가가 오늘날에는 미네소타 기아 실험이 불가능할 거라고 생각한다. 대학 윤리 위원회에서 그러한 연구를 허락하지 않을 것이기 때문이다. 그들의 생각이 맞다면 내 생각에 참으로 안 된 일이다. 당시에 그들은 조롱을 받았지만 고결한 대의를 위해 중요한 무언가를 희생하는 이들은 역사적으로 존중받았다. 희생에 동의한 수백만 명의 성인들은 그들의 삶과 죽음에서 의미를 찾았으며 심지어—여성 참정권 운동가와 미네소타 지원자들처럼—희생 마스터플롯대로 살면서 인류 진보를 이뤄냈다. 우리가 감히 뭐라고 그들을 막을 텐가?

9장

밑바닥에서 탈출하고 싶다면 구멍 마스터플롯

2029년 로스앤젤레스. 기계들이 탐조등을 밝히고 레이저빔이 종말 후 세상 곳곳을 비춘다. 그들의 목표는 인류를 제거하는 것이다.

1984년 로스앤젤레스. 잔뜩 지친 웨이터 사라 코너는 물잔을 떨어뜨린다. 물잔을 치우고 있는데 꼬마가 나타나 그녀의 앞치마 주머니에 아이스크림을 퍼 넣는다. "생각해봐. 100년 후에는 누가 신경이나 쓰겠어?" 동료 웨이터가 위로하듯 말한다.

(외계에서 던져진 사람처럼 벌거벗은 모습으로 거리에 나타난) 보디빌더가 (다행히 옷을 조금 훔쳐 입은 뒤) 전화번호부에서 사라 코너를 찾아 죽이고 있다. 한편 또 다른 젊은 남자(매력적이지만 보디빌더와는 다른 아이돌 타입이다) 역시 벌거벗은 채로 거리에 나타나 다소 미래적인 방식으

로 기계들에 맞서 싸운다.

우리의 사라 코너는 다른 사라 코너들이 살해되었다는 TV 뉴스를 접한다. 그녀와 연락이 닿지 않아 경찰은 언론 보도를 했다. 전화번호부를 뒤진 사라는 자신이 그들이 노리는 마지막 사라 코너임을 알게 된다. 그녀는 완전히 구멍에 빠졌다.

어떡해야 할까? 달아나야 할까? 룸메이트에게 전화해야 할까? 룸메이트는 전화를 받지 않는다. 경찰에 전화해야 하나? 아, 지금 오고 있다고 했지. 하지만 기다리는 동안 뭘 해야 하지? 숨어야 하나? 자리에 앉아야 하나? 이렇게 붐비는 술집에서? 그런데 이상한 인간이 아까부터 나를 따라오고 있다(아이돌처럼 생긴 놈이다). 게다가 저기 보이는 저 보디빌더가 영 마음에 들지 않는다. 잠깐, 나한테 총을 겨누고 있잖아! 이제 아이돌처럼 생긴 놈이 창문 사이로 보디빌더에게 총을 쏘고 있다. "살고 싶으면 나와 함께 가요." 그가 말한다.

사라는 그렇게 한다. 둘은 차를 타고 도망치려 하지만 보디빌더가 여전히 그들을 쫓아온다. 몸에 불이 붙었는데도 차창 유리를 주먹으로 내려친다. 그들은 사람이 아닌 무언가와 대결하는 게 분명하다. 카일 리스Kyle Reece가 사탕처럼 달콤한 목소리로 사라에게 그들을 쫓아오는 건 사람이 아니라고 말한다. 그는 터미네이터다.

휴! 'B스토리'로 숨을 좀 돌려야 할 타이밍이다. 알다시피 소설에는 메인 플롯인 'A스토리'와 별로 관계없어 보이는 서브플롯이 있다. 우리는 카일에게서 사라의 아직 태어나지 않은 아들 존John에 대한 이야기를 듣는다. 존이 장차 기계에 맞서 싸우는 저항군을 이끈다는 사실을. 그렇다. 기계들은 사라가 존을 낳기 전에 그녀를 죽이려고 터미네이터를 과거로 보낸 것이다. B스토리의 핵심인 애정 관계에 관해 말하자면 누가 존의 아빠인지 우리는 아직 알 수 없지만 어렴풋이 짐작할 수 있다.

이야기는 이제 중반부에 다다르고 우리의 영웅은 일시적으로나마 한숨 돌린다. 카일과 사라는 체포되어 감옥에 갇히면서 터미네이터로부터 보호받는다. 하지만 이러한 도피는 일시적일 뿐이다. 터미네이터가 사라를 찾아 경찰서에 들어오자 내근 경사는 사라가 진술 중이며 시간이 조금 걸릴지도 모른다고 말한다. "곧 돌아오겠소." 터미네이터는 이렇게 말한다. 그리고 당연히 완전 무장한 채로 돌아온다.

사라와 카일은 일단 숲으로 도망쳤다가 저렴한 모텔로 피신해 파이프 폭탄을 제조한다. 좀약, 옥수수 시럽, 암모니아로. 뭐 그렇게 최악인 상황은 아니다. 그들은 그 와중에 시간을 내어 사랑을 나누고 존(B스토리에 등장하는 미래에서 생길 그녀의 아들)을 갖는다.

터미네이터가 전화로 그녀의 엄마를 흉내 내는 꽤 똑똑한 방법으로 카일과 사라를 추적하면서 영화는 피날레에 이른다. 우리의 영웅들은 터미네이터가 탄 차량에 파이프 폭탄을 던진다. 하지만 문제가 있었으니 폭발은 카일을 죽이고 터미네이터를 두 동강 낼 만큼 강력했지만 터미네이터의 상반신은 여전히 사라를 쫓는다. 사라는 미래의 카일이 그녀를 위해 준비한 청사진에서 힌트를 얻는다(B스토리에 나온다). 기계를 죽일 수 있는 건 무엇일까? 그렇다, 또 다른 기계다. 사라는 터미네이터를 수압기로 유인해 뭉개뜨린다.

  마지막 장면은 임신한 채 멕시코에 숨어 있는 사라를 비춘다. 인류는 아직 말살되지 않았을지도 모른다……

마스터플롯 레시피

이 마스터플롯 레시피의 가장 확실한 핵심 재료는 주인공이 **구멍에 빠지는 것**이다.[1] 이 재료는 이야기의 시작 부분에, 보통 1막의 클라이맥스에 추가되어야 한다. 물론 아주 이따금 2001년과 2009년 영화 〈더 홀〉에서처럼 주인공이 말 그대로 구멍에 빠지기도 하지만 이 비유에서 중요한 건 이들이 처한 문제가 굉장히 중요하며 즉각적이며 비자발적이어야 한다는 사실이다. 이 문제는 보통 규모가 어마어마하지만(〈터미네이터〉, 〈투모로우〉, 〈아마겟돈〉, 〈딥 임팩트〉, 〈돈 룩 업〉, 〈스네이크 온 어 플레인〉) 개인적일 수도 있고(〈다이 하드〉, 〈스피드〉, 〈오즈의 마법사〉), 가정 문제일 수도 있고(〈적과의 동침〉, 〈나를 찾아줘〉), 스파이 문제일 수도 있으며(〈북북서로 진로를 돌려라〉, 〈본 아이덴티티〉, 〈페이첵〉), 혹은 개인의 정체성 혼란일 수도 있다(《인사이드 아웃》, 《레고 무비》, 《메이의 새빨간 비밀》). 문제가 즉각적이지 않고 주인공이 그냥 일반적으로 나쁜 상황에 처한다면 약자 마스터플롯이 된다. 문제가 자발적일 경우, 영웅이 집에 있을 수도 있는데 무기를 들고 일어서겠다고 선택할 경우에는 괴물 마스터플롯이 되어 버린다. 구멍 스토리에서는 우리의 영웅이 자기 일을 하고 있는데 갑자기 쾅! 하는 소리와 함께 버스에 폭탄이 떨어진다든지, 유성이 지구를 향해 날아온다든지, 비행기 안에 뱀이 나타난다든지, 터미네이터가 미래에서 와 우리를 죽이려 한다든지, 우리가 갑자기 캔자스 밖으로 나간다든지 하는 일이 벌어진다.

이야기의 끝으로 빠르게 감기를 해보면 3막의 클라이맥스에서 두 번째 핵심 재료가 등장한다. 우리의 영웅이 **구멍 밖으로** 기어 나오는 것이다. 첫 번째 핵심 재료처럼 이 재료도 무조건 필요하다. 우리의 영웅이 구멍에서 죽으면 완전히 다른 레시피가 되어버린다(이카로스 레시피). 다섯 가지 혼합 양념처럼 이 재료는 다섯 가지 하위 재료로 이루어진다. 물론 어느 정도 융통성은 있다. 구멍 밖으로 나오는 필수 재료와는 달리 이 하위 재료들은 선택사항이다. 그렇기는 하지만 대개 구멍 스토리의 마지막에 등장하는 걸 볼 수 있다.

첫 하위 재료는 *준비*다. 주인공이 한 명 이상일 경우 대규모 도피를 위해 모두를 소집하는 일이다(《터미네이터》에서는 카일과 사라다). 주인공이 한 명일 경우 우리의 주인공은 생각을 잘 정리한 뒤 만반의 준비를 한다. 다음으로 우리의 영웅은 *계획*을 실행한다. 혹은 최소한 그렇게 하려고 한다. 5단계로 된 전형적인 스토리라면 이 계획은 그 즉시 틀어진다. 뜻밖의 난관에 마주하는 것이다. 파이프 폭탄으로 터미네이터를 죽이려던 카일과 사라의 계획은 폭탄이 터미네이너뿐만 아니라 카일마저도 죽임으로써 말 그대로 역효과를 낳는다. 이제 (남은) 영웅이 깊이 파고들어 새로운 계획을 고안해야 한다. 터미네이터를 수압기로 으스러뜨리기. 이 계획은 언제나 옳은 계획이고 영웅들은 *새로운 계획을* 완벽하게 수행한다. 휴!

구멍에 빠지고 구멍 밖으로 기어 나오는 일 사이에는 거의 모든 일이 일어날 수 있다. 나머지 세 가지 재료는 순전히 선택사항이다. 하지만 실제로 이 세 가지 선택 재료 중 단 하나도 들어 있지 않은 구멍 스토리는 없다. 대부분 세 가지 재료 전부 들어 있다.

방금 살펴봤듯 구멍에서 빠져나가려는 최초의 계획이 좌절될 때 우리의 영웅(들)은 깊이 파고들어 대안을 찾아야 한다. 하지만 어떻게 해결책을 찾을 수 있을까? 대게 B스토리가 실마리를 제공한다. 두 시간 내내 누군가 구멍 밖으로 기어 나오려고 노력하는, 그리고 대게 실패하는 모습을 지켜보는 건 꽤 우울한 일이다. 대부분의 시나리오 작가가 생각해내는 해결책은 (보통 1막의 시작 즈음에) B스토리를 넣는 것이다. 메인 스토리와는 아무런 상관이 없는 미니 스토다. 이 스토리에는 새로운 캐릭터 한두 명이 등장하는데 그들 가운데 누군가는 주인공과 애정전선을 형성할지도 모른다. 우리는 (완전히 다른 장소로) 돌아가거나 앞으로 혹은 옆으로 이동한다. 처음에 B스토리는 완전히 별

개의 이야기처럼 보인다. 하지만 갑자기 우리의 영웅이 깊이 파고들어야 할 때 A스토리와 B스토리의 줄거리가 겹쳐지며 해결책을 낳는다. 터미네이터에서는 *애정 관계*와 *새로운 캐릭터*라는 비유가 합쳐진다. 카일이 사라의 태어나지 않은 아들 존에 대해 이야기하는 순간 우리는 카일이 사라의 애정 상대일 거라 유추하게 된다. 사라가 이야기의 클라이맥스에서 깊이 파고들어야 할 때 궁극적으로 해결책을 제공하는 건 바로 B스토리에서 얻은 통찰력이다("기계를 죽일 수 있는 건 기계다").

〈나 홀로 집에〉에서도(〈터미네이터〉와 정반대의 분위기를 지니지만 동일한 구멍 레시피를 따른다) 케빈은 어설픈 강도들에게 맞서 집을 지키다가 결국 이웃집 '말리 할아버지Old Man Marely'의 손에 구출된다. 말리 할아버지는 B스토리에서 알 수 있듯, 들리는 소문에 의하면 눈삽으로 자신의 가족을 죽였다고 하는데, 그가 강도들에게 휘둘러 케빈을 구한 바로 그 눈삽이다.

구멍 마스터플롯의 두 번째와 세 번째 선택 재료는 서로의 거울상이다. 대게 이야기의 중간에 등장하는 두 번째 재료는 **헛된 기대**로 우리의 영웅이 일시적인 유예를 얻는 순간이다. 카일과 사라는 감옥에 갇히면서 터미네이터의 공격에서 벗어난다. 〈나홀로 집에〉에서 케빈은 옛 영화 사운드트랙을 틀고 냄비에 폭죽을 넣어 집 안이 깡패로 가득한 척 위장해 강도들을 겁준다. 〈딥 임팩트〉에서 우주 비행사들은 지구로 향하는 혜성의 정중앙에 핵폭탄을 심어 혜성을 성공적으로 폭발시킨다.

  물론 이러한 유예는 일시적일 뿐이다. 터미네이터는 감옥을 부수고 들어온다. 강도들은 집에 침입하고 혜성은 두 조각이 난 채 여전히 지구를 향한다. 이 같은 사건은 **어두운 밤의 영혼**으로 주인공을 궁지에 몰아넣는다. 주인공은 모든 것을 잃은 양 절망한다. 절대로 구멍을 빠져나오지 못할 것 같다. 카일과 사라는 우중충한 모텔에 숨어 있다. 케빈은 도둑들이 집을 털러 올 것이라는 위기를 앞두고 교회 예배에 참여한다. 혜성의 진로를 바꾸려던 마지막 노력이 실패로 돌아가자, 정부가 마련한 지하 대피소에 누가 들어가야 하는지를 두고 소동이 벌어진다. 물론 엄밀히 말하면 선택 사항이지만 대부분의 구멍 스토리에는 어두운 밤의 영혼이 찾아오는 순간이 반드시 들어간다. '동트기 직전이 가장 어둡기' 때문이다. 밑바닥까지 치고 가야만 우리의 영웅은 마침내 구멍 밖으로 나올 내면의 힘을 소환할 수 있다("우리 집이야. 내가 지켜야 해.").

허구보다 기이한

태국, 사라부리Saraburi주에서 버스가 쇼핑몰 옆에 있던 고가 횡단도로를 들이박으면서 다섯 명이 사망한 사건을 기억하는가? 기억하지 못할 것이다. 수많은 국가 중에서 이 비극은 뉴스거리도 되지 못했다. 하지만 태국 유소년 축구팀이 코치와 함께 13일 동안 물이 가득한 동굴에 갇힌 사건은 기억하는가? 대부분 그럴 것이다. 버스 사고에 비해 사망자(수색 대원 2명으로 한 명은 수색 중 산소 부족으로, 다른 한 명은 폐혈증에 걸려 1년 뒤 사망했다)가 절반도 되지 않았는데도 말이다. 구멍 마스터플롯 레시피는 너무 인기 있고 강력해서 현실적인 사건조차 구멍 모양의 구멍에 잘 끼워 맞출 경우 반드시 대중의 상상력을 사로잡게 되어 있다.[2]

탐 루앙Tham Luang 동굴 구조 사건이 전 세계적으로 보도된 이유는 차기 블록버스터로 구멍 레시피를 구상 중인 할리우드 시나리오 작가의 머릿속에서 나온 스토리 같았기 때문이다. 이 극적인 드라마는 전 세계적으로 저녁 뉴스에 생중계되었다. 10억 리터가 넘는 물을 동굴에서 뽑아내는 동안 100명이 넘는 다이버, 군인 2천 명, 경찰 헬리콥터 10대가 현장에 있었다. 이 이야기에는 핵심 재료가 전부 들어 있었고 일론 머스크를 둘러싼 B스토리 또한 있었다. 일론 머스크는 소형 잠수정을 구조 현장에 기부한 뒤, 트위터로 가서 머스크의 계획이 "먹힐 확률이 전혀 없다"고 주장한 영국 동굴 다이버를 "페도 가이(pedo guy, 소아성애자를 의미하는 은어 – 옮긴이)"라고 비난했다(머스크는 자신이 태어난 남아프리카에서 흔한 모욕이라고 주장했고 다이버는 1억 9천만 달러에 달하는 명예 훼손 소송에서 졌다)[3]. 피날레에는 *뜻밖의 난관*이 등장했으니, 구조대원들은 자신들이 만든 40센티미터의 틈 사이로 소년들을 밀어 넣을 수 없자 새로운 방법을 고안했다. 바로 소년들이 그 틈

- 내가 이번 장의 초안을 마쳤을 때, 뉴스는 타이타닉에 접근하려 했던 잠수정 타이탄이 실종된 사건으로 도배되고 있었다. 한 뉴스채널에서는 잠수함의 산소가 바닥나는 시간을 카운트 다운하기까지 했다. 하지만 카운트 다운이 시작되기도 전에 잠수정은 이미 폭발한 것으로 밝혀졌다. 트위터리안들이 유감스럽게 말했듯, 이 사건은 유럽 바다에서 사망하는 이민자 사건보다 더 많이 보도되고 있었다. 바로 지난주(2023년 6월경)만 해도 그리스 난민선이 침몰해 600명이 사망했다. 그들의 말도 일리가 있지만 슬픈 진실은 타이탄이 훨씬 더 많은 관심을 받은 건 구멍 마스터플롯에 들어맞기 때문이다(최소한 처음에는 그렇게 보였다).

사이로 지나는 동안 그들의 등에서 공기탱크를 떼어내는 계획이었다.

우리는 예측 가능한 마스터플롯을 현실에 적용하기 바빠서 여덟 가지 마스터플롯 레시피에 딱 들어맞는 사건만이 대중의 인식에 남는다. 사실 일부 실제 사건들은 마스터플롯 레시피를 너무 정확히 따르는 터라 할리우드 블록버스터가 되지 않는 게 거의 불가능할 정도다…….

1985년, 두 명의 젊은 영국인, 조 심슨Joe Simpson과 사이먼 예이츠Simon Yates는 해발 2만 천 피트에 달하는 안데스산맥의 시울라 그란데Siula Grade 서쪽 벽을 처음으로 등반하겠다는 목표를 품고 여정에 나섰다. 리처드 호킹Richard Hawking이라는 친구도 함께했는데 그는 등반가가 아니었기에 베이스캠프 관리를 맡았다.

조와 사이먼은 산 정상에 도달한 뒤 하산하기 시작했다. 그런데 도중에 조가 낙상사고로 다리가 부러지면서 그들은 **구멍에 빠졌다.** 보통 그렇게 외딴곳에서 다리가 부러지면 사형 선고나 다름없다. 하지만 재앙을 피할 수도 있을 듯했다. 사이먼이 그들이 갖고 있던 가장 긴 줄을 이용해 조를 한 번에 91미터씩 내리는 계획을 떠올린 것이다. 안타깝게도 이 계획은 전형적인 **헛된 기회**였다. 줄 끝에 매달린 조의 목소리를 들을 수 없었던 사이먼은 절벽에 그를 대롱대롱 매달린 상태로 두었다. 줄이 끝까지 늘어난 상태에서 조는 더 이상 내려갈 데가 없었다. 사이먼은 선택을 해야 했다. 조가 둘을 서서히 죽음으로 몰고 갈 때까지 기다릴지, 줄을 끊을지. 그는 줄을 끊었다.

이제 B스토리가 등장할 차례다. 다음 날 아침 일어난 리처드는 두 친구가 죽었을 거라 확신한다. 그때 사이먼이 암울한 소식을 들고 나타난다. 사이먼은 목이 터져라 조의 이름을 부르며 그를 찾으러 다녔지만 소용없다.

반면 낙상으로 크레바스(빙하 속의 갈라진 틈-옮긴이)에 빠진 조는 사흘 내내 **어두운 영혼의 밤**을 보낸다. 상상되는가? 부러진 다리로 수 킬로미터를 기고 폴짝폴짝 뛰어다닌다는 게? 조는 한 번 뛸 때마다 고통 때문에 거의 실신할 지경이었다고 훗날 기술했다. 게다가 부러진 다리 말고도 그는 등정을 막 마친 상태라 동상과 극심한 탈수에 시달리고 있었다. 시련은 최악의 순간에 다다른다. 이제 자신의 죽음을 받아들인 조는 술집 주차장에서 두들겨 맞은 채로 누워 있는 환각에 빠진다. 머릿속에서는 보니 M Boney M의 히트곡 〈Brown Girl in the Ring〉이 끊임없이 재생되고 있었다. 하지만 '동트기 전이 가장 어두운' 법이니 가장 밑바닥에 처한 상태는 조에게 마지막으로 밀어붙일 힘을 준다. 그는 살아남을 거라 기대하지는 않지만 보니 M의 노래를 들으며 죽고 싶지는 않다. 준비를 한 조는 마음을 단단히 먹고 마지막 박차를 가한다.

조는 기어가며 소변으로 속옷을 적셨다. 혹은 그렇게 생각한다. 홀로 남은 이후 주기적으로 일어나는 일이었다. 하지만 탈수와 극도의 고통 속에 조는 대소변 냄새가 자신의 것이 아님을 깨닫는다. 혹은 자신의 것만은 아님을. 그는 자신이 야영지 변소로 기어가고 있음을 깨닫는다. 텐트는 손만 뻗으면 닿을 거리에 있다. 그는 *계획을 실행한다. 반드시 저기까지 가고 말 것이다.*

하지만 역시나 *뜻밖의 난관*이 기다리고 있었다. 조가 소리를 쳐도 아무런 대답이 없다. 당연히 그들은 떠났을 것이다. 리처드와 사이먼은 조가 죽었을 거라 생각했을 텐데 뭣하러 거기 남아 있단 말인가?

우리의 영웅이 *깊이 파고들* 시간이다. 구멍 마스터플롯 레시피에서 해결책은 어디에서 오던가? 맞다. B스토리다. 관련 없어 보이는 제3자에게서 나온다. 리처드의 통렬한 목소리로 들어보자.

왜 그런지 모르겠는데 잠에서 깼어요. 기이한 분위기가 느껴졌거든요. 텐트 밖에서 바람이 울부짖는 소리가 들렸죠. 그런데 그것 말고 또 무슨 소리가 들렸어요. 조가 밖에서 소리치는 소리라고밖에 생각할 수 없었죠. 하지만 그건 말도 안 되었어요. 조는 죽었으니까요.[4]

조를 발견한 우리의 영웅들은 재빨리 새로운 계획을 실행한다. 조를 당나귀에 태워 자그마치 200킬로미터를 달려 수도 리마에 위치한 가장 가까운 병원으로 가는 것이다. 조는 살아남았고 그의 스토리를 담은 《터칭 더 보이드》는 베스트셀러가 되면서 영화로도 제작되었다.

그의 역경이 구멍 마스터플롯 레시피를 얼마나 따랐는지는 조 자신도 잘 알았을 것이다. 에든버러대학교에서 연극을 공부한 굉장히 재능 있는 작가인 그는 훗날 하인리히 하러Heinrich Harrer의 《하얀거미The White Spider》(이 책 또한 구멍 마스터플롯을 따른다)를 읽고 등정을 시작하게 되었다고 말했다. 게다가 그는 자신의 이야기가 왜 그토록 많은 사람의 공감을 샀는지 확실히 알고 있다.[5] "사람들은 제가 언젠가 나락에 빠질 거라 생각하죠. 제가 암에 걸리거나 일자리를 잃거나 그럴 거라고요." 그는 2022년 〈가디언〉지에서 이렇게 말했다. "그러한 상황에서 난 어떻게 할까요?"[6]

결국 서사는 존이 살아가는 이유가 되었다. 그는 살아남을 거라 희망을 가져서가 아니라 이야기가 끝나기를 바랐기 때문에 계속해서 나아갔다. "강바닥까지 기어가면 누군가 분명 저를 찾을 거라 생각했어요. 누군가를 만날 거라 기대한 건 아니고 그저 끝까지 기어갔을 뿐입니다. 그곳에서 죽기 위해서요."[7]

서사의 힘이 이토록 강한 것이다. 삶 자체를 포기한 뒤에도 우리는 이야기의 끝을 보고자 하는 의지를 잃지 않는 것이다.

이야기 뒤에 놓인 과학

마스터플롯 레시피는 오랫동안 예술의 한 형태였다. 하지만 오늘날 모든 것이 그렇듯 인공지능 AI의 적용을 통해 과학으로 바뀌고 있다. 애플 연구가 마크로 델 바치오Marco Del Vecchio는 AI를 이용해 6천 개가 넘는 영화의 스토리 구조를 자동으로 분석했다(영화의 자막을 분석한 것. AI는 아직 장면을 이해할 만큼 똑똑하지는 않다). 각 영화에 특정한 마스터플롯 레시피를 할당한 뒤 델 베치오과 그의 연구 팀은 어떠한 레시피가 가장 자주 이용되며 어떠한 레시피가 가장 흥행하는지 살펴보았다.[8] 결과는 둘 다에서 구멍 스토리 영화의 압도적인 승리였다. 6천 건의 영화 가운데 거의 1,600건이 구멍 레시피를 따랐다. 다른 레시피를 따른 경우는 천 건이 되지 않았다(약자 레시피가 천 1,400건으로

2위를 차지했다). 흥행 면에서 구멍 영화는 영화당 평균 수입이 3,700만 달러(약 539억 원)로 다른 유형의 영화보다 훨씬 더 많은 돈을 벌어들였다. 다른 유형의 영화들은 수입 면에서 엇비슷했다. 약자 영화, 희생 영화, 퀘스트 영화는 스토리 외 다른 조건이 동일할 경우, 흥행 성적이 비슷했지만 구멍 영화는 평균 6백만 달러(약 87억 원) 더 많은 수익을 거둬들이는 것으로 보인다. 소설도 마찬가지다(자동화 도구로 분석하기 쉬운 전자책 다운로드 건수에 한해).9

그렇다면 구멍 마스터플롯 레시피는 왜 다른 마스터플롯보다 수익성이 좋을까? 비평가들의 극찬을 받아서? 비평가 평점이든 IMDb(세계 최대 영화 평점 사이트―옮긴이) 사용자 평점이든, 델 베치노는 구멍 영화의 평점이 가장 낮은 걸 발견했다. 구멍 영화가 오스카상을 비롯한 다른 상을 받을 일도 없었다(수상은 약자 영화가 휩쓸었다). 하지만 구멍 영화의 평점은 *가장 낮을지라도 가장 많은* 평점을 받은 것으로 나타났다. 구멍 영화는 평균적으로 비평가 133명과 IMDb 사용자 7만 8천 명으로부터 리뷰를 받았다(이카로스 영화는 비평가 117명과 IMBb 사용자 6만 7천 명으로부터 리뷰를 받았다). 구멍 영화가 왜 그토록 흥행 실적이 좋은지 중요한 단서를 얻을 수 있는 부분이다. 구멍 영화는 화제를 일으키기 때문이다! 구멍 레시피를 따르는 영화가 개봉하면 사람들은 이 영화에 대해 이야기한다. 좋은 이야기는 아니지만 그건 중요하지 않다. (부고만 아니라면) 나쁜 홍보란 없기 마련이니.

영향 아래

구멍 영화는 왜 그토록 큰 화제를 낳는 걸까? 직관적으로 답하자면 구멍 마스터플롯은 관객들에게 극적인 상황을 보여주고 그들로 하여금 그러한 상황에 놓이면 어떻게 할지 생각하게 그리고 *이야기하게* 만듦으로써 (다른 어떤 플롯보다도) 그들에게 영향을 미친다는 사실이다. 버스에 폭탄이 있다! 혜성이 지구를 향해 온다! 비행기에 뱀이 있다! 미래에서 온 터미네이터가 나를 죽이려 한다! 나라면 어떻게 할까? 이러한 상황이 일어날 확률이 지극히 낮다는 사실은 중요하지 않다. 사실 그거야말로 핵심이다. 버스에 폭탄이 *없다면* 어떻게 할 거냐고 물으며 특별한 사건이 없는 여정의 영화를 제작하려는 사람은 아무도 없다.

이 직관적인 대답에는 과학적인 증거가 있다. 신경과학자들은 나와 똑같이 행동하는 다른 사람을 볼 때, 내가 그 행동을 직접 하는 것처럼 활성화되는 뇌 부분이 겹친다는 사실을 발견했다. 1992년, 이탈리아 파르마 출신의 신경과학자팀은 짧은 꼬리 원숭이가 음식을 집을 때에도 다른 원숭이―혹은 실험자―가 같은 음식을 집는 것을 볼 때에도 똑같이 점화되는 뇌세포를 발견했다.[10] 비슷한 결과는 인간을 대상으로 한 뇌 스캔 연구에서도 발견되었다. 심지어 현실에서 일어나는 일을 보는 대신 녹화된 영상을 볼 때도 결과는 같았다.[11] 이러한 세포들은 '거울 신경 세포'라는 이름을 얻었고 학술 문헌에 엄청난 반향을 일으켰다. 예를 들어 2000년, 신경과학자 V. S. 라마찬드란V. S. Ramachandran은 거울 신경 세포를 "인류 진화의 '위대한 도약' 뒤에 놓인 원동력"이라 일컬었다.[12]

신경과학자들이 주목한 부분은, 예를 들어 누군가 정면에서 오는 차와 충돌을 막기 위해 운전대를 돌리려고 고군분투하는 걸 본다면 우리는 관찰만 하는 게 아니라 적극적으로 그 시나리오를 스스로 시뮬레이션해본다는 사실이었다. 우리는 실제로 손을 움직이지는 않을지도 모르지만, 머릿속으로 가만히 나라면 어떻게 했을지 뇌세포 점화의 패턴을 팬터마임 한다. 우리는 '내면에서부터' 그 행동을 알고 있다. 그렇게 한다는 건 어떤 기분일지. 거울 신경 세포 이론에 따르면 감정도 마찬가지다. 우리는 공포를 직접 경험할 때 활성화되는 뇌 부위를 활성화함으로써 공포라는 표정을 인식한다. 거울 신경 세포의 공동 발견자 중 한 명인 비토리오 겔레스Vittorio Gallese는 이것이 영화 시청자에게 어떠한 영향을 미치는지 설명한다. 《공감하는 스크린: 영화와 신경과학Empathic Screen: Cinema and Neuroscience》에서 그는 거울 신경 세포는 '태도, 감각, 감정을 배우와 공유하는 우리의 능력'뿐만 아니라 '인간의 존재를 시뮬레이션하는' 카메라 움직임의 기저가 되기도 한다고 말했다.[13]

너무 좋은 말들이라 다소 의심스러운데, 실제로 그럴지도 모른다. 과학적 논쟁은 계속되겠지만 오늘날 중립적인 입장의 관찰자들 대부분은 거울 신경 세포에 대해 다소 회의적이다. 2014년에 또 다른 신경과학자 그레고리 히콕Gregory Hickok은 《거울 신경 세포라는 신화The Myth of Mirror Neurons》에서 논란을 낳을 만한 주장을 기술했다. 세부적인 사항은 기술적이라 이 책에 일일이 언급하지 않았지만 요지는 거울 신경 세포를 지지하는 이들이 실질적인 자료가 보여주는 수치를 너무 확대해석했다는 것이다. 우리가 특정한 움직임을 수행할 때도 다른 사람이 그걸 하는 걸 볼 때도 점화되는 뇌세포의 존재를 부인하는 사람은 없다. 단지 그렇다고 해서 우리가 그 움직임을 '시뮬레이션'하는 건 아니다. 이 세포들은 그저 인식과 행동 둘 다에 관여하는 걸지도 모른다.[14]

그렇기는 하지만, 거울 신경 세포 이론은 지나친 단순화일지도 모르지만, 우리가 특정한 행동이나 감정을 볼 때와 그걸 직접 경험할 때 우리의 뇌에서 보이는 반응이 최소한 어느 정도는 비슷하다는 사실에 모두가 동의한다(너무 많이 겹치지는 않을 것이다. 그럴 경우 우리는 다른 사람의 행동을 나의 것으로 끊임없이 오해할 테니 말이다!). 그리고 흥미롭게도 이러한 겹침은 '공감'이라는 감정을 반영하는 듯하다. 공감 질문지에서 높은 점수를 보인 사람들은 뇌 스캔 연구에서 다른 이들의 감정을 더 많이 '시뮬레이션'한다.[15] 마찬가지로 다른 사람의 슬픔이나 걱정을 감지하는 데 뛰어난 이들은 이러한 감정을 간접적으로 경험하는 능력도 뛰어나다. 예를 들어 초조할 때 우리는 심장 박동수가 올라가고 땀이 난다. 공감 능력이 엄청나게 뛰어난 이들, 즉 타인의 불안을 잘 간파하는 이들은 다른 사람이 불안해 보이면 심장 박동수가 증가하고 땀을 흘린다.

하지만 (이러한 모습을 전혀 보이지 않는) 사이코패스를 제외하고 우리 모두는 어느 정도 그런 편이다.[16] 사실 여러분은 화면 속 영웅이 생명이 위험한 상황에 처하는 순간, 맥박수가 높아지고 냉방이 빵빵한 극장에서도 피부가 축축해지지 않는가? 과학자들이 말하고자 하는 사실은 우리의 직관이 정확하다는 점이다. 우리가 구멍 이야기에 빠지는 이유는, 비평가들이 혹평할지라도 우리가 정말로, 말 그대로 이 끔찍하지만 짜릿한 감정을 대리적으로 경험하기 때문이다. 푹신한 극장 좌석에서 편안하게 경험하기는 하지만 말이다.

왜곡된 플롯

앞서 살펴봤듯, 구멍 레시피는 굉장히 강력하다. 이 마스터플롯 레시피를 따르는 이야기는 다른 이야기들보다 더 많은 화제를 낳고 더 많은 수익을 창출한다. 우리는 말 그대로 우리의 영웅이 겪는 감정의 롤러코스터를 고스란히 경험하기 때문이다. 구멍 마스터플롯 레시피가 오남용에 취약한 것도 당연하다. 정치인들은 정당과 관계없이 지지자들을 설득하기 위해 우리 모두를 깊고 어두운 구멍에서 빠져나오게 하겠다고 약속한다. 만약 구멍이 없다면 구멍이 *바로 거기* 있다고 계속 주장하면 된다. 보라고, 안 보여?

문제는 우리 모두가 자신이 깊은 구멍에 빠졌다고 쉽게 믿는다는 것이다. 그렇지 않다는 증거에도 불구하고 말이다. 심리학자 아담 마스트로이아니Adam Mastroianni와 대니얼 길버트Daniel Gilbert가 최근에 진행한 연구는 이 사실을 잘 입증한다.[17] 그들은 학술 문헌을 샅샅이 뒤져 다음과 같은 질문에 대한 설문조사 결과를 찾았다. "지금 이 나라의 도덕성이 전반적으로 나아지고 있나요, 안 좋아지고 있나요?" 그들은 자그마치 1949년까지 거슬러 올라가 전 세계 60개 국가의 1,200만 명을 대상으로 한 설문조사 결과를 캐냈다. 결과는 말할 필요도 없다. 여러분의 생각도 나와 같을 것이기 때문이다. 여러분이 어떤 국가에 살고 있든 도덕성은 전례 없이 낮아지고 있다. 도덕의 붕괴에 관한 이 같은 견해는 보수주의자와 나이 든 사람들이 가장 강력하게 주장하지만 언제, 어디서든, 누구나 어느 정도 지지하기 마련이다.

하지만 이는 신화에 가깝다. 변화에 관한 질문도 마찬가지였는데, 많은 설문지에서 사람들에게 도덕적 행동의 현 수준에 대해 직접 물었다. "어제 하루 종일 존중 받았습니까?"라든지 "지난 12개월 동안 괴롭힘을 당하거나 강도를 당했습니까?" 혹은 "지난 12개월 동안 낯선 사람이 여러분의 앞에 끼어들도록 양보했습니까?" 같은 질문이었다. 마스트로이아니와 길버트는 이 질문에 대한 사람들의 대답이 지난 세기 중반 이후로 사실상 그대로임을 발견했다. 상황이 더 나빠지지 않은 것이다. 그렇다면 우리는 왜 그렇게 생각하는 것일까?

두 사람은 사람들이 이 같은 환상에 빠지는 두 가지 심리학적 특이점을 발견했다. 첫 번째는 사람들은 다른 이들에 대해 긍정적인 정보보다는 부정적인 정보를 찾고 주의를 기울일 확률이 높다는 것이다

(미디어에서 적극 부추기는 경향이 있다). 이 같은 관점을 옹호한 마스트로이아니와 길버트는 사회 전체가 아니라 그들이 잘 아는 사람에 대해 물었을 때, 사람들 대부분 도덕률이 감소하기보다는 향상되었다고 답했다는 사실을 알아냈다. 연구에 의하면 오늘날 가장 친한 친구는 1960년대 가장 친한 친구보다 도덕적으로 고결한 것이다. 친밀한 사이에서 벗어날 때야 우리는 나쁜 소식을 찾는다. 우리는 우리 자신이 평균보다 낫다는 증거를 찾기 때문일지도 모른다(괴물 마스터플롯에서 살펴본 현상이다).

도덕의 붕괴를 믿게 만드는 두 번째 심리학적 특이점은 우리는 과거를 장밋빛으로 그린다는 점이다. 안 좋은 사건은 잊기 마련이고 혹은 그다지 나쁘지 않았다거나 심지어 꽤 괜찮았다고 재해석하게 된다. 마스트로이아니와 길버트는 우리가 자신의 생애 내에서만 도덕률 감소를 보고한다는 사실을 발견했다. 평균적으로, 1980년에 태어난 사람은 도덕적 기준이 2000년보다 1980년에 나왔으며 2020년에는 더 안 좋았다고 생각한다. 하지만 1960년보다 1940년에 더 좋았다거나 1980년보다 1960년이 더 좋았다고 생각하지는 않는다. 장밋빛 렌즈는 그들이 태어나기 전 시대에는 적용이 되지 않기 때문이다. 다시 말해 우리 모두 자신이 태어난 순간 '다른 사람들'(우리가 모르는 사람)이 구멍을 파기 시작했으며 그때 이후로 구멍이 점점 더 깊어져만 간다고 생각하는 듯하다.

그 결과 "이렇게까지 최악이진 않았는데"를 남발하는 정치인과 기타 냉소적인 이들은 이미 사람들에게 이러한 주장을 전도하고 있다. 우리는 이 나라가 이미 파국으로 치닫고 있다고 믿으며 이러한 관점을 지지하는 뉴스를 들을 준비가 되어 있다.

누구나 정치인이 날조한 위기를 한두 개는 손꼽을 수 있을 것이다. 이 책에서 우리는 이미 브렉시트를 살펴봤다. 2015년, 영국이 유럽연합을 탈퇴하겠다는 재앙적인 투표를 하기 전 해인 2015년, 이 사안은 대중의 관심을 전혀 사로잡지 않았다. 브렉시트가 이 나라가 마주한 가장 중요한 문제라고 생각한 이들은 1퍼센트에 불과했다.[18] 하지만 다양한 정치인들이 영국 사회에 난 유럽연합 모양의 구멍을 언급하자 대중은 아주 수용적이었고 나머지는 여러분이 알고 있는 대로다.

2003년 미국은 이슬람 테러 단체인 알카에다가 대량 파괴 무기를 보유하고 있으며 9·11 공격의 배후에 있을지도 모른다며 이라크 침공에 앞장섰다. 물론 잘못된 정보도 나름의 역할을 했지만 〈워싱턴 포스트〉의 2019년 사실 확인에 따르면 "부시 정권은 자신들의 주장에 도움이 되는 정보를 강조하기도 했다".[19] 대량 파괴 무기도, 알카에다가 공격에 가담했다는 증거도 전혀 발견되지 않았다.

2019년, 멕시코와의 국경을 강화해야 한다는 주장을 계속 펼치기 위해 도널드 트럼프는 마약 밀수와 높은 범죄율을 불법 이민자 탓으로 돌렸다. 마약 단속국Drug Enforcement Administration이 거의 모든 마약이 합법적인 반입 절차(예를 들어 합법적인 수입품에 섞어서)를 통해 들어온다고 이미 밝혔음에도 불구하고 말이다. 한편 별도의 연구 결과

불법 이민자들의 범죄율은 미국에서 태어난 시민들보다 낮은 것으로 밝혀졌다.[20] 이 사례들이 보여주듯, 트럼프는 정치적 이익을 위해 구멍 레시피로 독성 혼합물을 섞은 셈이다. 물론 트럼프는 구멍 마스터 플롯을 악용한 최초의 인물이 아니며 확실히 마지막 인물도 아닐 것이다.

해피 엔딩

아주 깊은 그야말로 진짜 구멍의 밑바닥에 빠진 지금, 우리 대부분이 거의 아무런 대처도 하지 않고 있다는 사실이 다소 아이러니하다. 희생 마스터플롯에서 내가 처음 언급한 기후 변화 말이다. 그 장에서 나는 우리가 아직 올바른 서사를 구축하지 않은 상태라고 말했다. '기후 변화'라는 널리 쓰이는 용어의 사용이 이를 입증한다. 이 문구는 '코앞으로 다가온 인류의 멸종'을 완곡하게 표현한 것이다. 〈아마겟돈〉이나 〈딥 임팩트〉에서 묘사된 소행성 충돌을 '소행성의 지구 수정'이라 부르는 거나 마찬가지다. 그렇다면 브루스 윌리스Bruce Willis나 로버트 듀발Robert Duvall이 지구를 구한 것처럼 구멍 마스터플롯은 우리가 제대로 된 이야기를 구축하는 데 도움이 될까? 지금처럼 절박한 상황에서는 뭐라도 시도해봐야 할 것이다.

우선 상황이 얼마나 안 좋을까? 온갖 사실과 수치를 풀어놓을 수 있겠지만 이야기의 힘을 다루는 책에서 언급할 내용은 아닌 것 같다. 이 책의 전제는 마스터플롯 레시피에 따라 이야기 속에 정보가 교묘하게 섞여 있어야만 우리는 해당 정보를 흡수하고 이해하며 소화한다는 것이다. 자, 이제부터 몇 페이지에 걸쳐 내가 쓴 〈2101: 스페인 오디세이〉를 읽어보길 바란다.

새카만 화면 아래에 흰색 글씨가 뜬다. '2101년, 바르셀로나.' 카메라가 우측을 비추자 여자아이의 침대가 보인다. 부드러운 흰색 LED 야간 조명으로 밝힌 탁자에는 액자가 놓여 있고 액자 속 사진에는 군복을 입은 중년 남자가 미소 짓고 있다. 사진에 가려 잘 보이지 않지만, 디지털 자명종에 23시 58분이라는 숫자가 보인다. 더 오른쪽으로 카메라가 이동하자 여자아이가 보인다. 일곱 살 가량의 아이는 얇은 흰색 이불을 덮고 자고 있다. "소피아!" 아이 엄마, 마리아가 방으로 급히 뛰어 들어오며 은행권을 진녹색 배낭에 넣는다. 엄마는 아이를 흔들어 깨우고 침대 아래에서 분홍색 배낭을 꺼낸 뒤, 소피아의 서랍에서 옷가지 몇 개를 집어넣으며 "서둘러!" 하고 외친다. 엄마는 분홍색 배낭을 소피아의 팔에 밀어 넣으며 방 밖으로 아이를 데리고 나온다. 몇 살 더 어린 남자아이가 계단에 서서 아이패드를 달라고 하고 있다. "데이비드! 서둘러!" 소피아가 소리친다.

가족은 집 밖으로 뛰어나온다. 마리아는 한 손으로는 데이비드를 안고 다른 손으로는 자동차 열쇠를 쥐고 있다. 진입로를 내다본 그녀는 자동차가 거리 반대쪽으로 떠가는 걸 본다. 마리아는 열쇠를 주머니에 넣은 뒤 양팔로 데이비드를 안는다. 소피아의 가슴팍까지 물이 차오르는 가운데 그들은 거리를 헤치며 걷는다. 도로는 엉망진창이다. 모두가 가족을 찾아 울고불며 소리치고 있다. 빠르게 흐르는 물살에는 자동차, 자전거, 쓰레기, 나뭇가지, 소리치는 사람들로 가득하다. 하늘에서는 번개와 천둥이 치고 억수 같은 비가 쏟아진다.

가족이 도로를 건너는 동안 마리아는 핸드폰을 꺼내 엔젤에게 전화를 건다. "아빠에게 전화하는 거야." 그녀는 아이들에게 말한다. 신호가 잡히지 않는다. 다시 한번 전화를 하려고 하는데 소피아가 떠다니는 나뭇가지에 부딪혀 쓰러진다. 마리아는 핸드폰을 떨어뜨리고 아이를 붙잡는다. 그녀는 가까스로 아이를 일으키지만 그러는 동안 또 다른 나뭇가지에 부딪혀 비틀거리면서 데이비드를 놓친다. 겁에 질린 채 떠내려가는 데이비드를 향해 모녀는 소리를 지르고 화면은 서서히 어두워진다.

화면이 서서히 다시 밝아지고, 동이 트자마자 다시 그 장면이다. 이 상황에 어울리지 않게 아름다워 보이는 해가 지평선에 떠오른다. 마리아와 소피아는 여전히 데이비드를 찾으며 소리를 친다. 소피아는 물 위로 가까스로 고개를 내밀고 있다. 아이의 멍 든 얼굴은 피투성이다. 그 순간 떠다니던 상자가 아이의 얼굴을 정면으로 강타하고 아이는 기절한다. 의식이 오락가락하는 소피아를 안고 마리아는 계속해서 데이비드를 찾는다. 하지만 더 이상 그럴 수가 없다. 소피아는 너무 무거워 한 번에 몇 초 이상 들고 있을 수 없다. "가야 해." 마리아의 말에 모녀는 언덕 위로 올라간다.

사막에 군대 막사가 있다. 기둥에는 거대한 위성 방송 수신 안테나가 달려 있다. 엔젤은 스페인어 자막이 달린 미국 TV 프로그램을 보는 둥 마는 둥 하고 있다. 그날 전 세계 주요 뉴스를 요약한 60초짜리 영상이다. 로스엔젤레스의 산불이 나 할리우드 사인이 불길에 휩싸이는 장면, 영국의 기근으로 트라팔가 광장에서 UN 구호품을 나눠주는 장면이 펼쳐지는 가운데 비자, 마스터카드, 애플 페이는 미국 외의 국가에서 서비스를 중단한다고 발표하고, 델리에서 환경 오염으로 인한 사망자 수의 추정치가 천만 명에 달한다. 유럽에서 물 전쟁이 발발한 지 1년이 지났고 도쿄, 마이애미, 바르셀로나에 대규모 홍수가 난다. 영상은 없지만 피해 지역이 지도에 표시되어 있다. 엔젤은 다른 병사들과 시선을 주고받는다. 그가 몰래 짐을 싸는 동안 동료 몇 명이 그에게 4분의 1쯤 찬 물병과 반쯤 먹다만 에너지바를 슬쩍 건넨다.

마리아와 소피아는 티비다보에 도착한다. 물에 잠긴 도시가 내려다보이는 산꼭대기에 있는 버려진 놀이동산이다. 태양은 하늘 높이 떠 있고 사람들은 열기 때문에 고통스러워하지만 사람이 너무 많아 공원에는 앉을 자리가 거의 없다. 그늘진 자리 몇 개는 이미 노인들이 차지하고 있다. 바닥에 대자로 누워 있는 그들 가운데 많은 수가 이미 일사병으로 사망했다. 사람들은 음식과 물을 두고 싸우며 흥분한 목소리로 물물교환한다.

그때 사람들 사이로 환호성이 들린다. 경찰관 한 무리가 키오스크를 억지로 열었다. 다른 경찰들이 권총으로 사람들을 제압하는 가운데 두 명의 경찰이 오래되어 보이는 팝콘을 한 사람당 아주 조금씩 나누어준다. 이어서 경찰들은 아직 작동하는 소다 건으로 코카콜라 컵에 물을 아주 조금 부어 사람들에게 나눠준다. 태양이 여전히 눈부시게 빛나지만 비가 조금 내리기 시작한다. 사람들은 혀를, 빈 코카콜라 컵을, 신발을 내민다. 분위기가 조금은 상기된다.

하지만 밤이 되자 그 어느 때보다도 상황이 안 좋아진다. 음식과 물을 두고 주먹다짐이 벌어진다. 몇 명 안 되는 경찰이 질서를 유지하려고 하지만 사람들에게 제압당하고 총을 빼앗긴다. 비명과 총소리, 혼돈의 소리가 들리는 가운데 화면이 다시 어두워진다.

여명이 밝는다. 마리아와 소피아는 놀이동산 뒤 숲속에서 잠이 깬다. 가방에 든 것들이 바닥에 흩어져 있다. 병과 음식물 포장지가 텅 비어 있다. 새들이 사방에 죽어 있다. 마리아는 나뭇가지를 주워 땅을 파 물을 찾지만 아무리 깊이 파도 땅은 메말라 있다. 지렁이를 찾아 반은 먹고 반은 소피아에게 건네지만 소피아는 고개를 가로저으며 울음을 터뜨린다.

엔젤은 바르셀로나 외곽에 도착해 고속도로에서 버려진 주유소를 찾는다. 리터 당 10파운드라고 써 있다. 외관은 비교적 원상태 그대로이지만 안으로 들어가니 이미 누군가 싹쓸이해갔다. 밖으로 나와 급유 펌프를 작동해본다. 다이얼이 갑자기 돌아가며 휘발유가 뿜어져 나온다. 문득 좋은 생각이 난다. 그는 '물 생성기(air and water machine, 대기 중 수분을 이용해 물을 만드는 기계-옮긴이)'를 열어본다. 아무것도 없다. 세차장에 있는 물탱크를 열어본다. 아무것도 없다. 하지만 세차장 사무실의 서랍장 맨 아래 칸을 부수고 열어보니 총이 있다. 잭팟이다. 코카콜라 반병과 파프리카맛 감자칩, 말라비틀어진 오렌지도 있다.

밖으로 나간 그의 눈에 저 멀리 테마파크가 보이고, 엔젤은 그리로 간다. 해가 질 무렵이 되어 그곳에 도착한 그는 가족들을 찾아 미친 듯이 헤매고 다닌다. 사람들에게 물어보려 하지만 모두가 죽어 있거나 죽고 있거나 제정신이 아니다. 결국 그는 마리아와 소피아를 찾아내지만 그들도 이미 죽은 지 오래다. 엔젤은 울며불며 소리를 지른 뒤 오렌지를 발로 밟아 뭉개고 감자칩과 콜라를 입에 쑤셔 넣는다. 음식을 삼키는 그의 목울대가 클로즈업된다. 총소리. 바닥에 죽어 있는 그의 애플 워치가 클로즈업되지만 카메라에 잡히는 건 '충전 필요'를 의미하는 붉은 신호뿐이다.

영화 판권은 내 에이전트에게 문의하기를.

좋다. 다소 가혹한 이 이야기가 오스카상을 받는 일은 없을 거다. 하지만 이 이야기가 (사실과 수치만으로는 전달할 수 없는 방식으로) 2101년 이 세상의 모습을 전달했기를 바란다. 중도의 추정치를 가정한 것일 뿐 기괴한 최악의 시나리오가 아니다. 나의 이야기는 이번 세기말까지 전 세계 평균 기온이 4도가량 상승할 때의 모습에 관한 IPCC의 중간치 예측을 바탕으로 한다. 아이러니하게 미래적으로 들리는 제목에도 불구하고, 2101년은 그다지 먼 미래가 아니다. 현실 세계의 소피아는 지금 태어나는 아이의 손녀일 수 있다. 개별적인 줄거리는 물론 허구적이지만 데이비드 월러스 웰즈David Wallace-Wells의 저서 《2025 거주불능 지구》에 기술된 것처럼 진짜 전문가의 견해를 바탕으로 한다. 4도 상승은 스페인 같은 지역에 열사병으로 인한 사망을 가져올 것이다. 인도처럼 더 더운 지역에서는 2도 상승이라는 최고의 시나리오에서조차 열사병 때문에 사망하는 사람이 발생할 것이다. 익사는 흔한 일이 될 것이다. 바르셀로나뿐만이 아니라 전 세계 모든 해안가가 물에 잠기기 때문이다. 페이스북의 본사, 케네디 스페이스 센터, 백악관, 그리고 도널드 트럼프의 마르 아 라고Mar-a-Lago 리조트도 마찬가지다. 330만 헥타르(800만 에이커)에 달하는 캘리포니아가 이미 불타고 있는 지금, 로스앤젤레스의 산불은 이미 흔한 일이다.[21] 물 부족은 이미 피할 수 없는 현상이다. 담수호는 줄어들었거나 사라졌다. 세상에서 4번째로 큰 호수였던 아랄해Aral Sea는 90퍼센트나 말라버렸다. 이 같은 부족은 탈수로 인한 사망뿐만 아니라 만연한 기아를 가져올 것이다. 세계 담수의 70퍼센트가 식수가 아니라 농사에 사용되기 때문이다. 결과적으로 사람들이 물이나 식량을 구할 수 없게 될 때 발생할 물 전쟁이나 사회적 충돌을 피할 길이 없다.

사실과 수치로 다시 돌아갈 위험이 있지만 목숨을 잃게 될 수백만 명의 사람을 생각하지 말자. 단 한 사람만을 생각하자. '소피아'나 '데이비드' 말이다. 최근에 자녀를 가졌다면 기후 변화로 인한 사망은 우리의 손주가 겪게 될 수 있는 운명이 아니라 겪게 될 확률이 아주 높은 운명이다.

하지만 이를 막을 수 있는 방법이 없는 건 아니다.

우리는 상황을 바꿀 수 있다. 그렇다면 우리는 그동안 어떠한 노력을 기울였을까?

2015년, 파리에서 열린 유엔 기후 변화 협약 회의(COP21)에서 193개 국가와 유럽연합은 전 세계 기후 온도를 산업화 이전 수치보다 1.5도 높게 유지하자는 데 합의를 봤다. 이 1.5도라는 수치를 선택한 건 재앙을 완전히 막을 수 있어서가 아니라 이 단계에서 우리가 취할 수 있는 최고의 희망이기 때문이다. 사실 이 협정은 온도 상승을 1.5도로 제한하기 위해 '지속적인 노력'을 꾀하는 동안 재앙이라고 할 수 있는 2도 온도 상승을 막기 위해서다. 1.5도 온도 상승이라는 목표를 달성하려면 전 세계 이산화탄소 배출량을 2030년까지 45퍼센트, 2050년까지 0으로 줄여야 한다.

우선 나쁜 소식이 있다. 우리는 2030년까지 전 세계 이산화탄소 배출량을 45퍼센트 줄일 수 없을 것 같다. 절대로 불가능하다. 2022년 말, 베조스 어스 펀드Bezos Earth Fund, 기후행동추적Climate Action Tracker, 클라이밋웍스재단ClimateWorks Foundation, UN 고위급 기후 변화 챔피언United Nations High-Level Climate Change Champions과 세계자원연구소World Resources Institute는 그동안의 진척 사항을 정리한 합동 보고서를 발표했다.[22] 보고서는 삼림녹화, 재생 에너지 생산에서부터, 승용차 대 대중교통 이용 거리에 이르기까지 40개의 각기 다른 진척 지표를 살펴봤다. 이 지표 중 *단 한 가지도* 2030년 목표를 달성하기 위해 충분히 만족스러운 속도로 진척이 이루어지지 않고 있었다. 여섯 가지 지표만이 '조짐이 좋지만 매우 느리게 올바른 방향으로 향하고' 있었다.

UN의 기후 변화 보고서 역시 비슷하게 암울한 그림을 제시했다. 지구 온난화를 1.5도 혹은 심지어 2도로 제한하는 것은 고사하고 정부의 현 정책대로라면 2100년에는 지구의 온도가 2.8도 증가할 것이다. 더 우울하게도, 이 보고서에 따르면 만약 각국이 2021년 글래스고에서 열린 COP26 회의에서 한 약속을 전부 지킨다 하더라도 2.4도에서 2.6도 온도 상승을 피할 수 없다. 전 세계적인 차원에서 우리는 탄소 배출량을 전혀 감축하고 있지 않다. 매년 5퍼센트의 비율로 탄소 배출량을 감축하기는커녕(2050년까지 0이라는 목표를 달성하기 위해 필요한 수치다), 우리는 매년 1, 2퍼센트에 달하는 속도로 여전히 탄소 배출량을 늘리고 있다.[23] 2022년, 세계기상협회World Meteorological에 진

행한 연구에 따르면 메탄과 이산화탄소 배출 속도는 감소하기는커녕 증가하고 있다.[24]

하지만 희소식도 있다. 우선, 국제 에너지 기구의 분석에 따르면,[25] 화석 연료의 사용(가스와 석유)은 2025년에 절정에 달한 뒤 감소할 예정이라고 한다. 왜 그럴까? 국가나 기업의 박애 때문이 아니라 그들의 순수한 이기심 때문이다. 2022년 러시아가 우크라이나를 침공하면서 가뜩이나 높은 가스와 석유의 가격이 엄청나게 치솟았고 각국 정부는 저렴한 선택사항으로 풍력, 수력, 태양력 같은 재생가능에너지에 눈을 돌리기 시작했다.

둘째, 확실한 해결책이 이미 존재한다. 명망 높은 맥아더 '천재' 상을 수상한 사울 그리피스Saul Griffith는 2022년, 《전기화Electrify》라는 책을 출간했다.[26] 그리피스는 우리가 사용하는 모든 것을 화석 연료 대신 전기로 돌리면 소비를 줄이지 않고도 COP의 목표를 달성할 수 있다고 주장한다. 게다가 우리는 전기 자동차, 전기 열펌프, 전기솥 등 이미 관련 기술을 전부 갖추고 있다. 따라서 지구를 구하려면 이 일을 전 세계적으로 시행하며 필요한 전력을 전부 생산하기만 하면 된다. 하지만 화석 연료를 태우지 않고도 우리가 필요한 전략을 전부 생산할 수 있을까? 그리피스의 주장에 따르면 그렇다. 풍력, 수력, 태양력, 원자력 수용력을 '지난 몇 10년간 화석 연료를 사용했던 속도로' 계속해서 늘리면 우리는 2037년에 화석 연료의 사용을 완전히 중단할 수 있다.

물론 힘든 부분은 이 일이 실제로 일어나게 하는 것이다. 구멍 마스터플롯 레시피는 어떠한 전략이 최고일지 단서를 줄 수 있을까? 나는 그럴 수 있다고 본다. 사실 "이 세상 모두가 죽을 것이다"는 종말 레파토리는 할리우드에서 가장 익숙한 소재일 뿐만 아니라 가장 수익성 있는 소재이기도 하다. 〈투모로우〉, 〈컨테이젼〉, 〈아웃브레이크〉, 〈감염열도〉, 〈부산행〉, 〈지구의 대참사〉, 〈아마겟돈〉, 〈딥 임팩트〉. 제목만 봐도 무슨 내용인지 알 수 있다. 그렇다면 할리우드 영웅들은 어떻게 세상을 구하던가?

우선, 할리우드 버전에서 일어나지 않는 일을 생각해보면 좋다. 〈지구의 대참사〉, 〈아마겟돈〉, 〈딥 임팩트〉(세 가지 전부 거기서 거기인 영화다)에서 지구는 거대한 혜성과의 충돌로 '멸종될' 위기에 처한다. 인류의 대응은? 우리는 이렇게 말할까? "정부가 모든 문제를 해결해줄 거라 기대해서는 안 돼. 우리가 혜성 문제를 해결하려면 뭘 해야 하지 (내가 지난 장에서 거부했던 희생 서사)?" 아니면 우리는 이렇게 말할까, "이런, 혜성을 멈추게 하면 좋을 텐데. 하지만 말도 안 되게 비쌀 거야. 게다가 혜성 충돌을 비껴갈 사람들은? 그들이 비용을 댈까?" 아니면 "아, 혜성 충돌은 불가피하겠군. 혜성 충돌 이후의 미래로 어떻게 이행할지 생각해봐야 하지 않을까?"라고 말할까.

물론 저렇게 생각하는 사람은 아무도 없다. 이러한 생각들은 터무니없다. 하지만 현실적인 멸종 수준의 사건을 접할 때 우리는 사실상 이러한 해결책을 추구해왔다. 기후 변화 전문가들은 "당신은 무슨 일을 하고 있습니까?"라는 질문에만 주목한다. 희생 마스터플롯은 기후 변화 문제를 해결하는 데 있어 가장 큰 걸림돌이다. 데이비드 월러스 웰즈는《2025 거주불능 지구》에서 '플라스틱 패닉plastic panic' 현상에 대해 이야기한다. 그는 이를 '기후 위기와 관련된 관심을 다른 데로 돌리는 전형적인 수작'이라 말한다. 최근 몇 년 동안 세간의 이목을 끄는 기후 캠페인은 플라스틱 사용을 줄이는 것으로 대부분의 패스트 푸드 레스토랑에서 종이 빨대만 제공할 정도였다(플라스틱 컵 뚜껑에 찔러 넣어야 하는데 말이다!). 수많은 정부가 미세 플라스틱 조각과 관련해 조치하고 있기도 하다. 물론 플라스틱 오염을 줄이면 좋기야 하겠지만 이러한 목표를 정부 조치의 전면에 내세우는 건 〈타이타닉〉의 갑판 의자를 재정비하는 일이나 (혹은 다가오는 혜성에 돌을 던지는 일이나) 다름없다. 새로운 플라스틱 생산은 전 세계 석유 및 기름 사용량의 4퍼센트밖에 차지하지 않는다.[27] 게다가 대기 중에 떠도는 미세 플라스틱 조각은 사실 햇빛을 다시 우주로 반사함으로써 지구를 식혀줄지도 모른다.[28]

재활용 역시 마찬가지다. (가능한 해결책의 영향을 측정하는 비영리 단체) 프로젝트 드로우다운Projecct Drawdown[29]에 따르면 재활용은 효율성 성적표에서 하위권에 자리한다. 풍력 및 전력 에너지 늘리기(1위), 식물성 식단, 삼림 재생, 메탄 누출 관리보다 한참 아래 위치한다. 물론 재활용을 하는 게 안 하는 것보단 낫다. 하지만 진짜 위험은 사람들이 재활용을 조금 더 하고 플라스틱을 조금 덜 사용하면 상황이 괜

찾아질 거라 믿는다는 데 있다.[30] 그렇지 않을 것이기 때문이다.

그렇다면 〈아마겟돈〉, 〈딥 임팩트〉를 비롯한 영화에서 지구를 구하는 건 누구인가? 기업도, 평범한 시민도 아닌 정부다(보통 미국 정부다). 그리고 영화에서 정부는 어떻게 하는가? 혜성 문제에 대한 해결책을 찾는 데 투자하겠다고 약속한 기업에게 세금을 감면해주던가? 개인에게 희생하라고, 자기 몫을 다하라고 장려하는 인식 캠페인을 운영하던가?

아니다. 정부는 브루스 윌리스에게 새로운 조끼를 사준 뒤 그가 엄청나게 많은 핵미사일로 혜성을 파괴하게 한다. 지구의 모두가 죽는다는 시나리오를 막으려면 정부는 제발 정신 차려야 한다.

할리우드 구멍 마스터플롯 레시피가 우리에게 가르쳐준 게 있다면 바로 이것이다. 우리는 카리스마 넘치는 영웅(아놀드 슈워제네거 주지사가 환경 문제에 관심이 많은 걸 감안하면 터미네이터 자신이 될 수 있다)을 고용해 그에게 수십억 달러가 든 서류 가방을 주고 전 세계 석유 및 가스 기업을 사들이게 한 뒤, 그 기업들을 친환경 에너지 공급 기업으로 바꿔야 한다. 그리고 스토리가 지닌 힘을 생각해 그의 노력을 보여주는 리얼리티 TV 시리즈를 제작해야 한다. 나라면 〈적대적 인수Hostile Takeover〉라고 부를 것이며 전 세계 모든 TV 방송국과 OTT에 무료로 풀겠다. 슈워제네거 주지사가 엄청나게 후한 제안을 할 때 어떠한 대형 석유 기업 CEO가 인류의 악당 역을 따내는 데 혈안이 될지 지켜보자.

여러분은 웃어넘길지 모르지만 농담이 아니다. 아주 비슷한 해결책을—아놀드 슈워제네거는 없었지만—사울 그리피스의 《전기화Electrify》에서 제안하고 있다. 화석' 연료 기업을 사들여서 친환경 에너지 기업으로 바꾸는 대신 그리피스는 정부가 기업이 소유한 땅과 그 아래 매장된 석유와 가스를 전부 사들여서 친환경 에너지 기반시설을 구축할 수 있는 돈을 엄청나게 퍼주자고 주장한다. 어떤 방법이든 좋다! 하지만 구체적인 계획이 무엇이든 음울한 정치인이 이끄는 (종말론적인 사실과 수치로 점철된) 개인적인 희생 서사 대신 카리스마 넘치는 영웅을 주연으로 하는 긍정적이고 낙관적인 구명 스토리로 프레임되어야만 한다.

내 말을 못 믿겠거든 다음 사례를 살펴보자. 버밍엄대학교 연구진들이 이끈 최근 연구에서는 기후 정책 관련 어떠한 프레이밍이 가장 많은 지지를 얻는지 정확히 알아내기 위해 중국, 독일, 인도, 영국, 미국에서 (총 7,500명의 참여자를 대상으로) 구체적으로 설정한 메시지를 제시했다.[31] 참여자들에게 제시된 기후 메시지는 네 가지 방식으로 다양했다. 첫째, 긍정적인(기회) 프레이밍 "이렇게 하면 우리는 세계를 구할 수 있어" 혹은 부정적인(위협) 프레이밍 "이렇게 하지 않으면 모두 죽을 거야"였다. 둘째, 우리가 할 수 있는 일(개인적), 현지 커뮤니티가 할 수 있는 일(커뮤니티), 국가가 할 수 있는 일(국가적) 혹은 전 세계적으로 우리가 할 수 있는 일(세계적)이었다. 셋째, 각기 다른 기간을 언급했다. 지금 당장 무엇을 해야 하는지, 2030년 혹은 2050년까지 무엇을 해야 하는지. 마지막으로 메시지는 기후 변화의 네 가지 결과에 초점을 맞추었다. 경제, 이주, 건강(사람들에게 미치는 영향), 환경이었다.

 결과물을 구체적으로 살펴보기 전에 현재 어떤 메시지가 홍보되는지 살펴보자. 희생 서사가 지배적인 지금은 부정적인 프레이밍에, 개인에게 초점을 맞추며, 2030년과 2050년 COP의 목표에 초점을 맞추고 있다. 예를 들어 "소비를 줄이지 않으면 지구의 온도는 2030년까지 3도 높아질 것이다. 2050년까지 0으로 만들자는 목표를 달성하지 못할 것이다"라는 식이다. 하지만 연구 결과에 따르면 이는 완전히 잘못된 방법이다. 가장 효과적인 메시지는 긍정적인 프레이밍, 전 세계적인 초점과 중간 기간이며 건강과 환경에 초점을 맞추는 것이었다. 다시 말해 실험 참여자들은 아놀드 슈워제네거의 구멍 프레이밍을 채택했다. "전 세계 정부가 지금 당장 공동의 행동을 취하면 우리는 오래도록 건강하게 살 것이며 쾌적한 환경을 누릴 수 있을 것이다."

 이 연구가 주는 교훈에 귀 기울여 영웅이 이끄는 전 세계적인 계획을 지금 당장 행동에 옮기면 구멍 마스터플롯 레시피는 세상을 구할 수 있는 것이다.

10장

당신 인생의 이야기

지금껏 가장 위대한 이야기는 무엇일까?

앞서 이 질문에 대한 BBC의 기사를 공유한 바 있다. 문학 평론가, 인문학자, 언론인들을 대상으로 한 설문조사 결과는 바로 《오디세이아》였다. 하지만 많은 사람, 특히 나와 같은 세대 사람들에게는 〈스타워즈〉가 가장 위대한 이야기가 아닐까 싶다.

저 멀리 우주여행을 떠나기 전에 여러분에게 그동안 밝히지 않은 비밀 하나를 털어놔야겠다. 이 책에서 나는 현실에서 일어나는 각 사건이 단 하나의 마스터플롯 레시피를 따르는 것처럼 말했다. 많은 경우 이는 사실이다. 예를 들어 전 세계를 걸어서 여행하겠다는 칼 부시비의 시도는 탐험Quest이라는 글자 그대로 따를 뿐 불화나 구멍, 이카로스 마스터플롯의 재료는 전혀 찾아볼 수 없다. 레스터 시티의 프리미어 리그 우승은 전형적인 약자 스토리로 괴물, 언탱글드, 희생 스토리로 해석할 수는 없을 것이다. 하지만 현실 세계에서 일어나는 일련의 사건들은 다양한 마스터플롯으로 해석할 수 있다. 때로는 관점의 문제다. 영원히 지속되는 건 없으며 약자, 퀘스트, 구멍 스토리도 클라이맥스에 의기양양하게 다다르고 나면 이카로스 스토리로 바뀔지도 모른다. 〈스타워즈〉를 쓰고 제작한 조지 루카스George Lucas보다 마스터플롯의 유연성을 잘 이용하는 사람도 없을 것이다. 관점을 바꾸고 특정한 인물과 시간을 확대하고 축소함으로써 루카스는 〈스타워즈〉 전편에 걸쳐 모든 마스터플롯 레시피를 동시에 따르는 엄청난 일을 해낸다.•

1977년에 처음으로 선보인 영화, 단순하게 〈스타워즈〉(나중에 〈스타워즈 에피소드 4-새로운 희망〉으로 수정되었다)라고만 불린 이 영화는

• 얼마나 많은 영화가 있을까? 복잡하다. 우선 〈스타워즈〉 영화의 메인 시리즈는 원작 3부작, 프리퀄 3부작, 시퀄 3부작으로 구성되어 있고 이를 통틀어 '스카이워커 사가'라고 한다. 이번 장의 사례는 원작 3부작과 (돌아보면 다소 불공평한) 프리퀄 3부작에서 가져왔다. 팬들이 사용하는 용어를 빌리자면 스타워즈 '캐넌(Canon, 현재 루카스필름에서 공식으로 인정하는 스타워즈의 작품 및 설정-옮긴이)'은 독립 라이브 액션 영화, 〈로그 원: 스타워즈 스토리〉와 〈한 솔로: 스타워즈 스토리〉, 애니메이션 영화, 〈스타워즈: 클론 전쟁〉, TV 시리즈로 만들어진 〈만달로리안〉, 〈스타워즈: 배드 배치〉, 〈북 오브 보바 펫〉, 〈오비완 케노비〉, 〈스타워즈: 안도르〉를 비롯해 2014년 9월 이후 개봉한 책, 만화, 비디오 게임도 있다.

퀘스트 마스터플롯 레시피를 따른다(2장). 타투인Tatooine 행성의 수분 농장에서 일하던 평범한 루크 스카이워커Luke Skywalker는 R2-D2라는 드로이드를 청소하던 중 레아 공주Princess Leia의 홀로그램 SOS "도와줘요, 오비완 케노비. 당신이 나의 유일한 희망이에요"를 우연히 발견하면서 **행동개시에** 나선다. 공주를 구하려는 그의 퀘스트에는 **괴물**인 쓰레기 오징어, 그가 힘Force을 마스터하면서 **초자연적인 존재**가, **길동무**인 R2-D2와 C-3PO, 한 솔로와 츄바카(츄이)가, **현지 도우미**인 오비완 케노비(이후 벤 케노비)가 등장한다. 한 번도 자신이 살던 행성을 떠난 적 없던 루크에게는 모든 곳이 **탈속성**이다. 그는 마지막 시련에서 다스 베이더의 무기, 데스 스타를 파괴하는 승리를 거두고 그리하여 **삶을 갱신하는 목표**를 세운다. 제다이 나이트가 되는 훈련을 받기로 한 거다. 이는 다음 후속작, 〈스타워즈 에피소드 5-제국의 역습〉의 근간이 되는 퀘스트다.

미니 버전의 완벽한 구멍 이야기(9장)도 있다. 데스 스타를 타고 스톰트루퍼(Stormtrooper, 스타워즈에 등장하는 정예 보병-옮긴이)에게서 달아난 루크, 한, 레아 공주, 츄이는 쓰레기 활송 장치로 뛰어들면서 **구멍**으로 떨어진다. 쓰레기 압축기라는 구멍이다. 그들은 쓰레기 속에서 살고 있던 쓰레기 오징어인 오미를 가까스로 진압하며 **헛된 기대**를 한다. 하지만 벽이 말 그대로 닫히기 시작하면서 **어두운 영혼의 밤**이 찾아오고("우린 전부 납작해질 거야") 우리의 영웅들은 압축기 벽에 금속 기둥을 대자는 **계획을 실행**한다. 하지만 뜻밖의 난관으로 이 계획은 먹히지 않는다. **깊이 파고든** 그들은 B스토리에서 해결책을 찾는다. 이 해결책은 R2-D2로, 이 드로이드는 경비원을 약 올린 뒤 위층에서 빈둥거리고 있었다. 그들은 새로운 계획, 드로이드를 무선으로 조종해 압축기의 작동을 멈춤으로써(비유적으로 **구멍에서 기어 나와**) 살아남는다.

이 모든 일이 일어나는 동안 배경에서는 언탱글드 스토리(3장)가 펼쳐진다. 현실 배우들 사이에 정말로 일어나기도 한 사건으로, 꼬장꼬장한 루크와 느긋한 한은 레아 공주의 사랑을 차지하기 위한 **기이한 삼각관계**에 빠진다. 첫 영화 〈스타워즈 에피소드 4-새로운 희망〉이 루크와 레아 사이에 사랑이 꽃피기 시작할 거라는 암시를 함에 따라 **초기 혼돈 상태**가 일어나는 가운데(물론 이 단계에서는 뺨에 가벼운 입맞춤을 하는 정도에 그친다) 한과 레아는 서로를 엄청나게 싫어한다. 하지만 원작 3부작의 마지막 영화인 〈스타워즈 에피소드 6-제다이의 귀환〉에서 우리는 (숨기거나 잘못 알려진 정체 주의!) 루크와 레아가 남매 사이라는 걸 알게 된다. 그들은 남매라는 걸 알기 전에는 스킨십까지 하지만 한을 질투 나게 하려는 레아의 술책에 불과하다. 왜냐하면, 태평한 한이 음울한 루크를 이기며 한과 레아가 결혼할 때 **언탱글링**이 찾아오기 때문이다.

이제 영웅들 말고 다크 사이드로 주위를 돌려보면 전형적인 이카로스 스토리(4장)가 보인다. 루크의 탐험처럼 이 이카로스 스토리는 총 9편으로 이루어진 3개의 3부작(원작, 프리퀄, 시퀄)으로 펼쳐지지만 프리퀄 3부작의 마지막 편, 〈스타워즈 에피소드 3-시스의 복수〉가 단연 돋보인다. 앞서 두 프리퀄에서 작고 귀여운 아나킨 스카이워커는 타투니 노예에서 믿음직한 제다이로 부상한다. 하지만 에피소드 3에서는 성인이 된 아나킨이 아내 파드메가 출산 중 사망하는 환상을 자꾸 보게 되면서 불만이 고개를 쳐든다. 지금까지는 착한 사람이었던 팔파틴 총리가 아나킨더러 다크 사이드의 힘으로 오면 아내를 구할 때 필요한 힘을 익힐 수 있다고 약속하면서 아나킨은 유혹에 빠진다. 이는 명백한 **위반**으로 아나킨은 **딜레마**에 처한다. 이 제안은 아나킨의 두 가지 아킬레스건을 건드린다. 사랑하는 사람과의 이별에 대한 두려움(아나킨은 어머니를 타투이 행성에 두고 왔다)과 이기적인 야망(권력을 향한 욕망, 그리고 자신을 제다이 마스터 계급으로 승진시켜주지 않은 제다이에게 품은 원한으로 드러난다)이다. 아나킨은 결국 다크 사이드로 넘어가고(**특의**) 팔파틴 총리는 그를 다스 베이더로 임명한다. 하지만 이제 **탐욕**이 고개를 든다. 아나킨은 자신의 신분에 만족하지 못하고 제다이를 향한 적대감을 극복하지도 못한 채 젊은이들(훈련 중인 어린 제다이들)을 그들의 사원에서 학살하는 등 팔파틴의 제다이 학살에서 특히 섬뜩한 역할을 맡는다. 파드메는 쌍둥이(레아와 루크)를 출산하지만 이미 너무 늦었다. 아나킨이 화가 나서 파드메의 목을 조르는 등 스스로 파괴의 씨를 뿌린 나머지 파드메는 살고자 하는 의지를 잃는다. 아나킨의 가장 큰 두려움이 현실이 되고 이카로스 스토리답게 그건 전부 그의 잘못이다. 그의 **파멸**은 완성된다.

우리는 '스타워즈 사가' 시리즈 전편에서 자체적인 괴물 서사(5장)도 찾아볼 수 있다. 첫 번째 영화 〈스타워즈 에피소드 4-새로운 희망〉에서 **뜻밖의 영웅** 루크는 **마법의 무기**, 그의 광선검을 이용해 **무시무시한 괴물**로부터 **세상을**(우주를)**구한다**. 검은색 망토에 장갑과 마스크를 쓴 다스 베이더는 영화 역사상 시각적으로 (그리고 청각적으로) 가장 끔찍한 괴물이다. 특이하게도 루크는 이 특정한 괴물을 죽이는 대신(그렇게 되면 다음 두 편의 영화는 없을 테니) 은하계를 위협하는 행성 크기의 (그리고 행성을 파괴하는) 무기, 다스 베이더의 데스 스타를 파괴하는 차선책을 택한다. 그리고 성대한 의식에서 찬사와 지위를 누리며 **영웅의 보상**을 즐긴다. 하지만 다스 베이더는 보기보다 복잡한 인물로 동정을 자아내는 뒷이야기와 나름의 결말을 지닌 사람이다. 게다가 이 다양한 서사가 펼쳐지는 가운데 진짜 괴물은 팔파틴(그리고 그가 옹호하는 파시즘)이라는 게 확실해진다.

사실 루크와 다스의 관계를 이해하려면 불화 마스터플롯(6장)이라는 렌즈가 가장 적합하다. 두 경쟁자는 **대등한 적수**다. 각자가 자기 세대의 제다이를 이끌고 있으며 고대 광선검으로 백병전(도검 등 근접 전투용 무기를 이용한 전투-옮긴이)을 펼치는 걸 좋아한다. 그리고 **거울상**이다. 루크는 밝은 쪽이고(용감하고 친절하고 순수하다) 베이더는 어두운 쪽이다(겁쟁이에 잔인하고 교활하다). 서로가 서로를 죽이려 하지 않는다는 점에서 그들의 관계는 괴물보다는 불화에 가깝다. 사실 그들은 서로를 자신이 믿는 힘 쪽으로 개종시키려고 노력한다. **화해와 구원**은 원작 3부작의 마지막 편인 〈스타워즈 에피소드 6-제다이의 귀환〉에 찾아온다. 죽어가는 베이더가 마스크를 벗고 아들을 바라볼 때다. "아버지를 구해야 해요." 그가 말한다. "이미 구했어." 아나킨으로 돌아간 다스 베이더가 대답한다.

흥미롭게도 〈스타워즈 에피소드 2-클론의 습격〉을 끝으로 아나킨의 이야기를 멈추면 그건 단순한 약자 이야기다(7장). 첫 프리퀄 〈스타워즈 에피소드 1-보이지 않는 위험〉에는 **어린 시절의 영웅**이 등장한다. 말도 안 되게 **초라한 시작**에서 출발하지만(아나킨과 그의 어머니 둘 다 고철상의 노예다) 아나킨은 위대한 본질을 타고났다. **운명이 실현**될 수밖에 없다. 아나킨의 피에서는 미디클로리안(힘을 안겨주는 미세한 생물 형태)의 수치가 엄청나게 높게 나온다. 아나킨이 포드 레이스(pod race: 스타워즈에 나오는 공중부양 우주선 경기 - 옮긴이)에서 (너무나도) **못된 언니,** 사불라를 이기자 제다이 마스터, 콰이곤 진은 아나킨의 잠재력을 간파한다. 그는 아나킨을 데려와 제다이에 합류시킨다. 〈스타워즈 에피소드 2-클론의 습격〉의 끝에서 아나킨은 아비완 케노비, 심지어 요다와 함께 싸우고 파드메와의 비밀 결혼을 보상으로 얻는다.

하지만 '스카이워커 사가'의 9편 전체를 보다 큰 그림으로 보면 베이더의 이야기는 궁극적으로 희생 마스터플롯(8장)을 따른다. 팔파틴과 베이더, 루크의 최후 결전에서(〈스타워즈 에피소드 6-제다이의 귀환〉) 베이더는 루크를 구하기 위해 뜻밖에도 팔파틴과 싸우게 되고 그 과정에서 치명적인 부상을 입는다. 베이더는 **정말로 중요한 무언가를 포**

기할 준비가 되어 있다. 가족을 향한 **의무** 때문에 자신의 목숨뿐만 아니라 다크 사이드를 향한 충성도 포기했다. "이제 가라, 내 아들아. 네 동생에게 네가 옳았다고 말하거라."

'스타워즈 사가'는 마스터플롯의 유연성을 잘 보여준다. 전반적인 이야기의 세세한 부분을 들여다보거나 특정한 인물에 집중하거나 이야기를 중간에 잘라보거나 9편 전체를 흐르는 줄거리를 큰 그림으로 보면 이 책에 등장하는 여덟 가지 마스터플롯 전부를 적용할 수 있다.

현실 세계의 사례도 마찬가지다. 예를 들어 코로나19 팬데믹을 예로 들어보자.

영화로 제작한다면 첫 장면은 2019년 기록적인 더위가 찾아온 여름, 세계 곳곳의 모습이 될 것이다. 마이애미에서는 일광욕하는 이들이 칵테일을 홀짝이고, 코파카바나 해변에서는 거리 아이들이 축구를 하고, 런던 동물원에서는 걸음마 아기가 아이스크림을 핥으며 먹고 있다. 부차적인 등장인물—아마도 우한의 실험실 조교—은 "지금은 사는 게 힘들겠지만 힘내라고. 그 삶을 빼앗기게 될 때까지는 우리가 얼마나 운이 좋은지 모를 테니까" 같은 말을 하고 있을 터다.

그렇다면 마지막 장면은? 전 세계 주요 도시에서 기중기가 보이고 새로운 사무실 건물이 반짝이는 모습? 아니면 걸음마 아기가 리오Rio의 슬럼가에서 엄마의 팔에 안겨 죽어가는 모습? 각국 정부가 남아있는 규제를 전부 해제함에 따라 우리가 2022년 초 구멍에서 빠져나온 건 구멍 스토리(9장)일까? 아니면 우리가 치명적인 새로운 바이러스를 세상에 퍼뜨린 이카로스 스토리(4장)일까? 거만하게도 우리가 바이러스를 이겼다고 생각해 전 세계에 바이러스를 걷잡을 수 없이 퍼뜨린 스토리다.

팬데믹 초기, 코로나 바이러스가 주로 중국 우한에만 퍼져있을 당시 지배적인 서사는 왜곡된 퀘스트 스토리(2장)였다. 코로나는 중국에 가야지만 걸려서 돌아오는 바이러스였다. 그렇게 할 경우, 전형적인 퀘스트 마스터플롯에서 그렇듯 나 자신과 내가 속한 커뮤니티를 뒤엎게 되어 있었다.

바이러스가 전 세계로 퍼져나가고 거의 모든 국가가 록다운을 시행하자 지배적인 마스터플롯 서사는 희생 스토리(8장)가 되었다. 학교가 문을 닫자 아이들은 친구들과 격리되었고 가뜩이나 힘든 부모들은 아이들 교육까지 떠맡아야 했다. 의사나 응급 서비스 노동자, 슈퍼마켓 직원 같은 필수 노동자들은 매일 말 그대로 목숨을 걸고 일해야 했다.

이 모든 걸 마주하기 힘든 사람이라면 록다운 기간에 일어난 언탱글드 스토리(3장)에서 다소 코믹한 위안을 받을 수 있을 것이다. 영국의 맷 핸콕Matt Hancock 보건장관이 사회적 거리두기 규칙을 어기고 (좋게 말해) 보좌관과 바람을 피운 사건이 대표적인 예다. 한편 음모이론에 기반한 왜곡된 언탱글드 레시피 역시 자리를 잡았다. 코로나 바이러스는 정말로 중국의 한 실험실에서 고의로 퍼뜨렸을까? 빌 게이츠는 정말로 백신에 마이크로칩을 심어 모두가 줌 대신 마이크로소프트 팀즈(Microsoft Teams, 마이크로소프트에서 만든 인스턴트 메신저 겸 인터넷 화상 통화 서비스-옮긴이)를 사용하게 만들었을까?

(좋은 쪽으로) 코로나 팬데믹에서 가장 재미있는 부분은 최초의 백신이 나왔을 때였다. 놀랍게도 바이러스가 발발한 지 불과 12개월도 채 되지 않아서였다. 약 5분 동안 전 세계 모두—혹은 최소한 백신을 살 수 있는 부유한 국가—가 괴물 서사(5장) 아래 단결했다. 수많은 과학자가 진정한 영웅이었다.

사실 최초의 코로나 백신 개발 이야기는 전형적인 약자 스토리(7장)다. 헝가리에서 도살업자와 회계 장부 담당자 부부는 수도 시설도 없는 집에서 딸을 낳아 키웠다. 카탈린 카리코Katalin Kariko는 엄청난 노력 끝에 펜실베이니아대학교의 의대 부교수 자리에 올랐다. 그녀는 몸속 세포에 단백질을 만드는 방법을 전달하는 메신저 리보핵산mRNA을 연구하기 위해 다양한 연구 자금을 신청했지만 매번 거절당했다. 하지만 그녀는 포기하지 않았고 결국 리보핵산을 체내에 주입해 면역 체계가 이에 반응하게 하는 방법을 알아냈다. 이 기술은 결국 화이자와 모더나의 코로나 백신을 위한 근간이 되었다.[1]

하지만 그때, 특히 미국에서 희생 근처에 늘 도사리고 있는 불화 스토리(6장)가 대두되었다. 백신은 기적이었지만 제한된 보호만을, 제한된 기간 동안 제공할 뿐이었다. 다른 예방책 역시 필요했다. 부스터 샷, 마스크, 선제 검사, 사회적 거리두기 등. 전선이 그어졌는데 이는 꽤 임의적인 듯했다. 정치적 보수주의자들은 무슨 일이 있더라도 약자와 노인을 보호하자고 외쳤고 진보주의자들은 사람들에게서 자유를 빼앗을 권리에 저항했다. 물론 결과적으로는 그 반대로 밝혀졌지만 말이다. 어느 쪽이든 불화는 곧 걷잡을 수 없어졌다. 우파와 좌파 정치인 간의 싸움은 대중의 건강과는 아무런 관련이 없었고 그저 문화 전쟁일 뿐이었다.

여러분이 경험한 팬데믹은 이 중에 어떠한 마스터플롯 프레이밍을 따르는가?

특정 프레이밍이 '옳고' 다른 프레이밍은 '그르다'는 이야기가 아니다. 〈스타워즈〉 전편에서 봤듯 마스터플롯은 유연하다는 게 핵심이다. 개별적인 사건을 들여다보거나 특정 플레이어에 초점을 맞추거나 특정 시점에서 이야기를 끊거나 큰 그림으로 바라보면 이 책에 등장하는 여덟 가지 마스터플롯 중 어떠한 것도 팬데믹에 적용할 수 있다.

우리도 마찬가지다. 다른 이들, 혹은 우리 자신의 행동을 이해하거나 조작할 때 우리는 선택을 할 수 있다. 어떠한 서사적 마스터플롯 레시피를 이용해 프레이밍을 할 것인가?

처음 이 책을 쓰려고 했을 때, 그리고 심지어 자리에 앉아 본격적으로 글을 쓰기 시작했을 때도 나는 마스터플롯이 지닌 유연함의 힘을 제대로 이해하지 못했다. 나는 그걸 재미있는 호기심 거리로 생각했다. 마스터플롯을 내가 읽은 책, 내가 본 영화, 혹은 내가 겪은 실질적인 사건과 연결 짓는 행위는 십자말풀이나 스도쿠 게임 같았다. 재미있고 지적으로 자극적이며 심지어 교육적이기까지 했다. 하지만 그게 다였다.

그런데 책을 쓰면서, 구체적인 논문을 읽으면서, 더 많은 전문가를 인터뷰하면서, 더 많은 현실적인 이야기를 접하면서, 마스터플롯이 개인으로서뿐만 아니라 인류라는 하나의 종으로서 우리의 운명을 결정짓는 힘을 오롯이 깨닫게 되었다. 나는 이 책이 세상을 구하기를 바란다. 전 세계 리더들(정치인, CEO, 인플루언서 등 기후 변화와 관련해 조치할 영향력이 있는 사람들)의 손에 들어가기를 바란다. 마스터플롯이 우리의 행동에 미치는 영향력 그리고 우리가 선택한 마스터플롯을 현실적인 사건에 부여하기 위해 우리에게 필요한 힘을 깨달아 그들이 마침내 행동을 취하기를 바란다. 그들이 도움이 되지 않는 희생 서사를 버리고 영웅이 세상을 구하는 구멍 서사, 사울 그리피스Saul Griffith 같은 전문가들이 옹호하는 서사를 취하기를 바란다. 우리는 인류가 따라야 할 중요한 마스터플롯을 선택할 수 있다. 제발 이카로스 스토리를 선택하지 말자.

인류를 구하는 일이 이 책이 하기에는 너무 야심 찬 목표라면 보다 겸손한 목표도 있다. 나쁜 놈들이 이기도록 내버려두지 말자. 혹은 최소한 *매번*은 아니게 하자. 이 책에서, 그리고 지난 10여 년 동안 우리는 악당들이 자신의 이익을 위해 마스터플롯을 왜곡하는 사례를 수없이 목격했다. 스스로를 약자로 그리는 거대 기업, 갱단, 장기 불화에 갇힌 가족, 음모 이론가(언택글드), 아이히만과 나치(괴물), 도널드 트럼프(약자와 구멍). 이 책이 주는 교훈, 특히 마지막 장이 주는 교훈은 우리는 이 같은 잘못된 프레이밍을 받아들일 필요가 없다는 것이다. 마스터플롯은 (아직) 구글이나 애플, 생성형 AI의 것이 아니다. 마스터플롯은 우리 모두의 것이며 우리 모두에게는 왜곡된 마스터플롯을 거부하고 보편적으로 도움이 되는 마스터플롯을 추구할 선택지와 책임이 있다.

이 목표 역시 지나치게 야심 차게 느껴진다면 보다 겸손한 목표가 있다. 나는 여러분이 이 책에서 영감을 받아 자기 인생의 주요 목표를 달성하는 데 마스터플롯을 이용할 뿐만 아니라 일상이라는 특별할 것 없는 순간에서조차 의미를 찾기를 바란다.

월요일 아침이다. 여러분은 출근 중이다. 무엇을, 왜 하는가? 여러분은 어떠한 일을 하느냐에 따라 질병을 치료하기 위해(괴물), 부당한 취급을 받는 이들의 권리를 쟁취하기 위해(약자), 기후 변화에 맞서 싸우기 위해(구명) 퀘스트에 착수하고 있는가? 혹은 자신이 하는 일이 싫지만 단지 가족을 위한 의무감으로 희생하고 있을 수도 있다. 불화가 여러분의 동기일 수도 있다. 여러분은 다른 주장을 펼치는 이들에게 맞서는 학자, 아디다스를 싫어하는 나이키 직원, 혹은 특정한 검찰관에게 장기적인 적대를 품고 있는 피고측 변호인일지도 모른다. 여러분은 위험한 내기를 하며 태양 가까이 날아오르는 걸 즐기거나 지나치게 야심 찬 경쟁자가 태양에 부딪혀 타죽는 걸 보며 고소해하는 CEO나 투자자일지도 모른다(이카로스). 일 자체가 무의미할지라도, 여러분의 사무실은 아주 흥미로운 언탱글드 소굴일지도 모른다. 누가 누구와 바람을 피우지? 그런데 그 여자가 그 사실을 아나? 하지만 크리스마스 파티 때 그 여자가 그 남자랑 있는 걸 그 여자도 보지 않았나?

그 어떠한 스토리도 여러분에게 해당되지 않고 여러분은 그저 돈을 벌기 위해 일하는 것일 수도 있다. 좋다. 하지만 기본적인 필요 이상으로 우리는 왜 돈이 필요할까? 우리를 의심하는 '못된 언니'에게 우리가 가진 거 하나 없이 출발했지만 한계를 극복하고 언탱글드 스토리의 영웅으로서 승리를 거두었다는 사실을 입증하기 위해? 누구의 수익이 더 높은지를 두고 형제 사이에 벌어지는 선의의 경쟁 혹은 씁쓸한 불화 때문에? 여러분은 중독이라는 괴물의 손아귀에서 빠져나오지 못한 채 치료를 혹은 중독을 이어갈 돈이 필요할지도 모른다. 여러분은 도박에 중독되어 이미 많이 잃고도 또 도박하는 만족할 줄 모르는 이카로스일지도 모른다. 여러분은 해외여행을 위해 돈을 저축할지도 모른다. 아테네의 지식을 추구하는 탐구자의 퀘스트, 보다 세속적으로, 인생의 사랑을 찾는 언탱글드 스타일의 퀘스트, 최소한 그리스의 미코노스 휴가지에서의 로맨스를 추구할지도 모른다. 아니면 일단 잘 곳과 먹을 것을 확보하는 차원에서 일을 하되 진정한 열망은 일터 밖에서 추구하고 있을지도 모른다. 중고품 가게에서 자원봉사 활동을 하거나(희생), 정치적 혹은 환경적 대의를 지지하는 캠페인을 꾸리거나(구멍), 축구팀을 응원하거나(불화), 진지한 일 따위는 잊고 가족이나 친구들과 시간을 보내거나 취미 생활을 할지도 모른다(언탱글드).

어떠한 프레이밍을 선택하든 여러분의 인생이고 여러분이 이용할 스토리다.

여러분 인생 이야기다.

감사의 말

팬 맥밀런Pan Macmillan 출판사의 오즈 압델하크Ause Abdelhaq는 끝내주는 편집자일 뿐만 아니라, 말로는 차마 다 설명할 수 없을 만큼 내 책에 열정적인 사람이었다. 그는 나의 제안서를 읽은 뒤 이렇게 말했다. "마치 제 머릿속에 들어가서 제가 최소한 지난 3~4년 동안 생각해온 걸 전부 꺼낸 것만 같네요." 오즈가 합류하기 전, 맷 콜Matt Cole은 (엄청난 경쟁을 뚫고!) 내 책의 판권을 산 뒤 몇 달 동안 나의 편집자로 일하다가 에이전트가 되었다. 레베카 니데스Rebecca Needes는 이 책의 선임 편집자였고 프레이저 크라이튼Fraser Crichton은 교열 담당자였다. 나의 에이전트, 펠리시티 브라이언 어소시에이츠Felicity Bryan Associates의 샐리 홀웨이Sally Hollway는 몇 년 동안(샐리의 잘못이 아니라는 점을 일러둔다) 끈질기게 나의 제안서를 다듬어 판매까지 성공시켰다. 펠리시티 브라이언 소속인 줄리엣 가르시아Juliet Garcia 역시 회생 불가능해 보였던 이 제안서를 거의 단독으로 살려냈다.

다니엘 크루Daniel Crewe와 닉 시린Nick Sheerin에게도 감사의 말을 전한다. 프로필 북스Profile Books 소속인 그들은 창립자, 앤드루 프랭클린Andrew Franklin과 더불어 내가 작가로 발돋움하는 데 큰 도움을 줬다.

이 책은 학술서가 아니지만 학계의 멘토들이 아니었다면 나는 이 책을 쓰지 못했을 것이다. 우선 나의 박사논문 지도교수인 멘체스터대학교의 마이크 토마셀로, 엘레나 이벤, 안나 테이크스턴 교수와 리버풀 대학교의 줄리언 파인, 캐럴라인 로랜드 교수님께 감사의 말을 전한다.

바쁜 와중에도 기꺼이 인터뷰에 응한 모든 이에게도 감사를 표하고 싶다. 존 코엘, 로런스 앨리슨, 칼 부시비, 조티 미시라, 피터 무어, 심슨 하딩과 톰 하틀리. 그들의 말을 내가 잘못 인용하지는 않았기를 바란다. 만약 그랬다면 나에게 연락주기를. 이러한 책은 학계 내외부적으로 수많은 자료에 의존할 수밖에 없다. 이에 도움을 준 모든 이들에게 감사를 전한다. 모든 자료 가운데에 이 책이 특히 많은 빚을 진 책은 크리스토퍼 부커Christopher Booker의 《일곱 가지 기본 플롯The Seven Basic Plots》이다. 이 책에서 언급한 마스터플롯 레시피의 상당 부분이 이 책을 토대로 했다.

루이스와 우리 아이들에게 이 책을 바친다. 너무 가식적으로 들릴지 모르겠지만 셋 덕분에 내 인생은 비할 바 없이 행복하다.

벤 앰브리지
2024년 4월

주

|1장| 이 이야기가 당신의 인생이 된다

1. 3막 구조 자체는 오래되었지만 이야기가 작동하는 모델로서 공식화된 건 사이드 필드(Syd Field)와 그의 저서 덕분이다. 사이드 필드 지음, 유지나 옮김,《시나리오란 무엇인가》, 민음사, 2017년.
2. Clark, A. (2013). Whatever next? Predictive brains, situated agents, and the future of cognitive science. *Behavioral and Brain Sciences*, 36(3), 181–204. https://doi:10.1017/S0140525X12000477
3. Bubic, A., Von Cramon, D. Y. & Schubotz, R. I. (2010). Prediction, cognition and the brain. *Frontiers in Human Neuroscience*, 4, 1094. https://doi.org/10.3389/fnhum.2010.00025
4. Zald, D. H. & Zatorre (2011). On music and reward. In J. Gottfried (ed.), *The neurobiology of sensation and reward*. Taylor & Francis.
5. Mandler, G. (1975). *Mind and Emotion*. New York: Wiley.
6. Leavitt, J. D. & Christenfeld, N. J. S. (2011). Story Spoilers Don't Spoil Stories. *Psychological Science*, 22(9), 1152–4. https://doi.org/10.1177/0956797611417007
7. Hollerman, J. R. & Schultz, W. (1998). Dopamine neurons report an error in the temporal prediction of reward during learning. *Nature Neuroscience*, 1(4), 304–9.
8. Demir, Ö. E. & Küntay, A. C. (2014). Narrative development. In P. J. Brooks and V. Kempe (eds), *Encyclopedia of Language Development* (pp. 393–7). Sage. https://doi.org/10.4135/9781483346441

|2장| 지루하고 막막한 인생을 뒤바꾸고 싶다면 퀘스트 마스터플롯

1. Haynes, N. (2018, May 22). The greatest tale ever told. *BBC Culture*. www.bbc.com/culture/article/20180521-the-greatest-tale-ever-told

2. 《오디세이아》 비롯해 다양한 소설의 사례는 크리스토퍼 부커의 《일곱 가지 기본 플롯: 우리는 왜 이야기를 하는가(The Seven Basic Plots: Why We Tell Stories)》의 '퀘스트'와 '항해 및 귀환' 장에서 인용했다(이 책에서는 이 두 가지를 가장 중요한 마스터플롯으로 본다. 언탱글드(부커의 '코미디'), 이카로스(부커의 '비극'), 괴물(부커의 '괴물 무찌르기'), 약자(부커의 '무일푼에서 부자로') 역시 마찬가지다. Booker, S. (2004). *The seven basic plots: Why we tell stories*. Continuum.
3. https://www.westboundhorizons.com/situ
4. Siegel, S., Hinson, R. E., Krank, M. D. & McCully, J. (1982). Heroin 'overdose' death: contribution of drug-associated environmental cues. *Science, 216*(4544), 436-7.
5. The Charity Commission for England and Wales (2022, June 30). *Regulator announces statutory inquiry into The Captain Tom Foundation* [Press release]. https://www.gov.uk/government/news/regulator-announces-statutory-inquiry-into-the-captain-tom-foundation
6. Liu, Z. (2023, March 1). ChatGPT will command more than 30,000 Nvidia GPUs: Report. *Tom's Hardware*. https://tomshardware.com/news/chatgpt-nvidia-30000-gpus
7. Bennett, J. (2019, December 31). The top ten scientific discoveries of the decade. Smithsonian Magazine. https://www.smithsonianmag.com/science-nature/top-ten-scientific-discoveries-decade-180973873/
8. Substance Abuse and Mental Health Services Administration. Impact of the DSM-IV to DSM-5 Changes on the National Survey on Drug Use and Health [Internet]. Rockville (MD): Substance Abuse and Mental Health Services Administration (US); 2016 Jun. Table 3.20, *DSM-IV to DSM-5 Psychotic Disorders*.
9. Hartley, T. (2020, March 26). My psychosis. Aeon. https://www.aeon.co/essays/what-one-night-of-psychosis-felt-like-to-a-young-psychologist

| 3장 | 삶의 만족도를 높이고 싶다면 언탱글드 마스터플롯

1. Buckland, E. (2023, March 3). Shania Twain reveals ex-husband Robert 'Mutt' Lange is still with her former BFF 15 years after affair was exposed. Daily Mail. https://www.dailymail.co.uk/tvshowbiz/article-11818191/Shania-Twain-reveals-ex-husband-former-BFF-15-years-affair-exposed.html
2. Eames, T. (2023). The complicated history of how Shania Twain swapped husbands with best friend after ex cheated on her. *Smooth Radio*. https://www.smoothradio.com/news/music/shania-twain-husband-ex-best-friend-marriage/#:~:text=Shania%20met%20record%20producer%20Robert,in%20

December%20of%20that%20year

3. 그녀에게 주어진 설명은 다음의 내용을 바탕으로 한다: Hurley, M. M., Dennett, D. C. & Adams, R. B. (2011). *Inside Jokes: Using Humor to reverse-engineer the mind*. MIT press.

4. 유머 이론의 진정한 척도는 최소한 어느 정도 웃긴 농담을 만들기 위해 역설계될 수 있는지의 가부다. 따라서 순전히 과학을 위해, 내가 이걸 시도하는 걸 이해해주길 바란다. 나의 '절차'는, 그게 너무 거창한 용어가 아니라면, 주위에서 단어와 문구를 무작위로 뽑는 것이다. 'Word', 'Key performance indicators', 'light bulb' 같은. 그런 다음 독자들이 받아들일 수 있는 대안적인 의미를 만들어보는 거다(예를 들어, 내가 지금 이 글을 쓰는 소프트웨어가 아니라 동의어의 표현으로서의 'Word'처럼).

    화자A: 마이크로소프트는 확실히 형편없는 소프트웨어를 만들지.
    화자B: 맞아(word).

    나는 사무실에 갇혀 있다. 나의 키(열쇠) 퍼포먼스 지표에 좋아 보이지 않는다.

    질문: 전구(light bulb)를 가는 데 얼마나 많은 사람이 필요할까?
    답: 한 명. 무거운 벌브(heavy bulb)일 때에만 두 명이 필요하다.

    질문: 전구(dark bulb)를 가는 데 얼마나 많은 사람이 필요할까?
    답: 안 바꿔도 된다. 어두운 벌브(dark bulb)일 때에만 갈면 되니까.

    책상 앞에 앉을 때 우리가 앉는 걸 뭐라고 부르는가?
    어 체어(A chair)!
    하하. 여왕이 재채기할 때 내는 소리 같군.

    Word에서 글자 하나만 없애도 치명적(fatal)이 되는 거 알아?
    말도 안 돼! 예를 들어봐.
    방금 들었잖아.

    운동화가 오래전에 잃어버린 쌍둥이를 볼 때 뭐라고 하게?
    슈(Shoe)!

    핸드폰으로 결제하는 걸 왜 '연락처 없음(contactless)'이라고 하는지 모르겠어. 내 핸드폰에는 친구 연락처가 300개쯤 있는데.
    하지만 비접촉 결제는 이미 곳곳에 자리 잡지 않았는가? 오늘날에는 소매치기조차 표지판에 '현금은 받지 않음'이라고 써 붙이고 다니던데.

5. Cahn, L. (2023, August 22). 12 Conspiracy theories that actually turned out to be true. *Reader's Digest*. https://www.rd.com/list/ conspiracy-theories-that-turned-out-to-be-true/
6. Lewandowsky, S., Oberauer, K. & Gignac, G. E. (2013). NASA Faked the moon landing – therefore, (climate) science is a hoax: An anatomy of the motivated rejection of science. *Psychological Science*, 24(5), 622–33. https://doi.org/10.1177/0956797612457686
7. Godwin, R. (2019, July 10). One giant . . . lie? Why so many people still think the moon landings were faked. *The Guardian*. https://www.theguardian.com/science/2019/jul/10/one-giant-lie-why-so-many-people-still-think-the-moon-landings-were-faked
8. Temperton, J. (2020, April 6). How the 5G coronavirus conspiracy theory tore through the internet. *Wired*.
9. Pennycook, G., Cheyne, J. A., Barr, N., Koehler, D. J. & Fugelsang, J. A. (2015). On the reception and detection of pseudo-profound bullshit. *Judgment and Decision Making*, 10(6), 549–63. https://doi.org/10.1017/S1930297500006999.
    이 진술은 관련 보완 자료에서 찾아볼 수 있다(sjdm.org/journal/15/15923a/supp.pdf).
10. Pennycook, G. & Rand, D. G. (2020). Who falls for fake news? The roles of bullshit receptivity, overclaiming, familiarity, and analytic thinking. *Journal of Personality*, 88(2), 185–200. https://doi.org/10.1111/jopy.12476
11. Ramsell, H. (2019, October 11). When I grow up I want to be . . . *Perkbox*. https://www.perkbox.com/uk/resources/blog/when-i-grow-up-i-want-to-be#:~:text=Those%20who%20don%27t%20follow,unhappy%20in%20their%20dream%20rol
12. Headey, B. (2008). Life goals matter to happiness: A revision of set-point theory. *Social Indicators Research*, 86, 213–31. https://doi.org/10.1007/s11205-007-9138-y
13. Brooks, A. C. (2021, March 25). Are you dreaming too big? *The Atlantic*. https://www.theatlantic.com/family/archive/2021/03/how-follow-your-dreams-and-get-happier/618384/

4장 | 자기 비난에서 벗어나고 싶다면 이카로스 마스터플롯

1. 이 책을 쓸 시점, 영국의 전기료는 킬로와트 당 0.29파운드, 불가리아는 킬로와트 당 0.112파운드, 노르웨이와 스웨덴은 킬로와트 당 0.051이었다. Ofgem (2023, November 23). *Changes to energy price cap from 1 January 2024* [press release] https://www.ofgem.gov.uk/publications/changes-energy-price-cap-1-january-

2024#:~:text=This%20will%20take%20the%20price,30%20p%2Fday%20for%20gas. www.energyprices.eu

2. House of Commons Library (2024, March 22). Rising cost of living in the UK. https://commonslibrary.parliament.uk/research-briefings/cbp-9428/

3. (2016, October 16). The full text: Boris Johnson's secret article backing Britain in the EU. *Evening Standard.* https://www.standard.co.uk/news/politics/boris-johnsons-article-backing-britains-future-in-the-eu-a3370296.html

4. James, L. (2023, April 24). 'We've got no plan. What will we do?': Boris Johnson 'shock at Brexit result' revealed in new book. *Independent.* https://www.independent.co.uk/news/uk/politics/boris-johnson-brexit-no-plan-b2326008.html

5. Knock, E. S., Whittles, L. K., Lees, J. A., Perez-Guzman, P. N., Verity, R., FitzJohn, R. G.,...& Baguelin, M. (2021, January 13). The 2020 SARS-CoV-2 epidemic in England: key epidemiological drivers and impact of interventions. MedRxiv. https://doi.org/10.25561/85146

6. (2020, Mar 27). 'I shook hands with everybody,' says Boris Johnson weeks before coronavirus diagnosis. *The Guardian* https://www.theguardian.com/world/video/2020/mar/27/i-shook-hands-with-everybody-says-boris-johnson-weeks-before-coronavirus-diagnosis-video

7. Edwards, J. (2020, April 29). For years, Boris Johnson refused to say exactly how many children he has. *Business Insider.* https://www.businessinsider.com/boris-johnson-refuses-to-say-how-many-children-he-has-2019-11?r=US&IR=T

8. Watanabe, S., Weiner, D. S. & Laurent, S. M. (2022). Schadenfreude for undeserved misfortunes: The unexpected consequences of endorsing a strong belief in a just world. *Journal of Experimental Social Psychology,* 101, 104336. https://doi.org/10.1016/j.jesp.2022.104336

9. Singer, T., Seymour, B., O'Doherty, J. P., Stephan, K. E., Dolan, R. J. & Frith, C. D. (2006). Empathic neural responses are modulated by the perceived fairness of others. *Nature,* 439(7075), 466–9.

10. Huron, D. & Vuoskoski, J. K. (2020). On the enjoyment of sad music: pleasurable compassion theory and the role of trait empathy. *Frontiers in Psychology,* 11, 499421. https://doi.org/10.3389/fpsyg.2020.01060

11. Meeks, G. & Whittington, G. (2023). Death on the stock exchange: The fate of the 1948 population of large UK quoted companies, 1948–2018. *Business History,* 65(4), 679–98.

12. Sull, D. (1999, July–August). Why good companies go bad. *Harvard Business Review.* https://hbr.org/1999/07/why-good-companies-go-bad

13. Anonymous (2023, February). Miscarriage. *March of Dimes.*

14. Anonymous (No date). Miscarriage: your questions answered. *NCT*.
15. Ludwig, L., Werner, D. & Lincoln, T. M. (2019). The relevance of cognitive emotion regulation to psychotic symptoms – a systematic review and meta-analysis. *Clinical Psychology Review, 72*, 101746. https://doi.org/10.1016/j.cpr.2019.101746
16. Duncan, C. & Cacciatore, J. (2015). A systematic review of the peer-reviewed literature on self-blame, guilt, and shame. *OMEGA-Journal of Death and Dying, 71*(4), 312–42. https://doi.org/10.1177/0030222815572604
17. Alix, S., Cossette, L., Cyr, M., Frappier, J. Y., Caron, P. O. & Hébert, M. (2020). Self-blame, shame, avoidance, and suicidal ideation in sexually abused adolescent girls: a longitudinal study. *Journal of Child Sexual Abuse, 29*(4), 432–47. https://doi.org/10.1080/10538712.2019.1678543
18. Yusoff, M. S. B. (2015). A DEAL-based intervention for the reduction of depression, denial, self-blame and academic stress: A randomized controlled trial. *Journal of Taibah University Medical Sciences, 10*(1), 82–92. https://doi.org/10.1016/j.jtumed.2014.08.003
19. Gamble, J., Creedy, D., Moyle, W., Webster, J., McAllister, M. & Dickson, P. (2005). Effectiveness of a counseling intervention after a traumatic childbirth: a randomized controlled trial. *Birth, 32*(1), 11–19. https://doi.org/10.1111/j.0730-7659.2005.00340.x 기존 연구 기사는 모든 참여자를 '어머니'나 '여성(기존 기사에서 사용된 용어)'으로 표기했다.
20. Nikcevic, A. V., Tinkel, S. A., Kuczmierczyk, A. R. & Nicolaides, K. H. (1999). Investigation of the cause of miscarriage and its influence on women's psychological distress. *BJOG: An International Journal of Obstetrics & Gynaecology, 106*(8), 808–13. https://doi.org/10.1111/j.1471-0528.1999.tb08402.x
21. 역시나 기존 연구 기사는 모든 참여자를 '어머니'와 '여성(기존 기사에서 사용된 용어)'으로 표기했다.
22. Field, N. P. & Bonanno, G. A. (2001). The role of blame in adaptation in the first 5 years following the death of a spouse. *American Behavioral Scientist, 44*(5), 764–81. https://doi.org/10.1177/00027640121956485

| 5장 | 해로운 물질, 사람, 사상에서 벗어나고 싶다면 괴물 마스터플롯

1. Lewis, I. (2021, September 28). James Bond: Disability campaigners call for end to 'outdated trope' of villains with facial disfigurements. *Independent*. https://www.independent.co.uk/arts-entertainment/films/news/james-bond-disability-campaigners-villains-b1928355.html

2. Claudia Christian. (2016, June 1). How I overcame alcoholism. *TEDx Talks*. https://www.youtube.com/watch?v=6EghiY_s2ts
3. Ward, J. H., Bejarano, W., Babor, T. F. & Allred, N. (2016). Re-introducing Bunky at 125: EM Jellinek's life and contributions to alcohol studies. *Journal of Studies on Alcohol and Drugs, 77*(3), 375–83. https://doi.org/10.15288/jsad.2016.77.375
4. Zell, E., Strickhouser, J. E., Sedikides, C. & Alicke, M. D. (2020). The better-than-average effect in comparative self-evaluation: A comprehensive review and meta-analysis. *Psychological Bulletin, 146*(2), 118–49. https://doi.org/10.1037/bul0000218
   Storr, W. (2019). *The Science of Storytelling*. William Collins
5. Pronin, E. (2008). How we see ourselves and how we see others. *Science, 320*(5880), 1177–80. https://doi.org/10.1126/science.1154199
6. Leslie, I., (2017, October 13). The scientists persuading terrorists to spill their secrets. *The Guardian*. https://www.theguardian.com/news/2017/oct/13/the-scientists-persuading-terrorists-to-spill-their-secrets
7. Starr, D., (2013, December 1). The Interview. *The New Yorker*. https://www.newyorker.com/magazine/2013/12/09/the-interview-7
8. Leslie, I., (2017, October 13). The scientists persuading terrorists to spill their secrets. *The Guardian*.
9. Alison, L. J., Alison, E., Noone, G., Elntib, S. & Christiansen, P. (2013). Why tough tactics fail and rapport gets results: Observing Rapport-Based Interpersonal Techniques (ORBIT) to generate useful information from terrorists. *Psychology, Public Policy, and Law, 19*(4), 411–31. https://doi.org/10.1037/a0034564
10. Milgram, S. (1963). Behavioural Study of obedience. *The Journal of Abnormal and Social Psychology, 67*(4), 371–8. https://doi.org/10.1037/h0040525
11. Milgram (1963), p.371
12. Bilsky, L. Y. (2004). *Transformative justice: Israeli identity on trial*. University of Michigan Press.
13. White, T. (2018, April 23). What did Hannah Arendt really mean by the banality of evil? https://aeon.co/ideas/what-did-hannah-arendt-really-mean-by-the-banality-of-evil
14. Arendt, H. (1971). Thinking and moral considerations: A lecture. *Social Research, 38*(3), 417–46.
15. Dolan. E. W., (2019, November 17). Unpublished data from Stanley Milgram's experiments cast doubt on his claims about obedience. *PsyPost*. https://www.psypost.org/2019/11/unpublished-data-from-stanley-milgrams-experiments-casts-doubts-on-his-claims-about-obedience-54921
    Hollander, M. M. & Turowetz, J. (2017). Normalizing trust: Participants' immediately

post-hoc explanations of behaviour in Milgram's 'obedience' experiments. *British Journal of Social Psychology*, 56(4), 655–74. https://doi.org/10.1111/bjso.12206

Perry, G., Brannigan, A., Wanner, R. A. & Stam, H. (2020). Credibility and incredulity in Milgram's obedience experiments: A reanalysis of an unpublished test. *Social Psychology Quarterly*, 83(1), 88–106. https://doi.org/10.1177/0190272519861

16. Caspar, E. A., Christensen, J. F., Cleeremans, A. & Haggard, P. (2016). Coercion changes the sense of agency in the human brain. *Current Biology*, 26(5), 585–92. https://dx.doi.org/10.1016/j.cub.2015.12.067

17. Milgram (1963), p.378

18. 짐바르도 교수의 유명한 감옥 연구 역시 마찬가지다. 지원자들은 (스탠퍼드 대학교 심리학부 지하에 위치한) 가짜 감옥에서 죄수나 교도관의 역할을 임의로 부여받았고 교도관은 죄수들을 야만적으로 대했다(물론 연구에서는, 최소한 프랑스 심리학자 티볼트 르 텍시에에 의하면, 세부사항을 잘못 그리고 있다):

    Le Texier, T. (2019). Debunking the Stanford prison experiment. *American Psychologist*, 74(3), 823. https://doi.org/10.1037/amp0000401

19. Cesarani, D., (2007). *Becoming Eichmann: Rethinking the life, crimes, and trial of a 'Desk Murderer'*. Da Capo.

20. Shaw, J. (2019). *Making Evil: the science behind humanity's dark side*. Canongate.

21. Anonymous (2015, July 30). David Cameron criticised over migrant 'swarm' language. *BBC News*. https://www.bbc.co.uk/news/uk-politics-33716501

22. Pengelly, M. (2023, December 18). Trump's 'dehumanising and fascist rhetoric' denounced by top progressive. *The Guardian*. https://www.theguardian.com/us-news/2023/dec/18/trump-immigrants-rally-congress-reaction-pramila-jayapal

23. Helmore, E., (2023, December 17). 'He's dog-whistling': Trump denounced over anti-immigrant comment. *The Guardian*. https://www.theguardian.com/us-news/2023/dec/17/trump-denounced-anti-immigrant-comment

24. Hamilton, K. (2023, December 18). As border extremism goes mainstream, vigilante groups take a starring role. *Los Angeles Times*. https://www.latimes.com/world-nation/story/2023-12-18/arizona-border-militias-extremism-mainstream-immigration

| 6장 | 반드시 이기고 싶은 대상이 있다면 불화 마스터플롯

1. 사실, 팀셀은 그 자체로 오역이자 음역이다. 히브리어에서는 보통 모음을 쓰지 않는다 (문맥에서 추론할 수 있기 때문에). 하지만 가장 가까운 단어인 팀숄(*timshol*)은 대략 '네가 (범죄를) 다스릴 것이다'로 번역된다. 결국 기존 번역이 맞다는 뜻이다.

Levin, D. (2015). John Steinbeck and the Missing Kamatz in East of Eden: How Steinbeck Found a Hebrew Word but Muddled Some Vowels. *Steinbeck Review, 12*(2), 190-8. https://doi.org/10.5325/steinbeckreview.12.2.0190
2. https://wikipedia.org/wiki/Journal_of_a_Novel
3. https://wikipedia.org/wiki/One_red_paperclip
4. Grady, C., (2019, February 3). The Super Bowl halftime show controversies, explained. *Vox.* https://www.vox.com/ culture/2019/2/1/18202128/super-bowl-2019-liii-53-halftime-show-controversy-maroon-5-travis-scott-big-boi
5. McClure, S. M., Li, J., Tomlin, D., Cypert, K. S., Montague, L. M. & Montague, P. R. (2004). Neural correlates of behavioral preference for culturally familiar drinks. *Neuron, 44*(2), 379-87.
6. Lau, R. R., Sigelman, L., Heldman, C. & Babbitt, P. (1999). The effects of negative political advertisements: A meta-analytic assessment. *American Political Science Review, 93*(4), 851-75. https://doi.org/10.2307/2586117
7. Nova, A. & David, J. E., (2018, November 3). The big soda companies are financing efforts to stop taxes on food and drinks: NY Times. *CNBC.* https://www.cnbc.com/2018/11/03/pepsico-and-coca-cola-fight-to-keep-sugary-drinks-from-being-taxed.html
8. McNamara, N. (2018, August 27). 'Yes! to affordable groceries' still backed by soft drink heavies. *Patch.* https://patch.com/ washington/across-wa/yes-affordable-groceries-still-backed-soft-drink-heavies#
9. Tajfel, H. (2001). Experiments in intergroup discrimination. In M. A. Hogg & D. Abrams (eds), *Intergroup relations: Essential readings* (pp.178-87). Psychology Press.
10. Shariatmadari, D. (2018, April 16). A real-life Lord of the Flies: the troubling legacy of the Robbers Cave experiment. *The Guardian.* https://www.theguardian.com/science/2018/apr/16/a-real-life-lord-of-the-flies-the-troubling-legacy-of-the-robbers-cave-experiment
11. Hamlin, J. K., Mahajan, N., Liberman, Z. & Wynn, K. (2013). Not like me = bad: Infants prefer those who harm dissimilar others. *Psychological Science, 24*(4), 589-94. https://doi.org/10.1177/0956797612457785
12. Kristensen, P. & Bjerkedal, T. (2007). Explaining the relation between birth order and intelligence. *Science, 316*(5832), 1717. https://www.science.org/doi/10.1126/science.1141493
13. Sulloway, F. J. (2007). Birth order and intelligence. *Science, 316*(5832), 1711-12. https://doi.org/10.1126/science.1144749
14. Andersen, S., Ertaç, S., Gneezy, U., Hoffman, M., & List, J. A. (2011). Stakes matter in

ultimatum games. *American Economic Review, 101*(7), 3427–39.

최고 판돈인 2만 루피는 현지 노동자들이 1,600시간 일했을 때 받는 월급과 같다. 살짝 보수적으로 시급 10달러로 잡으면(8.35달러라는 미국 평균 최저시급보다 살짝 높지만 수많은 개별 주의 최저시급보다는 낮은) 1만 6천 달러가 되는 셈이다.

15. Chiusano, A. (2023, July 17). The 25 biggest college football stadiums in the country. *NCAA.* https://www.ncaa.com/news/football/article/2018-07-30/25-biggest-college-football-stadiums-country
16. Sheffer, L., Loewen, P. J., Walgrave, S., Bailer, S., Breunig, C., Helfer, L., ... & Vliegenthart, R. (2023). How do politicians bargain? Evidence from ultimatum games with legislators in five countries. *American Political Science Review, 117*(4), 1429–47. https://doi.org/10.1017/S0003055422001459
17. Levine, M., Prosser, A., Evans, D. & Reicher, S. (2005). Identity and emergency intervention: How social group membership and inclusiveness of group boundaries shape helping behavior. *Personality and Social Psychology Bulletin, 31*(4), 443–53. https://doi.org/10.1177/01461672042716
18. Harding, S. (2014). *The Street Casino.* Policy Press. p.64.
19. 위의 책. p.191.
20. 위의 책. p.258.
21. 위의 책. p.64.
22. https://en.wikipedia.org/wiki/Peckham_Boys
23. Marsavelski, A., Sheremeti, F. & Braithwaite, J. (2018). Did nonviolent resistance fail in Kosovo? *The British Journal of Criminology, 58*(1), 218–36. https://doi.org/10.1093/bjc/azx002
24. (2009, May 7). Falja e Gjaqeve 1990, https://www.youtube.com/watch?v=Braqs43CnmU
25. Marsavelski, A., Sheremeti, F. & Braithwaite, J. (2018). Did nonviolent resistance fail in Kosovo?
26. 위의 논문.
27. Clark, H. (2000). *Civil Resistance in Kosovo.* Pluto Press.
28. Ambridge, B., Doherty, L., Maitreyee, R., Tatsumi, T., Zicherman, S., Pedro, P. M.,...& Fukumura, K. (2021). Testing a computational model of causative overgeneralizations: Child judgment and production data from English, Hebrew, Hindi, Japanese and K'iche'. *Open Research Europe, 1*(1). https://doi.org/10.12688/openreseurope.13008.2
29. McCauley, S. M., Bannard, C., Theakston, A., Davis, M., Cameron-Faulkner, T. & Ambridge, B. (2021). Multiword units lead to errors of commission in children's spontaneous production: 'What corpus data can tell us?' *Developmental Science, 24*(6), e13125. https://doi.org/10.1111/desc.13125

30. Ambridge, B., McCauley, S., Bannard, C., Davis, M., Cameron-Faulkner, T., Gummery, A. & Theakston, A. (2023). Uninversion error in English-speaking children's wh-questions: Blame it on the bigrams? *Language Development Research*, *3*(1), 121-55. https:// doi.org/10.34842/2023.641

|7장| 모두의 응원과 사랑을 받고 싶다면 약자 마스터플롯

1. Public domain Library of Congress version at https://www.loc.gov/ item/06016644/
2. Public domain version at https://penelope.uchicago.edu/Thayer/E/ Roman/Texts/ Strabo/17A3*.html#ref178
3. https://www.surlalunefairytales.com/oldsite/cinderella/ marianroalfecox/etext.html
4. Perrault, C. (1969). 'Cinderella'. *Perrault's Fairy Tales*. Trans. A. E. Johnson. Dover Publications.
5. https://en.wikipedia.org/wiki/The_Ugly_Duckling
6. Rice, S. (2016, May 17). Leicester will receive less Premier League prize money than Arsenal, Tottenham, Man United and Man City. *Independent*. https://www.independent.co.uk/sport/football/premier-league/leicester-to-receive-less-prize-money-than-arsenal-tottenham-manchester-united-and-man-city-a7031276.html
7. Hendricks, S. (2016, May 4). 5,000 to 1! Just how slim was Leicester City's slim chance of winning the English Premier League? *Slate*. https://slate.com/culture/2016/05/ leicester-city-was-a-5000-to-1-underdog-how-big-of-an-underdog-is-that.html
8. Christoph (2023, June 14). The miracle of Leicester City in 2015/16 – Retro analysis. *Football Explained*. https://footballxplained.de/leicester-city-analysis-2015-16/
9. Burke, M. J., Romanella, S. M., Mencarelli, L., Greben, R., Fox, M. D., Kaptchuk, T. J., ... & Santarnecchi, E. (2022). Placebo effects and neuromodulation for depression: a meta-analysis and evaluation of shared mechanisms. *Molecular Psychiatry*, *27*(3), 1658-66. https://doi.org/10.1038/s41380-021-01397-3
10. Hurst, P., Schipof-Godart, L., Szabo, A., Raglin, J., Hettinga, F., Roelands, B., ... & Beedie, C. (2020). The placebo and nocebo effect on sports performance: a systematic review. *European Journal of Sport Science*, *20*(3), 279-92. https://doi.org /10.1080/17461391.2019.1655098
11. Gentrup, S., Lorenz, G., Kristen, C. & Kogan, I. (2020). Self-fulfilling prophecies in the classroom: Teacher expectations, teacher feedback and student achievement. *Learning and Instruction*, *66*, 101296. https://doi.org/10.1016/ j.learninstruc.2019.101296
12. Kahneman, D., Knetsch, J. L. & Thaler, R. H. (1991). Anomalies: The endowment

Effect, loss aversion, and status quo bias. *Journal of Economic Perspectives*, 5(1): 193-206. doi:10.1257/jep.5.1.193
13. https://namelix.com
14. https://www.theo2.co.uk/assets/doc/FB-main-menu.pdf
15. Green, J. (2013, October 28). Jobs house added as 'historic resource'. *The Mercury News*. https://www.mercurynews.com/2013/10/28/jobs-house-added-as-historic-resource/
16. https://www.youtube.com/watch?v=XrhmepZlCWY
17. Waugh, R. (2014, December 9). Apple's Steve Wozniak debunks one of the biggest myths about firm's early days. *Metro*. https://metro.co.uk/2014/12/09/apples-steve-wozniak-debunks-one-of-the-biggest-myths-about-firms-early-days-4980457/
18. Siltanen, R. (2011, December 14). The real story behind Apple's 'Think Different' campaign. *Forbes*. https://www.forbes.com/sites/onmarketing/2011/12/14/the-real-story-behind-apples-think-different-campaign/?sh=67e3078a62ab
19. Cook, D. (2023, March 24). Better growth stock: Apple vs Microsoft. *The Motley Fool*. https://www.fool.com/investing/2023/03/24/better-growth-stock-apple-vs-microsoft/
20. United States Senate (1955). *Hearings before the committee on banking and currency, volume 3, part 1*. United States Government Printing Office (available online via Google Books).
21. Barsow, D., Craig, S. & Buettner, R. (2018, October 2). Trump engaged in suspect tax schemes as he reaped riches from his father. *The New York Times*. https://www.nytimes.com/interactive/2018/10/02/us/politics/donald-trump-tax-schemes-fred-trump.html
22. Flitter, E. (2016, July 17). Art of the spin: Trump bankers question his portrayal of financial comeback. *Reuters*. https://www.reuters.com/article/idUSKCN0ZX0GO/
23. McDonald, J., Karol, D. & Mason, L. (2019, January 17). Many voters think Trump's a self-made man. What happens when you tell them otherwise? *Politico*. https://www.politico.com/magazine/story/2019/01/17/many-voters-think-trumps-a-self-made-man-what-happens-when-you-tell-them-otherwise-224019
24. Michael, C. & agencies (2023, December 6). Trump says he will be a dictator only on 'day one' if elected president. *The Guardian*. https://www.theguardian.com/us-news/2023/dec/06/donald-trump-sean-hannity-dictator-day-one-response-iowa-town-hall
25. 이 약자 이야기에는 하위플롯이 있다. 조티의 싱글은 크리설리스 음반에서 발매되었다. 크리설리스는 크리스 라이트가 창립한 것으로 그는 나의 아버지와 같은 학교를 다녔다. 최소한 우리 아버지의 말에 따르면 그는 학창 시절 '구프 라이트'라고 놀림 받았다고 한

다. 라이트는 있지도 않은 돈으로 제스로 툴의 데뷔 앨범 제작에 자금을 대면서 크게 성공했고 뒤이어 자신의 음반사를 1억 달러 넘는 금액에 매각했다:

Barnes, M. (2023, December 18). 'We couldn't get a deal for Jethro Tull. The one person interested would only sign them if they dropped the flute player': How Chrysalis rose from a booking agency to a leading prog record label. *Louder Sound*. https://www.loudersound.com/features/chris-wright-chrysalis

26. Lerner, M. (1980). *The Belief in a Just World: A Fundamental Delusion*. New York: Plenum.
27. Hafer, C. (2000). Do innocent victims threaten the belief in a just world? Evidence from a modified stroop task. *Journal of Personality and Social Psychology, 79*(2), 165–73. https://doi.org/10.1037/0022-3514.79.2.165
28. Denke, C., Rotte, M., Heinze, H. J. & Schaefer, M. (2014). Belief in a just world is associated with activity in insula and somatosensory cortices as a response to the perception of norm violations. *Social Neuroscience, 9*(5), 514–21. https://doi.org/10.1080/17470919.2014.922493

8장 | 삶과 죽음에 의미를 찾고 싶다면 희생 마스터플롯

1. Genesis 22:2–12, New International Version.
2. https://quoteinvestigator.com/2016/05/05/brothers/
3. Tomasello, M. (2020). The moral psychology of obligation. *Behavioral and Brain Sciences, 43*, e56. https://doi.org/10.1017/S0140525X19001742
4. Ibid.
5. Whitehouse, H. (2018). Dying for the group: Towards a general theory of extreme self-sacrifice. *Behavioral and Brain Sciences, 41*, e192. https://doi.org/10.1017/S0140525X18000249
6. 실험의 세부사항과 인용은 대부분 노스캐롤라이나 정신의학 교수인 토냐 포맨 박사의 웨비나 내용에서 가져왔다:
   https://nceedus.org/wp-content/uploads/2023/07/Lessons-from-History_-Minnesota-Starvation-Experiment-Webinar-Transcript_Final.pdf
   일부는 아래에서 가져왔다:
   Guetzkow, H. S. & Bowman, P. H. (1946). Men and hunger: A psychological manual for relief workers. Brethren Publishing House. which is available from the Open Library: https://openlibrary.org/ books/OL6499821M/Men_and_hunger
7. 위의 논문.
8. 이 부분은 〈옵서버〉에 실린 내 칼럼을 바탕으로 한다:

Ambridge, B. (2017, May 14). Are you as environmentally friendly as you think? Personality quiz. *The Observer*. https://www.theguardian.com/lifeandstyle/2017/may/14/are-you-as-environmentally-friendly-as-you-think-personality-quiz
칼럼의 바탕이 된 원문은 다음과 같다:
Binder, M. & Blankenberg, A. K. (2017). Green lifestyles and subjective well-being: More about self-image than actual behavior? *Journal of Economic Behavior & Organization*, 137, 304 – 23. https://doi.org/10.1016/j.jebo.2017.03.009

9. Solnit, R.,(2021, August 23). Big oil coined 'carbon footprints' to blame us for their greed. Keep them on the hook. *The Guardian*. https://www.theguardian.com/commentisfree/2021/aug/23/big-oil-coined-carbon-footprints-to-blame-us-for-their-greed-keep-them-on-the-hook

10. Fibieger Byskov, M. (2019, January 10). Climate change: focusing on how individuals can help is very convenient for corporations. *The Conversation*. https://theconversation.com/climate-change-focusing-on-how-individuals-can-help-is-very-convenient-for-corporations-108546

11. Silke, A. (2015). Understanding suicide terrorism: Insights from psychology, lessons from history. In J. Pearse (ed.), *Investigating Terrorism*, (pp.169 – 79). Wiley.

12. Purvis, J. (2020, June 4). Emily Davison: the suffragette martyr. *History Extra*. https://www.historyextra.com/period/20th-century/emily-davison-the-suffragette-martyr/

| 9장 | 밑바닥에서 탈출하고 싶다면 구멍 마스터플롯

1. 이 레시피는 블레이크 스나이더 감독의 〈문제가 있는 남자(Dude with a Problem)〉 (https://savethecat.com/dude-with-a-problem)와 커트 보니것의 〈구멍에 빠진 남자 (Man in a Hole)〉를 바탕으로 한다:
Jones, J. (2014, February 18). Kurt Vonnegut diagrams the shape of all stories in a master's thesis rejected by U. Chicago. *Open Culture*. https://www.openculture.com/2014/02/kurt-vonnegut-masters-thesis-rejected-by-u-chicago.html

2. 사실 환상적인 구멍 레시피를 따르는 환상적인 현실 스토리는 넘치도록 많다. 전부 다 실을 수는 없었다! 이 사례는 핵무기 아마겟돈으로부터 홀로 세상을 구한 한 남자에 관한 정말로 놀라운 이야기다:
https://twitter.com/drg1985/status/1585524746799796224

3. Levin, S. (2018, July 16). Elon Musk calls British diver in Thai cave rescue 'pedo' in baseless attack. *The Guardian*. https://www.theguardian.com/technology/2018/jul/15/elon-musk-british-diver-thai-cave-rescue-pedo-twitter

4. 이 인용은 조 심슨의 책, 《터칭 더 보이드》를 바탕으로 한 동명의 영화 속 인터뷰에서 취

했다.

5. Rees, J. (2019, November 16). 'By the end I'd lost me': Joe Simpson, mountaineer and writer – interview. *The Arts Desk*. https://theartsdesk.com/theatre/end-i'd-lost-me-joe-simpson-mountaineer-and-writer-interview
6. Valentish, J. (2022, January 16). Touching the Void: climber Joe Simpson on the 'feelgood' show inspired by his survival. *The Guardian*. https://www.theguardian.com/stage/2022/jan/17/touching-the-void-climber-joe-simpson-on-the-feelgood-show-inspired-by-his-survival
7. Guise, T. (2020, May 22). Joe Simpson recounts one of mountaineering's greatest survival stories. *The Red Bulletin*. https://www.redbull.com/gb-en/theredbulletin/joe-simpson-touching-the-void-interview
8. Del Vecchio, M., Kharlamov, A., Parry, G. & Pogrebna, G. (2018). The Data science of Hollywood: Using emotional arcs of movies to drive business model innovation in entertainment industries. arXiv preprint arXiv:1807.02221. https://arxiv.org/abs/1807.02221
9. Reagan, A. J., Mitchell, L., Kiley, D., Danforth, C. M. & Dodds, P. S. (2016). The emotional arcs of stories are dominated by six basic shapes. *EPJ data science, 5*(1), 1–12. https://doi.org/10.1140/epjds/s13688-016-0093-1
10. Di Pellegrino, G., Fadiga, L., Fogassi, L., Gallese, V. & Rizzolatti, G. (1992). Understanding motor events: a neurophysiological study. *Experimental Brain Research, 91,* 176–80. https://doi.org/10.1007/BF00230027
11. Filimon, F., Nelson, J. D., Hagler, D. J. & Sereno, M. I. (2007). Human cortical representations for reaching: mirror neurons for execution, observation, and imagery. *Neuroimage, 37*(4), 1315–28. https://doi.org/10.1016/j.neuroimage.2007.06.008
12. Ramachandran, V. (2023). Mirror neurons and imitation learning as the driving force behind the great leap forward in human evolution. *Edge*. https://www.edge.org/conversation/vilayanur_ramachandran-mirror-neurons-and-imitation-learning-as-the-driving-force
13. Vittorio, G. and Guerra, M. (2020). T*he Empathic screen: Cinema and neuroscience*. Oxford University Press.
14. Turvey, M. (2020). Mirror Neurons and Film Studies: A Cautionary Tale from a Serious Pessimist. *Projections, 14*(3), 21–46. http://doi.org/10.3167/proj.2020.140303
15. Engert, V., Linz, R., & Grant, J. A. (2019). Embodied stress: The physiological resonance of psychosocial stress. *Psychoneuroendocrinology, 105,* 138–46. https://doi.org/10.1016/j.psyneuen.2018.12.221
16. Verona, E., Patrick, C. J., Curtin, J. J., Bradley, M. M. & Lang, P. J. (2004). Psychopathy and physiological response to emotionally evocative sounds. *Journal of Abnormal*

Psychology, 113(1), 99. https://doi.org/10.1037/0021-843X.113.1.99

17. Mastroianni, A. M. & Gilbert, D. T. (2023). The illusion of moral decline. *Nature, 618*, 782-9. https://doi.org/10.1038/s41586-023-06137-x
18. Rasmi, A. (2019, October 10). Only 1% of Brits cared much about the EU before the 2016 Brexit vote. *Quartz*. https://qz.com/1725402/only-5-percent-of-brits-cared-about-the-eu-before-brexit
19. Kessler, G. (2019, March 22). The Iraq War and WMDs: An intelligence failure or White House spin? *The Washington Post*. https://www.washingtonpost.com/politics/2019/03/22/iraq-war-wmds-an-intelligence-failure-or-white-house-spin/
20. Martinez, G. & Abrams, A. (2019, February 15). Trump repeated many of his old claims about the border to justify the state of emergency. Here are the facts. *Time*. https://time.com/5530506/donald-trump-emergency-border-fact-check/
21. Schmidt, J. (2022, September 5). California forests hit hard by wildfires in the last decade. *Wildfire Today*. https://wildfiretoday.com/2022/09/05/california-forests-hit-hard-by-wildfires-in-the-last-decade/#:~:text=In%20the%20following%20decade%20(2012,7.9%20million%20acres%20(24.7%25
22. Boehm, S. (2022). State of Climate Action 2022. *World Resources Institute*. https://doi.org/10.46830/wrirpt.22.00028
23. McKie, R. (2022, October 30). Cop27 climate summit: window for avoiding catastrophe is closing fast. *The Guardian*. https://www.theguardian.com/environment/2022/oct/30/cop27-climate-summit-window-for-avoiding-catastrophe-is-closing-fast
24. Horton, H. (2022, October 26). Atmospheric levels of all three greenhouse gases hit record high. *The Guardian*. https://www.theguardian.com/environment/2022/oct/26/atmospheric-levels-greenhouse-gases-record-high
25. Jolly, J. (2022, October 27). Carbon emissions from energy to peak in 2025 in 'historic turning point', says IE. *The Guardian*. https://www.theguardian.com/environment/2022/oct/27/carbon-emissions-to-peak-in-2025-in-historic-turning-point-says-iea
26. Griffith, S. (2022). *Electrify: An optimist's playbook for our clean energy future*. MIT Press.
27. Cormier, Z. (undated). Turning carbon emissions into plastic. *BBC Earth*. https://www.bbcearth.com/news/turning-carbon-emissions-into-plastic
28. Simon, M. (2021, October 20). Microplastics may be cooling – and heating – Earth's climate. *Wired*. https://www.wired.com/story/microplastics-may-be-cooling-and-heating-earths-climate/
29. https://www.drawdown.org/solutions/table-of-solutions

30. Guillot, L. (2020, September 16). How recycling is killing the planet. *Politico*. https://www.politico.eu/article/recycling-killing-the-planet/
31. Dasandi, N., Graham, H., Hudson, D. et al. (2022). Positive, global, and health or environment framing bolsters public support for climate policies. *Communications Earth and Environment, 3*, 239 (2022). https://doi.org/10.1038/s43247-022-00571-x

| 10장 | 당신 인생의 이야기

1. Garde, D. & Saltzman, J. (2020, November 10). The story of mRNA: How a once-dismissed idea became a leading technology in the Covid vaccine race. *Stat*. https://www.statnews.com/2020/ 11/10/the-story-of-mrna-how-a-once-dismissed-idea-became-a-leading-technology-in-the-covid-vaccine-race/

이야기는 어떻게
인생의 무기가 되는가

1판 1쇄 인쇄 2025년 6월 27일
1판 1쇄 발행 2025년 7월 14일

지은이 벤 앰브리지
옮긴이 이지민

발행인 양원석 **편집장** 김건희 **책임편집** 이수민
디자인 강소정, 김미선 **영업마케팅** 조아라, 박소정, 김유진, 원하경

펴낸 곳 ㈜알에이치코리아
주소 서울시 금천구 가산디지털2로 53, 20층 (가산동, 한라시그마밸리)
편집문의 02-6443-8904 **도서문의** 02-6443-8800
홈페이지 http://rhk.co.kr
등록 2004년 1월 15일 제2-3726호

ISBN 978-89-255-7341-0 (03190)

※ 이 책은 ㈜알에이치코리아가 저작권자와의 계약에 따라 발행한 것이므로
본사의 서면 허락 없이는 어떠한 형태나 수단으로도 이 책의 내용을 이용하지 못합니다.
※ 잘못된 책은 구입하신 서점에서 바꾸어 드립니다.
※ 책값은 뒤표지에 있습니다.